众师行：特色教师工作室的实践与探索

高琛　主编

Research and Practices on Special Teaching Strategies

辽宁人民出版社

图书在版编目（CIP）数据

众师行：特色教师工作室的实践与探索 / 高琛主编. —沈阳：辽宁人民出版社，2019.7
ISBN 978-7-205-09635-9

Ⅰ. ①众… Ⅱ. ①高… Ⅲ. ①小学教育—师资培养—研究—沈阳 Ⅳ. ①G625.1

中国版本图书馆CIP数据核字（2019）第120372号

出版发行：辽宁人民出版社
地址：沈阳市和平区十一纬路25号　邮编：110003
电话：024-23284321（邮　购）　024-23284324（发行部）
传真：024-23284191（发行部）　024-23284304（办公室）
http://www.lnpph.com.cn
印　　刷：辽宁新华印务有限公司
幅面尺寸：170mm×240mm
印　　张：22.5
字　　数：307千字
出版时间：2019年7月第1版
印刷时间：2019年7月第1次印刷
责任编辑：刘铁丹
装帧设计：丁末末
责任校对：赵　跃
书　　号：ISBN 978-7-205-09635-9
定　　价：118.00元

编委会

序

PREFACE

东北育才实验学校小学部创建于2008年，自创办以来，秉承育才文化，践行育才标准，以“为每个孩子准备好未来”作为办学的价值追求，坚持“激发多元潜能，实现卓越成长”的办学理念，不断提升办学的品质和内涵。

十年的发展离不开育才实验人孜孜不倦的探索。“水相荡而成涟漪，石相击而发灵光。”东北育才实验学校小学部重视教师的多元专业成长，相继成立10余个特色教师工作室。这些工作室成为教师成长的有力“助推器”，优秀教师的重要“孵化器”，学生发展的有效“服务器”。

“专业成长共同体”是教师的学习场，是教师学习样态的另一种表达；“专业成长共同体”是教师的研究场，是教师梦想图谱的另一种实现；“专业成长共同体”是教师的文化场，是教师专业自觉的另一种行走。

在东北育才教育集团建校70周年之际，东北育才实验学校小学部以“众师行——特色教师工作室的实践与探索”为选题，记录小学部建校10年以来的点滴瞬间。

我们把特色教师工作室的实践与探索定义为一场“众师行”，这是一群心中有梦、脚下有根、眼中有光的教师，一起凝心聚力、携手互助、向前奔走的教育实践之旅。回眸建设特色教师工作室的初衷，这里有教师们为学生的成长之路不断点灯的默默行动；回望建设特色教师工作室的过程，这里有教师们为实现教育理想的自我修行；展望特色教师工作室的发展，这也将是一群志同道合的教师，怀揣“成人达己”的目标，不断努力前行的路程。

众师行，众师同行，众师为教育之梦携手同心前行！

目录

CONTENTS

大爱不言

/第一部分/

教师成长工作室基本框架

缘起——工作室优势构想

一、构想

百年大计，教育为本；教育大计，教师为本。东北育才实验学校小学部成立10年来，已经从形成期、发展期向特色期、成熟期迈进。这是一个很年轻的团体，学部共有教师127人，其中25—35岁教师占全学部人数的76%。如何让这些年轻教师保持教育热情，激发专业潜能，最终走向多元个性发展成了学部工作的重点。

2014年，学部就开始进行实践与探索，致力于构建研究型特色教师团队，希望通过学习、科研、合作和分享活动，促进教师专业发展；引领教师从“专业型”走向“特色型”。让教师思想升华，将“不想做”转化成“乐为”；让教师实践探索，将“不能做”转化成“可为”；为教师行动引路，将“不会做”转化成“善为”。

美国管理学大师彼得·圣吉认为：团体是学习的最佳单位。当团体真正在学习时，不仅整体产生出色的成果，个体成员成长的速度也比其他学习方式快。基于此，我们的特色教师工作室建设也拉开了序幕。

特色教师的专业成长共同体，贵在反思中提高，贵在研究中成长，贵在探索中前进。教师可以依靠“特色教师工作室”这样的成长共同体，互相学习，彼此支持，将“不想做”“不能做”“不会做”，转化为“乐为”“可为”“善为”，成就学生，成就学部，从而成就自己。

二、组建

（一）自主招聘，人人有平台

东北育才实验学校小学部面向全体教师公开招聘特色主持人和特色教师工作室成员，教师可自愿报名，根据自身的特色填写报名表，并详尽阐述自己的工作室实施构想，学部根据教师的意愿搭建一系列平台。

招聘特色教师工作室主持人及成员具体要求

主持人：师德高尚，理念先进，有强烈的自我完善、自我突破、自我发展意识，有明晰的教学主张、独特的教学风格和娴熟的教育艺术，有较强的教育教学能力，有丰硕的教科研成果，有较强的组织、管理能力，有培训指导教师的能力。

成员：爱业敬业，专业素养全面丰实，勤于思考、善于钻研、勇于改革，具有一定的教育教学智慧，形成较鲜明的教学个性，在教育教学工作中已崭露头角，具有与主持人相通的教育追求和良好的发展前景。

（二）定位明确，室室有个性

苏联教育家苏霍姆林斯基说：“只有当教师的视野比学部教学大纲宽广得无可比拟的时候，教师才能成为教育过程真正的能手、艺术家和诗人。”学部将特色教师工作室定位在“打造群体优势，引领个体发展，产生辐射效应”。

学部根据主持人上报的特色教师工作室设想方案，按照教师发展和学生成长进行交叉融合，建立十个特色教师工作室。

（三）行为跟进，步步有脚印

东北育才实验学校小学部将每天中午时间定为各特色教师工作室活动时间，教师、学生可积极参与其中，通过讲座、表演、特色活动等内容开展工作。

特色教师工作室名称	活动时间
守望者班主任工作室	周一中午（单）
E研室	周二中午（单）
微工作室	周三中午（单）
雅读工作室	周四中午（单）
明明德工作室	周五中午（单）
玩转数学工作室	周一中午（双）
英语语用工作室	周二中午（双）
青囊工作室	周三中午（双）
心乐园工作室	周四中午（双）
STEM工作室	周五中午（双）

创生——工作室理念目标

一、理念

在实践中探索，在探索中实践。特色教师工作室融自主力与他动力、实践性与研究性、个体型与团队型为一体，是一个学部优秀教师间合作互动、培养人才、打造品牌的新机制，是优秀教师重要的发源地，是一个学部教育事业优质发展、特色发展、跨越发展、持续发展的助推器。

特色教师工作室改变了过去作坊式的“师傅带徒弟”模式，也不是轻松散漫的“教学沙龙”，而是一群人相互扶持努力前行的过程，“一个人，可以走得很快，一群人，可以走得更远”。而这路途的目标就是“教师的专业成长，学生的全面发展”。

二、目标

基于特色教师工作室的整体理念，各个工作室细致研究探索，以国本课程、校本课程为基准，以教师学生需求为目标，制定发展规划，确定自己的总体发展方向。

东北育才实验学校小学部特色教师工作室目标

特色教师工作室名称	主持人	特色目标
守望者班主任工作室	刘美丽	旨在为全校班主任打造一个共同学习的阵地，为提高班主任的综合素养探索一条新的成长途径，同时为优秀班主任持续发展创造相互交流、共同成长的平台。
E研室	徐　彤	本着“科研兴教，科研兴校”的原则，以教育教学为基础，将教学实践与理论相结合，从而提升教师科学素养和理论水平，使教师更好地服务于教育教学事业。
微工作室	常健康	分学科、分年段进行微课录制，进行微课理论、技术的支持，以授课内容为主体，将授课内容中比较重要的知识点进行录制，以学部微信公众号为交流场，通过线上微课学习对学生进行辅导。
雅读工作室	狄　程	以“善思乐读，温文尔雅”为主旨，以阅读活动为主要载体，致力于激发教师阅读热情，培养学生阅读习惯，营造校园阅读氛围。
明明德工作室	王美婷	致力于传统文化、国学内容的研究与推广。通过学生公开课和讲座、家长课堂等形式，让其领略传统文化的魅力。
玩转数学工作室	孙　宇	组织全校开展数学综合实践活动，提升学生的数学应用能力，提升学生数学核心素养，通过教研造就一批业务精湛的研究型教师，提升教师课堂教学能力，开启育才实验小学数学教学的新篇章。
英语语用工作室	王　丽	以“提升英语学习兴趣，拓展提升英语语言综合运用能力”为目标，以语用教材为基础途径，以学科活动和特色英语活动为载体，为提升和发展学生的跨文化交际能力和英语学科素养为宗旨。

续表

特色教师工作室名称	主持人	特色目标
青囊工作室	刘　岩	致力于通过设立中医药课程，丰富学生的认知系统，将中医药文化带入学生的生活，普及中医药文化的相关知识，同时发挥中医药文化在教书育人中的重要作用，让孩子从小就了解中医药，相信中医药，运用中医药。
心乐园工作室	李冉冉	运用心理学的理论和技巧，指导和帮助学生解除各种心理困扰，增强适应能力，提高心理素质，帮助学生从生理和心理两方面真正健康地成长。
STEM工作室	杨庆云	通过特色活动这一载体打造具有育才特色的STEM课程，增强学生多学科知识储备，培养学生学科融合思维，打造科技创新型育才学子。

起航——工作室运行管理

一、以教师发展为根本目标

学部根据教师发展制定学习、研讨、交流、考评四大制度，让教师在研中学，在学中研，给他们提供参与特色教师工作室管理的平台。自主讨论制定特色教师工作室管理制度，形成特色教师工作室制度汇编，各自“认领”自己在特色教师工作室的职务和管理工作，在参与管理事务中养成良好的合作能力。

东北育才实验学校小学部特色教师工作室管理制度

制度	内容
学习制度	按时学习：工作室成员平时学习以自学为主，另就某一研究方向的主题、讲座、书籍集中学习，同时交流学习心得体会，并及时将学习精华摘录、学习心得汇总整理。 按需学习：工作室成员每期的自我发展计划中明确学习内容、学习目标，根据目前及今后教育教学改革趋势在教育教学理论等方面有选择地学习。
研讨制度	工作室成员积极参加各级各类教学研讨活动。 工作室建立定期主题研讨制度。根据研究方向确定主题，每月集体研究一次。
交流制度	互动交流：工作室成员定期开展多种交流活动，每一学期在校园讲堂进行交流。 活动交流：工作室成员要积极开展特色活动。

续表

制度	内容
交流制度	资料交流：工作室每次活动编辑动态或简讯，及时刊载工作室工作动态、工作室成员论文、专题研究课例设计、典型案例及评析、教育故事、活动图片等。
考评制度	1. 遵守工作纪律，积极参加工作室组织的各种业务活动，无故缺席三次工作室活动的，视为自动退出。 2. 设立“工作室优秀成员”奖项，学期末对本学期工作室每项工作及时保质保量完成的成员给予奖励。

二、以专业发展和素养提升为主导

学部引领特色教师工作室的专业成长。帮助工作室制定合理的职业生涯规划，促进教师向自我挑战，不断完善，永不停步；建立雅读书斋、心乐园心理咨询室等给老师提供成长“软环境”；开创明明德讲堂和博雅讲堂，给教师提供施展才能的舞台，发挥特色教师工作室的引领示范作用。

三、以发展性评价为辅助

在实施发展性评价中，学部树立了正确的评价理念，并没有把评价作为一种单一的手段，而是着眼于教师的成长，让评价成为一种完善手段，而不是简单的鉴定或评比，极大地发挥了评价指标的导向作用，促进了教师的自我发展和自我完善。

东北育才实验学校小学部特色教师工作室的考核评价

考核内容	考核细则	评分
工作室规划与计划总结	1. 有较系统的工作室3年工作规划和实施方案。 2. 每学年有详细的工作计划和工作总结。 3. 工作室每一次的材料都有记载材料。	
工作室成员专业提升	1. 定期主持的学习情况汇总。 2. 工作室成员备课、研课、上课、议课和评课情况。 3. 工作室成员参加比赛获奖情况统计。 4. 工作室成员参加各类学术活动、各项提高学习或校本培训情况统计。	
工作室科研情况	1. 工作室至少有一项校级以上实验课题。 2. 工作室成员的科研论文或反思获校级以上奖励或在期刊上公开发表。 3. 有科研课题成果。	
工作室辐射示范作用	1. 工作室定期举行公开课，取得好的示范效果。 2. 开展系列讲座，发挥带动、辐射和引领作用。	
工作室信息及资料保存	1. 工作室定期有工作简报。 2. 工作室的活动记载详细规范。 3. 工作室的各项资料保存完整。	

破浪——工作室实践探索

对于持续成长的特色教师工作室，真正的障碍并不是技术或环境的变化，而是组织和文化跟不上教育的变化。因此，特色教师工作室自身的实践策略和运行流程是发挥作用的关键。为此，东北育才学校实验小学部的特色教师工作室通过“专家引领、同伴互助、个人反思、课程发力”等方式，多维度、多策略打通团队培养路径，树立典型，激发团队活力，打造学习型组织、研究型团队、教师专业成长研习营、创新发展共同体。

一、纵向引领——专家把脉 规范高效

专家引领是一线教师的航标，是“专业的指导者”“创新的引领者”“资源的建构者”。专家拥有理论的高度和实践的深度，对教育教学规律有着更准确的思考和把握，引领教育发展的前沿。因此教师团队的专业化发展需要专家给予纵向的引领，使其向更高层次发展。

各特色教师工作室的成员除了大量阅读吸取专家论著中的精神营养外，还多次邀请专家学者走进校园。专家来到教师中间，引领教师智慧思考。

东北育才实验学校小学部曾先后邀请沈阳市教育研究院电教中心的赵森老师为教师们进行微课培训；邀请沈阳市教育研究院宁伟主任做教科研培训；邀请辽宁中医药大学针灸与推拿学院的马铁明院长、孙兆姝书记、于本性主任、王列老师为青囊工作室成员普及中医理论知识，推荐适合北方种植的中草药材，完善中医药教学的内容设计。

STEM教师团队曾远赴上海、杭州等城市参加高端科技宣讲大会，张楠

老师参加了辽宁省中小学人工智能STEAM实践教育培训，与专家教授的现场交流为工作室的未来发展指明方向。

二、横向切磋——同伴互助 交流共生

教师团队的发展不仅需要纵向的专家引领，更需要横向的同伴间切磋。因此，搭建多种形式的同伴交流平台，让每一位参与其中的教师在沟通、互动中共同进步，共同成长。

读书学习，偏重跨界厚根基。向培养对象推荐书籍，是教师培养的重要内容。推荐书目或刊物侧重于高端，偏重于跨界，而不是一般的教育理念和教学技术类书籍，目的是为了让教师站到高端，有所创新。每个学期，教师们都在雅读工作室的引导下，开展读书沙龙活动，交流阅读感受；撰写读后感，记录阅读感悟；交换书籍阅读，扩大阅读数量……教师们不断地将自己塑造成阅读中的点灯人，点亮自己，点亮学生。

主题研修，贴近学生生活。每学期都集中一段时间开展主题研修活动。活动要求主题鲜明，贴近教师和学生生活实际。如守望者——班主任工作室的“班主任与家长有效沟通”主题，E研室的“小课题、市课题、省课题选材着眼”主题，微工作室的“微课开发与传播”主题，明明德工作室的“生活中的传统文化”主题，玩转数学工作室的“数学游戏创设”主题，青囊工作室的“认识常见的中草药”主题等都扎实有效。

课题研究，引向专业聚核心。每一个培养对象都有自己的科研课题，结合自己的专业发展方向，尤其是结合自己的教学主张开展扎实的研究。理论的延伸也带来实践的跟进，教师们在E研室的带领下进行课题学习，并积极研究探索，积极开展特色活动。

特色教师工作室的成员在多种形式的思想交流碰撞中进入研究状态，互

相切磋、互相启迪、挖掘相互的教育智慧，形成教育合力，是一种将集体智慧和个人特长有机地结合起来的研究方式，使教师在教学认知、行为上向科学合理的方向转化。

三、向内而生——个人反思 专业自觉

成长从来都是自己的事，即使在一个团体中，成长也有快慢之别，如何把“他山之石”变成“自己的玉”，依靠的还是自身的学习领悟，激发专业成长自觉才是教师成长的最佳途径。

守望者工作室通过开展多种形式的班主任学习、研修、实践等培训活动整理班主任日常管理案例，形成有效的教育策略和模式，通过例会进行经验分享，提高班主任队伍的专业化水平。经过几年的成长，年轻的班主任都渐渐形成了自己的教育个性和特色，其中有些教师开始归纳、提炼，教育思想逐渐清晰明朗。

微工作室在面向全体教师多次提供跟进式的理论与技术培训后，几次举办校园微课大赛，经过录课及评选，激励教师们积极投身教育的信息化建设，不断提升自己的信息化素养。目前，学部的微课录制已经达到200多节，很多学科教师自发地将日常教学中的重难点、易错点以微课形式上传至班级群，便于学生课后学习及家长辅导，保持家校教育的一致性和连贯性。

心乐园工作室成员都是来自一线的学科教师，他们利用业余时间学习心理学理论和相关知识，并顺利通过国家二级心理咨询师考试，为工作的开展提供更专业的知识储备，也能更好地为学生的身心发展服务。

E研室针对教师的科研困惑进行教科研培训，指导选题及课题研究，真正打通了教师科研的路径。以课题研究为引领，引导教师自我成长，让教师成为自身专业发展的主人，加强教研组的学术性建设，打造学术型科组，成

就智慧型教师。

英语语用工作室在研究过程中使用多种研究方法，通过调查学生在语言学习过程中存在的问题，结合平时教师的教学进行观察和分析，发现和总结学生在语言运用中存在的问题，如：学生词汇量过少，导致在进行交流和表达时存在胆怯、不流畅、词不达意、交流存在误解等情况，针对问题进行解决。同时，通过查阅相关的资料，丰富教师的理论基础，掌握更多的科学的教学方法，从而提升语言教学能力，从根本上提升学生的语言运用能力。

四、课程发力——深挖资源 有效整合

特色教师工作室注重教师的专业理论的提升，也关注实践工作的开展。多个工作室的实践活动都依托学部原有课程，在深挖课程资源的同时，不断调整重构，寻找课程间、团队间的融合路径，在丰富课程的过程中实现特色教师工作室的阶梯式成长。

青囊工作室开发中医药课程，按年段开设不同主题的教学内容：低年段为认识身边的中草药，中年段为常见的穴位认知和小儿推拿，高年段为常见的中草药茶的配制。通过中医药课程的学习，学生了解我国的传统文化，增强学生的人文底蕴和文化自信。

STEM课程将数学、科学、技术、工程四大学科的综合知识整合，以项目学习的方式进行课程规划和完善，经过三年多来的研究与探索，目前已经建立了将近20项学习主题。STEM工作室特设以下六大活动，这些活动分别为小学部科技文化节、科普园中行、“玩转乐高”主题活动、博雅科技大讲堂、STEM课程实践活动月、特色选修课。这些活动的开展极大拓宽了学生视野，感受多学科知识整合的魅力，增强了学生的创新能力与解决实际问题能力，提升了学生的科学素养。

雅读工作室，开发学校阅读校本教材，构建1—6年级学生阅读体系，目前形成了“1间雅读书斋、6个雅读书屋、60个班级读书角”的全覆盖读书平台。积极探索，引进辽宁省图书馆的流动图书车，建立了沈阳市图书馆校园流动站，并与意林杂志社合作开展图书漂流活动。“雅读陪你过节日”“雅读跟你说晚安”“寻找最美朗读者”“阅读助力成长·家校直通车”“读懂沈阳”“真人图书馆”等有趣活动激发了学生和家长的阅读兴趣。

明明德工作室依托学部校园传统文化建设，进行传统文化课程研发。目前已经开发出周日传统文化视频课程以及每日诵读课程。将《汉字宫》《中华德育故事》《名著微课》《文化遗产》《中华通史》《千字文》《三字经》《千家诗》《小古文》《论语》等进行融合，让学生在每周的观看与诵读中感受中华文化的魅力。

数学好玩工作室根据活动课的特点，结合不同年级学生认知结构和思维水平可分为如下课型：数学史话课、游戏数学课、思维训练、实践应用课、数学竞赛课。从全体学生的能力、爱好出发，适当组织专题讲座，使学生进一步加深对数学知识的理解，提高灵活运用数学的能力，更加熟练地掌握数学的方法与技巧。

各工作室在构建课程的同时，不断开发家庭、社会中的课程资源，让课程持续不断地生发延展，发挥育人功能和价值，同时伴随课程的深入推进，特色教师工作室的思考和实践也在不断地提升和发展，理论和实践相得益彰，交替共进，有力地推动了教师的专业化发展。

畅游——工作室行动效果

一、唤醒教师内驱力

教师队伍建设的最好方式就是走向专业自觉，而走向专业自觉的方法就是学会切换模式，即从我“对”你进行教育的模式切换为我“同”你一起成长的模式。通过有计划地“给予”唤醒教师的成长自觉，进而主动去“探求”，因为只有自发才能显示出真正的求知和研究的欲望。特色教师工作室为教师们搭建了良好的发展平台，在带动年轻教师成长的同时，更激活了主持人与骨干成员这些“中年教师”的工作热情。一群有着共同理想与追求的教师一起研究、一起教研的投入状态，时常让大家感到很“疯狂”。在我们的团队中，没有通常的论资排辈，不分年龄，不分性别，不分岗位，只要有成长意愿，都会有展示的舞台。每一位特色教师工作室成员都从原来优秀的教书匠变成了有教育情怀、教育理想的追梦人。

守望者工作室成员谭思宏和狄程老师在班主任培训中强调要想通过外部影响改变成人的固有认识很困难，想要让家长配合老师的教育教学工作，读书是个好方法。所以从一年级上学期的假期开始谭老师和狄老师就利用微信群开始引导家长读书。所读书目都是关于家庭教育亲子关系的。新学期开学，两个班将这项活动继续进行，每天进行打卡分享所得，学生和家长收获良多。

二、激发教师变革力

从教师发展和学科角度出发，利用青蓝工程、特色教师工程，搭建教师东北育才实验学校小学学部内和学部外培训体系。升级常规校本研训，扎实开展各类常规教学研讨活动，不断创新品牌教学研究活动的形式和内涵，着眼网络、微信等新型研修平台，不断丰富教师培训内容。通过交流对话、典型引路、个案跟踪、教科互动等方式，激活了教师群体的教学智慧，提高了每位教师新课堂策略的构建能力。教师的研究欲望被激发，创新的火花被点燃，催生持续不断的变革力。

稳健的变革力带来了丰硕的成果：

守望者工作室整理出不同类别的“家长会主题汇编”。英语语用工作室编订出《英语语用手册》。

雅读工作室拓展学生六种读书途径：看——编制学生《阅读心灵成长地图》；听——开通“雅读听书”校园广播；说——寻找最美朗读者；绘——进行图书海报展；写——积累《阅读存折》；竞——读书知识竞赛。

明明德工作室为班级制定为期三年的传统文化国学学习计划，将《我爱吟诵》《弟子规》《三字经》《笠翁对韵》《论语》等中华传统优秀篇目进行筛检整合，作为学生学习的教材，让学生在学习之余能深层地接触中华的传统文化。此外，特色教师工作室依托学部校园传统文化建设，进行传统文化课程研发。目前已经开发出周日传统文化视频课程以及每日诵读课程。

心乐园工作室发行《心乐园》校报六期。每双周周三第七节为心理健康班会。经工作室成员讨论决定，成员自主编写适合的班会内容，由班主任老师配合进行班会的开展和辅助教育工作。

三、释放教师创造力

教育是艺术，是因为教育活动属于创造性的劳动，没有固定不变的公式，只有根据不同的对象采取灵活多变的方式，才能收到预期的效果。因此，特色教师工作室的普遍共识为：关注本土经验，不仅仅是“跟风”。要求特色教师工作室成员增强创新意识，增强专业研究的自信，善于总结自身的教学改革成果，提出自己的教学主张。

释放教师的创造力，让我们看到了特色教师工作室的辐射和孵化作用愈加凸显。各特色教师工作室秉承“让成长成为必然”的理念，经过几年的发展，在教师特色教师工作室内顺利完成了梯队的分层培养。五年来走出了康凯、狄程、常健康、徐彤等多位省市名师，以及以孙宇、刘爽、李韦为代表的教坛新秀。

特色教师工作室的辐射效应也在不断增强：

微工作室录制微课200余节，通过特色教师工作室的整合与改进均通过小学部微信平台进行了推送，这些课程广受教师、家长的好评。在微信后台中，累计点击量已经突破1万人次，这也再一次验证了特色教师工作室的价值所在。除了数量上的积累，我校教师先后21人次在各级各类微课大赛中获奖。

2014年5月，明明德工作室康凯老师被沈阳市教育研究院聘为“沈阳市优秀传统文化教育讲师团”成员，先后在沈阳市20余所中小学进行古诗吟诵课巡讲，并代表辽宁省参加在成都举办的第四届全国传统文化进课堂教学研讨会，荣获现场课特等奖。

2016年11月，在“全国的超常教育年会”上，STEM工作室杨庆云老师主讲的“汽车的设计与制作”一课得到参会教育专家的一致认可。

2016—2018年，雅读工作室狄程老师录制的微课“汉字讲堂——春夏秋冬”获得沈阳市一等奖，设计的课程“读懂沈阳——阅读行走课程”荣获“沈阳市校本课程优秀课评比一等奖”；主持沈阳市小课题“用阅读对学生进行心理建设的策略研究”顺利结题。

2018年创新人才教育研究会年会在北京召开，会议上我校金朝勃主任代表小学部就中医药课程推进情况在大会中做经验交流。

飞翔——工作室前行方向

一、完善机制

规划机制。科学规划是确保特色教师工作室良性发展的先决条件。要结合特色教师培养和教师队伍建设，制订特色教师工作室发展规划。完善培养选拔制度、管理制度和考核制度，配套出台了奖励办法；同时，加强培养过程管理，对培养方案、培养档案、培养经费以及培养对象的跟踪考核等做出明确规定。

管理机制。管理主要在两个维度：一是在岗管理，激发自主、自觉的意识，制定《章程》，提出在岗研修学习要求；二是组织管理，强化督促和检查。年终，每一个培养对象进行年终总结。

二、形成系统的教师培训体系

1. 创新工作方式，进一步提升特色教师工作室品位，让特色教师工作室的功能辐射到更多的一线教师身上。

2. 走出去，请进来，加强与名校工作室的交流，进一步增强活动的实效。

3 加大课题研究力度，争取特色教师工作室成员科研意识不断增强，科研能力有实质提升。

/第二部分/

教师成长工作室案例精粹

守望者班主任工作室

一、工作室简介

（一）工作室成立初衷

守望者班主任工作室成立于2017年6月。工作室根据班主任队伍“年轻有活力、感性有朝气、勤奋有创意”的特点注重提升青年班主任管理水平，培养班级管理能力，从理论、实践、研究、引领等四个方面着重解决青年班主任的带班困惑，旨在为全校班主任打造一个共同学习的阵地，为提高班主任的综合素养探索一条新的成长途径，同时为优秀班主任持续发展创造相互交流、共同成长的平台。

（二）工作室Logo

工作室Logo

Logo解读：青青子衿，悠悠我心；凝望远方，守望成长。班主任，用勤劳的双手播种耕耘，用爱与智慧呵护灵魂。谁言寸草心，报得三春晖，阳光普照，绿草茵茵，在充满朝气的时光里，盼你长大，等你归来。

（三）工作室成员构成

工作室在德育处李韬主任的带领下，由刘美丽老师负责主持工作室的日常工作，工作室所有成员均来自班级管理一线，工作室始终坚持理论和实践相结合，在交流与碰撞中求进步，行走在班主任专业化发展的路上。

工作室成员

工作室主持人：

刘美丽，中共党员，英语专业八级，中学一级教师，国家二级心理咨询师。连续承担四届毕业班英语教学及班主任工作。所带班级连年荣获优秀班级，个人荣获集团优秀班主任。刘老师一直秉承着用“心”耕耘的宗旨，对工作有着强烈的责任心，对学生有着赤诚的爱心，深受家长的敬重及学生的爱戴。

工作室成员：

谭思宏　王丽娜　王美婷　王　琳　张少博

（四）工作室工作宗旨

工作室本着“服务、扶持、辐射、孵化”的工作宗旨，即“服务于班主任专业化成长，扶持班主任健康成长，辐射班主任主动管理意识，‘孵化’更多骨干班主任”。通过开展多层次、多形式、有质量的班主任学习、研修、实践的培训活动形成优秀班主任团队，创建学习型组织。

二、工作室成长足迹

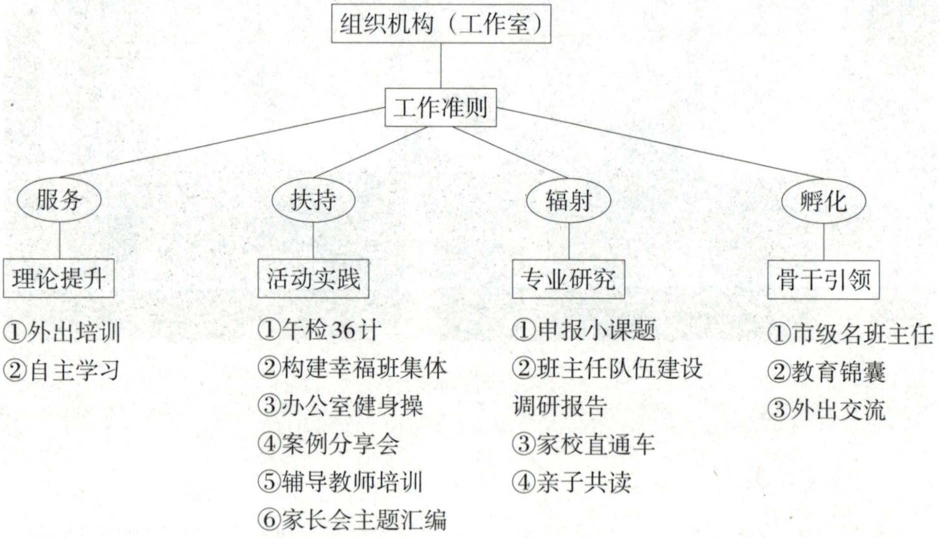

（一）理论提升

1. 外出培训

先进的理论是班主任工作和德育科研的先导。因此，加强学习，不断提高理论修养，始终占领工作室工作的“制高点”。在李韬主任的带领下，工作室采取“走出去、请进来”的方式，邀请专家学者进行授课和讲座，工作室成员打下坚实的理论基础。

2017年9月7日小学部的57位班主任老师相聚在一起，在栾英莉校长、程华校长的带领下走进了心动力沙盘游戏室，体验团体沙盘游戏的魅力。老师们通过共同制作一个沙盘作品，加深了同事间的理解，体验到合作、协调以及自己对团队的责任和义务，感受到非言语沟通的独特魅力。

2017年10月14日王琳、刘美丽利用周末时间参加“沈阳市义务教育地方课程心理专题培训会”，在进一步提升教师的课改理念，转变教学方式，加强教师对新课程的理解，掌握新课程的教学要求，提高教师驾驭新教材的能力，提高课堂教学质量，进一步深化课程改革等方面都收获颇丰。

2. 自主学习

工作室成员采取集中学习和分散自主学习相结合，定期组织小型会议，微信群互通有无，随时随地不定期地相互推荐阅读书目和文章，以理论熏陶的方式提升工作室成员的专业素养。

自主学习

（二）活动实践

1. 午检36计

2017年10月16日，工作室成员张少博、王琳对全体班主任进行了午检36计的主题培训。午检，是展示班级特色的舞台，是引领学生走向成熟和团结的快乐驿站，可以让班级管理更加有效。二位老师以具体主题午检为例，从午检的设计、准备、注意等多方面谈起，对如何设计一个好的主题午检进行了分析指导。

2. 构建幸福班集体

人们对坏事情坏情绪特别敏感，对好事情特别容易遗忘，长此以往，人会变得越来越消极，其实不仅成年人这样，班级的孩子也是一样，如果每天记一点不愉快的事，周末与家长传播的也是坏情绪。2017年11月6日，工作室成员刘美丽利用心理学“积极情绪的扩展构建理论”向班主任们介绍了构建幸福班集体的方法。通过制作“彩色的星期”卡片让每一个孩子、每一位老师慢慢对好情绪也敏感起来。

3. 办公室健身操

工作压力大，久坐久站，有的老师身体健康出现问题，影响了正常生活。中医按摩不仅有效，而且在办公室就可以做，方便快捷。2017年11月27日谭思宏、王丽娜为大家带来了办公室健身操，为班主任们减轻疲劳，缓解压力。

4. 案例分析会

为搭建班主任管理技能分享平台，架起家校互通桥梁，实现班主任专业化成长，2018年11月14日下午1：40，在小学部二楼报告厅举行了“用爱与智慧守望成长”之班主任案例分析会。

班主任工作事无巨细，工作常态往往是在钻研课堂教学、组织班级活动、实现家校良好沟通中急速前进。当班主任面对个性十足的学生，面对林林总总的家长，如何进行有效的管理与引导，如何建构学生积极阳光的心态，这是需要认真研究的课题。为此，东北育才实验学校小学部全体班主任集聚一堂，切磋管理技巧、聚焦管理经验、分享教育智慧。

本次案例分析会打破以往以学年组为单位活动的惯例，采取临时抽签组队的方式，将全体班主任随机分成了六个小组。为了增加同组默契，德育处李韬主任给各位班主任送上两份“礼物”。礼物一“掌声”，鼓掌是悦纳自己、鼓励他人的有益行为，此起彼伏的掌声迅速温暖全场，拉进了距离，增进了关系。礼物二“4S原则”，即See（目光），Smile（微笑），Shake（握手），Say（话语）。4S原则给本次活动确定了主题和目标。随后，李主任带领大家做“圆球游戏”，即团队协作展示队名、口号、队歌、队形。

东北育才实验学校小学部领导的点评耐心细致、具有启发性。康主任送给班主任“三件法宝”，提示班主任工作中要护身、护心、护神；张主任针对个性化学生的教育提出“换位思考、共情共鸣”的管理思路；金主任着重强调面对“新时代的家长”，班主任要从容淡定、果断坚决、有理有节地处理班级事务；王主任强调班主任“宽严并济”的治班之道，并期待班主任在宽与严中游刃有余；周校长新解“井底之蛙”，启发班主任去认识“小孩子也有大梦想”，班主任更不要“一叶障目”，要有“放眼看世界，敞开胸怀悦纳学生”的教育格局；程校长勉励班主任，在注重学生智力发展的同时，更要积极调动学生的非智力因素，通过提升学生素养去发展全面的人格。

各组案例分析展示及各位领导的综合点评结束后，评选出本次案例分析会的优胜组。案例分析会中，各位班主任用富有哲理又不失幽默的语言、发人深省的故事、鲜活生动的案例，为大家在以后的班级管理和教育学生方面提供了广阔的思路，同时也带来一些思考：一个优秀的班主任不仅要有慧眼，更要有慧心，用慧眼去洞察班级，用慧心去恩泽教育。悉心浇灌、静待花开的教师必然能带出一个风清气正、花香四溢的班集体。

附

案例分析会策划书

一、时间、地点：周三下午 1：30—4：00 二楼报告厅

二、人员：全体班主任

点评嘉宾：校区及小学部领导

主持人：老师

三、流程：

1. 分组：随机分为六组

2. 抽取案例

3. 热身：破冰环节

4. 合作分析案例（起队名，画海报）15分钟

5. 汇报（情景再现、表述、表演、访谈）

6. 领导点评

四、所需备品

1. 8张海报纸、6把剪子

2. POP水彩笔6套

3. 获胜组奖品：书籍10本（《教室里的正面管教》）

4. 全体班主任小礼物：59份

5. 辅导教师培训

针对辅导老师这一角色的重要性，2018年12月5日，工作室成员刘美丽老师与狄程、杨大平老师对小学部全体辅导老师进行了经验交流，工作室成

员刘美丽老师交流的主题是《从“剧场效应”看班级管理的四标准》。

6. 家长会主题汇编

工作室每学期都会统计小学部所有班级的期末家长会，以及新学年开学初新生入学家长会主题，希望在以后的家长会前能给予班主任们一些方向和思路。

（三）专业研究

1. 申报小课题

工作室每名成员积极参与班主任工作的小课题研究，通过审察实践经验，凝聚教育智慧，享受教育研究的幸福。

2. 班主任队伍建设调研报告

为贯彻落实教育部《关于进一步加强中小学班主任工作的意见》和《中小学班主任工作规定》等文件精神，加强全市中小学班主任工作管理与创新的能力，加强班主任队伍建设，总结经验，分析问题，研究对策，探索“十三五”期间班主任队伍建设新途径。按照市教育局深入开展教育大调研活动的要求，德育处开展全市中小学班主任队伍建设专项调研工作。

工作室成员分工合作，分别针对以下问题进行了探索与研究。

（1）中小学班主任队伍建设和管理的基本情况。包括：班主任队伍年龄结构、性别结构、学历结构、职称结构等自然情况；班主任队伍配备、待遇保障及管理情况；班主任队伍培训、交流情况；骨干班主任、名班主任、功勋班主任工程的实施情况；班主任队伍的师德师风建设等情况。

（2）分析存在的问题及原因；

（3）总结好的经验和做法；

（4）提出相关建议和意见；

（5）探讨提升中小学班主任队伍核心素养及专业化水平的途径和对策。

3. 家校直通车

2018年4月23日至4月25日，东北育才实验学校小学部分年级举行了家长开放日活动。为了更好地促进学校教育和家庭教育形成合力，围绕教育问题进行精神交流，小学部举行了“家校携手 共话成长”的讲座。

工作室成员谭思宏老师分享的内容为《做学习型的家长》。她根据自己的教学经历以及对学生家庭教育的关注，与家长们分享了家庭教育中的若干问题。她说：“当我们不知道该做什么的时候，就想想我们不该做什么，那样更有指导意义。”

有着丰富教学经验的胡敬梅老师分享的内容是《习惯的力量》。针对低年段的学生特点，重点交流了家庭教育的重要性以及家庭成员如何做好家庭教育的问题。

工作室成员王美婷老师分享的内容是《评价学生的真正标准——核心素养》。在交流中，她由现代科技发展所带来的人工智能所引发的思考开始谈起，探讨了发展学生核心素养的重要性。

毕业班的康凯老师为所有家长带来了《传统文化——给孩子正确的教育》的讲座。康老师是国学实验班的班主任，他一直致力于传统文化方面的教育教学，本次讲座他从自己的实际经验出发，探讨了传统文化在家庭教育中的巨大作用。

讲座的最后，学生发展指导处的李韬主任做了《为每个孩子准备好未来》的发言。首先，她带来了一段震撼人心的视频，有的家长甚至现场落泪。接着她分析了目前社会发展中，学生们面临的机遇与挑战，以及这样的挑战下，东北育才实验学校的办学理念。

这次讲座具有实用性与前瞻性相融合的特点，既指出了家庭教育中的问题，又提供了解决方法，既看到了未来人才需要具备的能力，又切实地提出了具体的培养方案，让家长面对孩子的教育问题能够做到心中有数，有的放矢。许多家长感叹：果然，优秀的平台培养出的不仅是优秀的孩子，家长也跟着受益，成为更好的自己，成就更好的孩子。

4. 亲子共读

工作室成员谭思宏和狄程老师在班主任培训中强调要想通过外部影响改变成人的固有认识很困难，想要让家长配合老师的教育教学工作，读书是个好方法。所以从一年级上学期的假期开始，谭老师和狄老师就利用微信群开始引导家长读书。所读书目都是关于家庭教育亲子关系的。新学期开学，两个班将这项活动继续进行，每天进行打卡分享所得。就两位老师个人而言，每天要用两个小时的时间读书，然后分享。本学期分别读了3本书：《孩子挑战》《父母挑战》《这样给孩子立规矩孩子愿意听》。

对于引读，家长感受最大的是更理解孩子的教育，也能主动学习教育孩子的方法，更加配合班主任的教育教学工作。读书活动还在继续，唯有不断提升家长的教育能力，才能更好地促进孩子的健康成长。

（四）骨干引领

1. 市级名班主任评选

东北育才实验学校小学部于跃老师在校领导的信任和支持下，参与了2017年度的沈阳市待评名班主任的评选活动，此次活动沈阳市共有266名班主任参与其中。

所有班主任都要通过上一节校内德育展示活动课，进行一次校内个人教育经验分享，写一份班主任管理方面的课题研究，开展一次沙龙教育研讨，最后进行一次教育研究答辩等环节，才能拥有最终的评选资格。活动历时十个月，横跨一整个学年。通过此次活动，于跃老师在前期感受到了自己多方面的不足，但通过这一学年的学习、努力和历练，自己的班主任教育理念得到升华，班主任管理能力得到提升，教育视野更加开阔，此次活动为他未来的班主任之路，奠定了更高的台阶。

2. **教育锦囊**

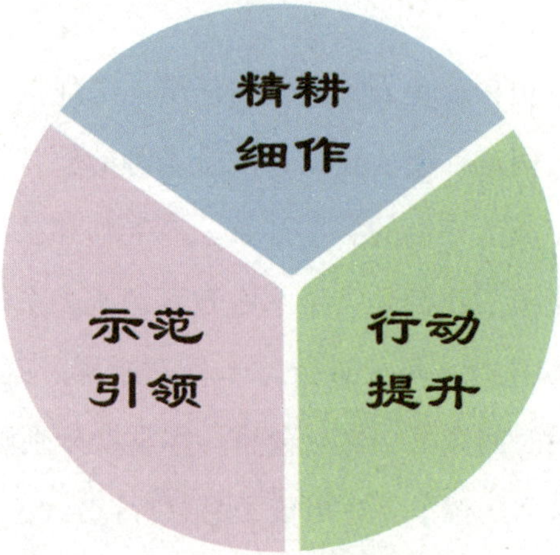

教育锦囊示意图

（1）精耕细作

善于在某一点上把工作做到极致。工作室的老师爱岗敬业、激情投入、意志坚定，很多老师多年来一直坚持某种教育方法，善于在某一点上把事情做到极致，正是这种执着和坚持收到了“水滴石穿”的教育效果。

附

18级7班　班主任刘小楠经验谈

著名教育家叶圣陶老先生把习惯养成放在了教育的首要地位。他曾说过，“什么是教育？简单一句话，就是要养成良好习惯”。目前，我工作七个年头了，一直担任低年段的班主任，所教学生处于习惯养成的初期。我经过三轮带班积累了一些习惯养成的方法，今天和大家分享一下。

一、开动大脑，积极思考

巴尔扎克说过：“一个能思考的人，才真是一个力量无边的人。”学生养成勤于思考的习惯，才能更快、更好地理解和消化知识，才能给自己的可持续发展提供源源不断的动力。因此，近两年，在教学中，我更多是让学生去质疑，让他们提出存在的疑惑，把主动权交给学生。这样，学生在拿到一篇课文时，经过熟读后，就会提出一些问题，在这过程中，自然而然就学会了思考问题、提出问题。

在开始尝试阶段，我发现爱思考的孩子能占班级人数的三分之一，而会思考的寥寥无几。那么，此时就需要老师拿出自己的法宝——表扬。当第一个学生提出问题后，我会大肆表扬、夸张地表扬，让他成为焦点，以至其他人都羡慕他。对于低年级的学生来说，他们的积极性和可推动性都很强，我这样的表扬就像一石激起千层浪一样，让原本平静的班级一下子就活跃起来，都想成为被老师表扬的对象。于是，孩子们会尽力去思考，想出问题，大胆表达出来。经过大约半个月的训练，大部分的孩子都能够大胆质疑，表达观点。以上这些内容我称之为第一阶段，只要提问即可，问题的价值性暂不做重点。接下来就是第二阶段——学会提出有价值的问题。这一环节，就需要老师正确去引导，提出要求。比如：1. 从课题着手，质疑课题；2. 从课文内容上提出问题；3. 从文中主要人物身上发掘问题；4. 从课文结构上提出问题等等。老师教给学生提问的方向和方法，学生自然就会有效提问了。但这其中学生必然会提出一些远离主题、抓不住要害的问题，此时，老师不要急于否定孩子，要积极引导

自信勇敢地表达

学生围绕教学目标、重点来展开思考，进行提问。时间久了，在这样轻松的课堂氛围中，学生就养成了积极思考的习惯。

这个习惯的养成，离不开教师的表扬。表扬会使学生更聪明，老师不能吝啬表扬，要学会慷慨地表扬学生。“赠人以言，重于珠宝”，当老师把真诚的赞美注入到学生的心田时，在你面前站着的便不是丑小鸭，而是展翅翱翔的白天鹅。

附

13级4班　班主任刘美丽经验谈

相信大家都看过电影，假如我们在一个剧场看电影，可能有一个人因为个子矮或者其他什么原因突然站起来看，这样他看得清楚，比坐着的人有优势，有既得利益。坐着的人不同意了，但怎么劝说那个人就是不坐下去，后面的人没办法也跟着站起来看，然后所有的人都站起来了。可能更有厉害的人干脆就站在椅子上去，然后所有人都跟着站在椅子上观看，这种现场我们称之为“剧场效应”。表面上，要怪那个破坏秩序，先站起来的观众，是他，首先破坏了秩序。实际上，真正的责任人，应该是剧场的管理员，毕竟他是秩序维护者。那么对于一个班级来说，秩序的维护者就是班主任及辅导老师。

与剧场效应相对应的，在班级中任何一种不良现象的存在，都在传递着一种信息，这种信息会导致不良现象的无限漫延，就像一个孩子说话了，老师没有去制止，那么其他的孩子就知道老师不管这事，班级自然就会混乱。同时必须高度警觉那些看起来是偶然的、个别的现象，比如顶撞老师、不请假就随意下座位、打架、抄袭……如果老师对这种行为不闻不问、熟视无睹、反应迟钝或纠正不力，就会纵容更多的人“站起来”或是“站在椅子上”，就极有可能演变成“千里之堤，溃于蚁穴”的恶果。现在的学生越来越难管，和风细雨的说教不是针对每个学生都有效果的。因此需要班主任及辅导老师进行有效的管理。

标准一：致广大，尽精微，细节处量化班级管理

管理一词虽然管在前，理在后，但管和理应该是同时进行的，也就是要边行动边思考。这样才能管得科学、管得合理、管到点儿上。我看见过这样一个场景，孩子在走廊站排乱作一团，老师一声吼别说话了，也许会起作用，但下次站排时应该还是这样的效果，这是一种管。另一种，老师站在前面，观察谁是说话的核心，闹的源头，是由哪几个人的问题导致了全班性的问题，所谓擒贼先擒王，所以允许先乱，找到问题的根源。这两种方法的结果就是有的人既费力了，也不见成效，估计也纳闷我管了，但是孩子不听，究其原因因为管得不合理。

另外，管理还是需要管了才能理顺，21天养成一个好习惯，想让孩子养成好习惯的前提，定好标准后，老师是否能坚持管理、坚持督促21天非常重要。这其中包括课前准备，课桌内物品摆放，卫生打扫，间食，间操，字典的摆放，口风琴的摆放，水杯的摆放，班级课外书，讲台粉笔，黑板擦，甚至到班级卫生纸及洗手液的摆放，在孩子们习惯养成方面，想要达到老师心目中的标准，班主任需眼勤、嘴勤、看班勤。

说到课前准备，每个学期开学前我会让班级每个孩子统一购买4个颜色的文件袋，分别装语文数学英语及其他所有材料。因为英语书大多是绿色的，英语材料就放在绿色的袋子里，数学书是蓝色的，数学材料就放蓝色的袋子里。这样方便孩子记忆，每个文件袋里装的是该学科的教材、笔记和练习册，这样书桌里左边是四个文件袋，右边是笔袋。课前准备一个袋子搞定，免得上课时再翻书桌找东西影响听课。

关于间操，尤其是现在我们学校间操跑步，慢跑可以消除人的紧张感、疲惫感，控制好速度，提醒学生重音踩在左脚上，班级自然跑得齐了。自从间操

跑步起，我从不间断，对于本身就热爱运动的我来说每天慢跑两圈，让身体微微出汗，跑步之后神清气爽的感觉我特别享受，同时我也会把我的感受分享给学生，让学生养成热爱运动的习惯，这对于他们来说也是终身受益的。

标准二：定标准，抓内在，规则意识渗透班级日常

如何判断一个班级是否成形，也许就是在班主任不在的时候。最开始当班主任时，我总跟孩子们反复说，“要为班级的集体荣誉着想，你是班级的一分子”等类似有集体荣誉感之类的话，还会说“我会时时刻刻盯着你的，我不在，还有别的老师、领导在盯着你”等时刻让孩子感觉被监督的话。当然，这些话我现在有时还会说，但是我现在最常说的话是：何为素质，一个人真正的素质是无人监督时的行为，没有人愿意被评判为低素质，因此越是老师不在的时候越要自律。也就是时刻培养孩子的规则意识。在教育方面既要有牛奶面包，又要有诗和远方。这种教育也是长远的教育、情怀的教育，不止拘泥于眼下的纪律问题，为学生谋划一个更好的未来。

标准三：明方法，授以渔，精练言辞效果佳

在日常的班级管理中，能给眼神的就不说话，尤其是在批评时；能写下来的就不说话，尤其是在表扬鼓励时。这一点举个例子，之前我写过类似的小字条：上周你的进步Emily特别欣慰，期待你本周有更加完美的表现。写在字条上的东西更有亲近感和契合感，比嘴上说的影响更大，而且孩子会珍藏。

数子十过不如教子一方。告诉学生如何做是不对的，不如告诉他怎么做是对的。每个班级管理规章制度的制定大都是不许什么、禁止什么，何不给他变成肯定形式，要怎么做以便怎样，为了什么以达到什么效果等。比如之前看到过有的班级班规写的是自习课“十不准”，其实是在变相告诉那些调皮的孩子能做些什么，所以变成自习课“十应该”也许会更好一些。

班主任例会后班主任要将例会上领导们所传达的信息进行读取与筛选，结合自己的班级进行大题小做，以及小题大做。

大题小做：不是我班的现象，发生在别的班，那我就需要点到为止。

小题大做：这事我班也存在类似的状况，那我就添油加醋地把它扩大化，见人见事见数据。问题严重的一定点到具体人的头上。

标准四：精合作，同助力，齐抓共管成就更好的班集体

没有完美的个人，只有完美的CP，CP在英语单词里为couple，是伙伴、搭档的意思。班主任和辅导老师，打造最佳“合伙人”。我们班的辅导老师是张秋萍老师。今天我截取四个场景。

1. 开学前我们班级就确定好一个时间，无论是走读学生还是值日生7：10前务必到校，这样给学生一个交作业、有病吃药、去卫生间等晨读前的缓冲时间，以确保晨读的质量。反之，如果不规定晨读时间，晨读时一会儿进来个走读生，一会儿进来个值日生，分散学生注意力，影响全班。

周一的早上我7点前到校，班级的情形是这样的：桌椅整齐，课前准备整齐，也就是说晨读的准备是在前一天晚上就做好的，连黑板上的课表都写好了。反之，第二天早上等学生到齐后现发晨读单，可想而知，时间稍纵即逝。

2. 处理事情不隔夜。我们面对的是一群最活泼好动的年龄的学生，每天磕磕碰碰、打打闹闹必不可少，尤其晚间学生相对更加兴奋，发生问题的状况会更多。但是张老师每次都是当天的问题当天处理好，而不是第二天反馈给我等我处理。告诉我的往往是一个解决的结果。在这里由衷地感谢张老师，每天轻装上阵的感觉真好。

3. 班主任与辅导老师的关系：错位，补位，借位。

错位：辅导老师说的事做的决定，班主任就别插手了；

补位：辅导老师做不了的不方便做的，班主任上；

借位：演员借位是为了营造出效果，那么班主任和辅导老师也可以互相借位，比如从我这会跟孩子说张老师说你最近完成作业速度快了，晚课纪律有进步了等，我一般会对那些白天表现不好挨批评的孩子这么说，那反过来

其实也是可以的。

附

15级9班　班主任马贺娜经验交流

一、在课堂教学上，努力培养良好的听课习惯——我的做法是：随机应变、灵活调动，让课堂焕发生机。

日复一日，年复一年，相信大家都有过“大嗓门、敲黑板、讲重点”的经历，为的就是让所有的孩子都能认真听讲，但结果有时不尽如人意，认真听讲的学生依旧全神贯注，心猿意马的孩子依旧身在曹营心在汉。

针对这种情况，与其一味地硬碰硬，不如抓住机会运用“套路”，充分调动孩子的主观能动性，有时会收到意想不到的效果。

比如：一次新课讲授时，我发现有几个平时爱溜号的孩子又出现了异动，区别于平时，我没有用嘶哑的声音简单粗暴地喊着“某某，溜号了啊”“谁谁，认真听讲”，而是一脸温柔娇俏的模样对他们说：“同学们，我们今天玩个游戏呀?”游戏一出，谁与争锋，一听做游戏，所有人都来了精神。一看孩子们的兴趣已经被调动起来了，我装作一副高深莫测的模样说：“我先讲一个知识点，再选一个同学扮演小老师给我讲一遍。你当老师，我当学生，你讲课，我听课。”“好啊!”孩子们为我的提议拍手叫好。随后，我有意挑选了几个平时爱溜号的孩子上来扮演小老师，而我坐在学生中间扮演学生，被选中做小老师的孩子十分认真地讲着知识点，生怕有一丝讲得不明白，还常常提醒下面的同学要注意坐姿和课堂纪律。虽然套路老套一点，但我的目的达到了。

在与孩子们的过招中，虚虚实实，声东击西，在他们认为要被严惩的时候反而平静处理，施以角色转换和换位思考，在他们兴致勃勃教“其他同学”知识并管理他们言行的同时，也是自我管理意识的一次升华。

二、在班级管理上，努力培养良好的行为习惯——我的做法是：建章立制，借力而行，让班级井井有条。

冰冻三尺非一日之寒，要解决“不良习惯”这样的“三尺冰冻”也绝非一日之功。有时，作为班主任也会有这样的困惑：管少了班级就会松散，难以控制，成了掉了线的风筝；管多了班级就会呆板，缺乏活力，成了扯线木偶。最后，很容易造成班主任身陷管理泥潭，杂务缠身，疲惫不堪。

面对这一问题，我的做法是给好习惯做加法：建章立制，严格规范制度管理；选好班委，借力发挥监督职能。

工欲善其事，必先利其器。一个班级在习惯养成之初，一定先完善班级制度这把利器。这里需要说明的是，不要以为班主任设想出的班级制度是最合理的，如果学生不认可，一切都是枉然。在我们班，量化细则和管理办法都是由全班同学集体讨论产生，这样的规则往往更加“接地气”，更能得到学生的支持，也就更容易贯彻执行。

我班采用的量化管理指标包括：作业，值日，仪容仪表，出勤，课间操，眼保健操，自习课纪律，学习进步，集体活动，好人好事等10项内容。

1. 每个学生基础分60，一周内不被扣分则加4分，若一周内违反细则，按次数多少扣分，一次1分；

2. 每天设值日班委，负责填写班务日记，记录每天的情况；

3. 周末由班长根据班务日记的记录，统计个人得分，每周一公布，有利于激励优秀者，警醒落后者；

4. 学生个人德育分，等于一个学期积累起来的分数加上职务奖励分和参加集体活动奖励分的总和；

5. 根据德育分总和评选出期末的德育优秀学生。

当然，要做好量化管理工作，仅仅靠分数的形式还是不够的，还要注意在制度实施的过程中必须坚持班级制度面前人人平等、公平公正的原则，并持之以恒，始终如一地落实，尤其是班级干部更要以高标准要求，这样才能赢得孩子们的信服。当然，扣分绝不是我们的最终目的，不能一味地用简单粗暴的扣分方式，也要适时地指出学生犯错的原因，给予批评指正，鼓励学生改正错误。

当然，老师不是万能的，作为班主任，因受时间和课程安排的限制，不可能随时出现在班级里，时刻提醒孩子们养成良好的习惯。所以，好的制度也要有好的干部，选好孩子王，一切不用忙。我的做法是树立典型，借力而行。在班级日常活动中，我会细心观察孩子中自发的小头目，再做综合考量，通过竞聘演讲，民主投票产生并逐步完善学生干部小队伍，明确学生干部分工。例如：学委负责每节课提醒学生课前准备，生活委员监督个人卫生，课代表各司其职，利用课前零散时间带同学们预习。我班的学生干部队伍成立以后，学生能够做的，我坚决不做；学生能够完成的，我绝不插手。抓大放小，抓主放次，授权负责，分层管理，适时提示，适当放手，此时的放手，绝不是班主任自身的懈怠与不作为，而是要注意时机，掌握分寸，充分调动学生积极性，助力孩子们的成长。现在，小干部们各司其职，班级管理良性发展，师生关系也更加民主融洽。

三、在礼仪教育上，努力培养良好的文明习惯——我的做法是：言传身教，以退为进，让学生心悦诚服。

常言道，其身正，不令而行，其身不正，虽令不从。喊破嗓子，不如干出样子。赢得学生的尊重，是老师最大的幸福。

四、在课后辅导上，努力培养良好的学习习惯——我的做法是：家校协作，因材施教，让孩子远离陋习。

虽然三年级孩子的不良学习习惯还处于萌芽阶段，但既然是“习惯”，就表示它的改变也需要一个长期的过程。行为心理学表明：21天以上的重复行为会渐渐形成习惯，所以好习惯用加法，那么坏习惯我们就用“减法”。

对于一个多动的男孩来说，他自己在每小时内站起来的次数逐渐减少，对于他来说是一种莫大的鼓励，也会因此而对自己充满信心。在这种信心饱满的状态下，孩子的坏习惯是很容易慢慢改掉的。

同时，当你巧施方法帮助家长了解教育方法的同时，也会促进双方深层次的感情互动，达成双方的信任。“亲其师，信其道”，赢得了家长对你的尊重和信任，双方在孩子教育目标上达成一致，我们今后的工作也会更加游刃有余，何乐而不为呢。

（2）示范引领

工作室教师们把经验上升为理论，形成思想，个个都是教育高手。他们认真贯彻党的教育方针，努力使全体学生得到全面发展；他们能够科学地育人，创造性地开展工作，具有化腐朽为神奇的功力。

花式跳绳　精彩缤纷

坚韧不拔　百折不挠

绿茵场上　激情四射

附

11级5班　班主任高南经验交流

用榜样的力量培养学生自律意识　促进学生励志成长

一、励志教育，促进自律

培养学生自律意识，最重要的是激发学生的内动力。一个积极向上的人，更懂得自我管理和自我约束。引导学生树立远大目标，学生才会自觉地约束自己，自发地为目标努力。

(一) 亲近总理，立志成才

总理精神是一座宝库，总理精神是一面旗帜，作为周恩来总理的校友，同学们以总理为人生楷模，知总理，爱总理，学总理。

“周恩来中队”利用学校宣传板，做总理事迹宣传，题为“大地的儿子，校友周恩来”，配合文字和图片，介绍总理在少年时期、求学时期等不同时期的事迹。“周恩来从小志气高，12岁就发出‘为中华之崛起而读书’的铮铮誓言。”“曾赴日本、法国留学，回国后领导学生运动，武装起义。”“当上新中国总理后的周恩来仍然待人温和，严于律己。”“作为杰出的外交家，周恩来为中国与世界各国的和平友好关系做出了卓越的贡献。”在准备的过程中，同学们收集资料，进行筛选，精心设计，将总理事迹熟记于心，更加亲近总理，也更增加了对总理的崇敬之情。

(二) 走近名人，铸就梦想

提起“偶像”，大部分中小学生可能会想到明星，可我班中队队员们的偶像可个个不简单，他们有的崇拜政治家，有的崇拜科学家，更不乏商业精英和文学巨擘。

中队开展“名人引领我成长”活动，利用午检时间，介绍名人经历。班级黑板的一角，每日更换的名言也在激励着队员们锐意进取。介绍名人事迹、抄写名人名言这些工作我都分配给每个学生。每人准备三条名人名言，按学号轮流负责抄写在名言角上。主持午检更加考验人，也有着严格的申报流程。每周一、周五的午检，班主任用于总结班级事务，周三的时间全校一起雅读听书。周二和周四的午检由学生主持。准备好内容的同学，可以提前一周申报。他们读书，和同学讨论，向老师、家长请教，确定主题；他们查阅资料，准备PPT课件。这个过程增长了同学们的见识，也触动了他们的内心。他们逐渐认识并体会到榜样的崇高精神和品格所在，逐渐学会自律和克服自身的缺点，确定了自己的精神导师。

二、树立榜样，调动自律

（一）学习榜样，激励向前

班级建立“总理奖章”，分设“进取之星”“自律之星”“进步之星”，以此来激励学生。上课认真听讲，积极发言，课下认真完成作业，积极思考，自主学习的同学将获得“进取之星”的称号。不违反校规班纪，承担起自身责任，尊敬师长、团结同学是获得“自律之星”的条件。勇于挑战自我，在学习或纪律、卫生方面取得较大进步的同学获“进步之星”的称号。

“总理奖章”每月评选一次，同学提名，投票选举。奖章获得者将会获得颁奖词一段、荣誉照片一张、家长喜报一份、许愿卡片一张，我们以此来激发学生的热情。以下是某月“总理奖章”获得者的颁奖词：“陈冠宇，是班级的进取之星。学习刻苦认真，积极进取。课上，他一丝不苟，积极思考；他的作业总是最工整的，他总能利用零散时间学习，志存高远，脚踏实地。”在班级中树立榜样需要教师拥有慧眼，善于发现，更要倚仗学生对同学的发现和评价。给学生机会去说，给学生机会去选，这样既公平公正，又能培养他们多去发现同伴身上的优点，进而也促进了同学之间互相学习。也正是在一个个榜样的引领下，同学们才能逐渐找到了正确的方向和源源不断前进的动力。

（二）成为榜样，自我约束

每个学生都渴望被赏识，当自己受到更多关注时，他就会更加努力地发挥自己的长处，就会更加努力做最好的自己。所以教育者在树立榜样的同时，还要尝试给每个孩子一个成为榜样的机会，这样会促进学生自律。

学习上不仅要表扬那些学习成绩优异的同学，更要留心谁是最刻苦的那个，谁是最会学的那个，谁是毫不吝惜，把经验传授给伙伴的那个……工工整整、层次清晰的笔记，一段准确清晰、声情并茂的朗读，一种独特的解题思路，一个有价值的问题，都是值得被夸赞的。

在生活中寻找榜样，板报的一角开辟了一个小的专栏叫作“寻找班级正能量”。谁发现同学身上有什么闪光点，就可以写少则十几个字，多则上百字的通讯报道，用磁扣贴在专栏里。

三、科学管理，培养自律

在古希腊语中，自律是“自己”和“规则”两个词的结合。意思是自己为自己制定规则。自己为自己制定规则，对于小学生来说是不太容易的，需要正确引导和逐步实现。不谈“他律”，只谈“自律”，自律就会变成空中楼阁。也就是说，要科学地“他律”，制定更加科学的规则。

（一）统一目标，共制班规

举着周恩来中队的队旗，队员们心中无比自豪。维护集体荣誉成了全体队员共同的希望。每个队员都自觉严格要求自己，大家有着共同的目标。中队员的目标是：做一个上进、友爱、自律的人，做一个有益于他人的人，创一个向上、团结、优秀的班级。围绕共同目标，队员们明确了前进的方向，互帮互助，互相监督；围绕共同的奋斗目标，队员们动力十足，做最好的自己，创最好的班级。

（二）自我评价，获得提升

教师评价学生是学生自我评价的范例。所以教师对学生的评级务必要趋于客观公正、宽容多元。要传授给学生这样的评判标准：提升自身的修养的行为，符合道德标准的行为是好的行为。还要学会站在他人角度思考问题，评价行为的标准，不仅仅是从自身角度出发，还要思考是否有损他人利益，是否能够对他人有帮助。

自我评价包括自我鼓励和自我批评。鼓励学生养成记日记的习惯。记一记让自己有收获的事，肯定自己一天的付出，反思自己做得不好的地方。当学生犯错误的时候，问一问学生“错在哪里”“造成了什么后果”“你打算怎么弥补，如何改正”。变教师教育为学生自我教育。让学生有所思、有所悟，会自我管理，会自我约束。

（三）特色小组，互帮互助

学生之间的影响是不可忽视的。班级36名学生被分为6个小组。值日以小队为单位，一个小组就是一个学习小组，各项评比也以小组为单位。组长由组员民主选举产生。组长领导并且服务于组员。组员们在组长的带领下，互帮互助，共同进步。

首先小组成员要达成一致的认识，那就是：人人参与小队的自主管理，通过同伴互助不断明确“小主人”意识，感受“小主人”的责任感与自豪感，以达成班级民主自治。组员们互帮互助。有事大家一起商量，有困难大家一起面对。互相提醒做课前准备，互相鼓励认真完成作业，联欢会上一起表演节目，一起值日工作有分工，有互助。队员们取长补短。组内学习成绩好的学生会帮助后进学生讲解问题，劳动能手会在完成自己工作的时候帮助其他队友，擅长体育的就会在竞赛中出头。学生经历和体验小队间的竞争与小队内的合作，在小队集体中感受到竞争的快乐，不怕失败，发展了合作意识和合作能力。

四、开展活动，实践自律

加拿大蒙特利尔大学及其附属圣贾斯汀儿童医院的研究者发现，定期的、有组织的课外团体活动有助于培养孩子们的纪律性。在活动中学生形成的道德责任心，也会更加促进学生的自律性。

（一）化整为零，重在积累

丰富多彩的活动是学生培养的载体。中队抓住学校活动的展示机会，并以此为契机，对队员进行教育。中队也进行了一系列的特色活动，拓宽教育的面，深挖教育的点。

（二）校外拓展，综合实践

感恩教育

艺术熏陶

最好的教育是让受教育者感受不到教育的教育，最好的教育是融入社会的教育。虽然走出去的机会并不是很多，可中队十分重视综合实践对于中队建设的意义。去科普基地参观并亲手种植小盆栽，孩子们沉浸在科学种植的神奇以及自己动手的快乐中。参观“九·一八”历史博物馆，去重温那段屈辱与斗争的历史，同学们更加懂得

“为中华之崛起而读书”的意义。

实践活动目的在于通过各种途径勉励学生树立志向并积极创造条件实现志向，使学生成为有责任感，有志向的人；磨砺学生的意志，使学生成为一个有激情、有理想、有眼界的人。

（三）薪火传递，以大带小

经过一系列尝试，班级学生的自律性有所增强。学生们严格要求自己，懂得自省自律；勤奋踏实，一步一脚印；树立良好形象，奉献礼让。班级在学习、纪律、卫生等方面处处争先。因此，中队多次被评为校“优秀班级”“德育优秀班级”“教学优秀班级”。这更加增强了队员的自豪感，增加了中队的凝聚力。队员们将继续传承总理精神，书写金色年华。

（3）行动提升

东北育才实验学校小学部初步形成了自己的教育特色，教育思想初露端倪。年轻的班主任们都渐渐形成了自己的教育个性和特色，其中有些教师也开始归纳、提炼，教育思想逐渐清晰起来。

附

15级1班　班主任高悦经验谈

几年来，我带了两届班级，培育了将近80个学生。在我的眼里，很多孩子都有了不同程度的改变，但是这里我最想谈的还是第一年带班时，班里一名叫“小万”的学生。初次接触小万是在我与本班的上一任班主任交接工作的时候，那时孩子们正在做间操，我与徐老师站在班级队伍的后面，徐老师指着小万的背影跟我说：“这是我们班最淘气的孩子，今后接手这个班，你可要把他管住啊！”此时的小万斜着眼睛，似瞅非瞅地看了我们一眼，又继续“认真”做间操。我的心里莫名一阵苦恼。然而，这才只是刚刚开始，在接班后的两个月里，我才真正体会到了徐老师对我嘱咐那番话的含义。

小万的父母是做美发生意的，平时家庭并不是很和谐，父母生意很忙，聚少离多，自然对孩子的关心也较少。对待孩子的教育问题也经常是父母意见不统一，时管时不管，而且父母很少在一起沟通孩子的事情，而小万在学校表现出来的则是：1. 总是觉得别人的东西比自己的好，所以如果看见其他同学有自己没有的东西，他就会用自己独特的方式去“得到”；2. 多动，不仅课下喜欢无故欺负同学，就连上课的时候也会时不时地“表演”一出，即使老师在讲课他也毫不顾忌；3. 和同学相处的时候从不吃一点儿亏，而且下手“绝不留情”。在这种情况下，每天班级里的孩子们给“小万”告状的声音自然是不绝于耳，而且每天都出“新状况”。在那段日子里，我每天早晨上班的第一件事情就是耐心地倾听孩子们诉说昨晚发生在他们与小万之间的“冤案”，简直是千头万绪，一肚子苦水。我总在想：到底用什么样的方法才能彻底感化小万呢？

因为经验的缺乏，起初我只是把小万叫到办公室里跟他大喊一顿，发一顿脾气，根本听不进去他说的话，总觉得他说的每一句话都是强词夺理，就想跟他硬碰硬，用自己的气势把他压倒。结果却是事与愿违，小万的情况不仅没有好转，甚至更胜从前，并且还有很多故意的成分在里面。于是，此时我又想到了小万的父母，然而几次沟通下来，家长不仅不理解老师的心意，反而觉得习以为常了，认为老师是在“鸡蛋里挑骨头”。这可怎么办？我的心里乱成了一团麻，虽然有些难为情，但还是决定把自己心中的困惑和师傅以及同组的老师说出来一起商量。同事们开导我，我也开始慢慢开导自己，看来想要速成是不行了，只能靠慢功夫来磨了。我开始上网查看相关的教育案例，向组里其他有经验的老师虚心请教，看教育类书中的相关内容……这一系列的过程下来，我开始变得不那么急躁，思路感觉也清晰了许多。我开始在每次处理“冤案”的时候耐心倾听小万的“诉苦”，尽量从两方共同来找原因，虽然结果绝大多数还是小万强词夺理，但是告状的同学我也说两句，所以小万也就不再那么排斥我了，对我的态度慢慢开始有所改变了，似乎不那么故意跟我过不去了。为了能够减少其他同学对他的抵触，我趁热打铁，想办法多表扬小万，小万也开始不再那么讨厌同学。空闲时间我还找小万谈心，在交流过程中，我也开始逐渐走进了小万的内心世界，虽然他的想法经常偏激，但我似乎也能开始理解他“幼稚”的想法了。最重要的是，我内心不再把小万当做是一名“问题”学生来对待，而是把他当成一名普通的学生来关心。记得有一年冬天，小万又犯错误了，我把小万叫到我的办公室，小万以为我又要批评他了，不敢抬头看我，但是我并没有那么做。我不是刻意要控制自己，而是看见他站在我面前手和耳朵冻得通红，就情不自禁地用我自己的手来给他取暖，那天的小万特别的安静，没有过多的解释，也没有刻意的顶撞。当然，实在遇到他犯大错误的时候，我也狠狠批评，但是为了保护他的自尊心，我几乎都是单独批评，给他尊重、呵护，让他真正从内心深处理解老师对他的爱护和教导，在获得小万的认可以后再在全班同学面前说明事情的利害关系，就这样软硬兼施，我的教育也开始逐渐有了成效。有了小万对我的信任，我又开始着手找小万的父母来谈，每次遇到情况，讲清事情的来龙去脉以后，从为小万学习、人品、未来考虑的角度来引导他的父母，他的父母态度也就缓和了许多，虽然不是那么配合，但是有空的时候，他们也会想办法解决小万身上的问题了。回过头来想想，其实老师的心态对孩子的转变也是有着很大的影响的，面对成长中犯错误的孩子，我们总是显得很急躁，总希望能够立竿见影，甚至一劳永逸。然而，教育是缓慢而长久的，是需要等待和坚持的，所谓的“欲速则不达”应该就是这个道理。

我对他的督促张弛有度，既不让他觉得总抓着他不放，同时也尽量不让他有“钻空子”的机会，即使有，也一定在第一时间说服教育。后来小万已经能和班级中部分同学和谐相处，也再不是全班同学的“公敌”了，尽管小错误仍然不断，学习上也很吃力，喜欢偷懒，但是对于他的进步我更是感觉欣慰，也许这就是老师价值的体现吧。

从我选择教师这份神圣的职业开始，就注定了我要把我的爱与责任献于我的学生们。我不求工作得多么轰轰烈烈，但求对得起我的学生，我的心，在平凡的三尺讲台上，做平凡的教育！

附

16级7班　班主任胡敬梅经验谈

如果把喜欢孩子当成是一种习惯，那么你为孩子们做的一切事情都是心甘情愿的。

“七〇后”的我，曾经最爱看《闪光的彩球》《四个小伙伴》和《苗苗》这三部电影，惊奇于那里面的每一位老师，不用瞪圆眼睛，不用大声喊叫，不用敲敲打打的，只要用一个微笑的眼神就能让那些淘气的孩子马上服服帖帖。也就是从那时候起，我的理想就是要做一名像电影里那样有魔力的老师。

斗转星移，自己如愿地成为一名教师之后，渐渐地才发现个中的滋味。

临近不惑之年，辞去了公职，应聘来到了东北育才实验学校的小学部做了一名聘任制的老师，虽然接触的还是孩子们，做的还是班主任，教的还是语文，但较之以往的那些公立学校的学生，这里的学生还是有着明显的区别。在这里，我和新环境，我和孩子们的故事悄然开始了……

（一）把豆藏在饭里

这是一所寄宿制学校，孩子们一周之中要有五天在这里度过。教室，操场，寝室，还有食堂，是孩子们天天必到的场所。

有这样一个男孩子，戴着眼镜，口齿不清，非常淘气。他的家境很好，衣食无忧，自小便被宠爱，不明白人为什么要长大，为什么要学习，总而言之，这个孩子单纯得一天到晚就是开心地玩，一个字不写，一道题不算，一个英文单词不背，考试分数总是少得可怜，但他依旧快乐无比。

他偏食，不吃豆饭，每次食堂做豆饭他都要把豆子一个一个地挑出来，很是任性，凭老师怎么讲道理都是依然故我。哦，他还有个特点，就是饭吃到一半的时候就会停下来，等着有人来喂。

他的班主任老师也是一位母亲，从他一开始来到班级，老师就注意到他，慢慢地就发现了这个秘密。善良的女老师总是不忍心责备他，于是会在他不想再动筷子的时候，把他搂过来喂他吃。每到吃豆饭的时候，老师总是故意和他说些别的话，然后悄悄地把豆藏在饭团里，上面再添些蔬菜，这样孩子一口吃下去，竟然没有发觉，不知不觉，孩子的饭菜吃得一干二净，这个秘密到现在已经一学期了，孩子不知道。

（二）三颗珍珠茄（小西红柿也叫圣女果）

还是这个男孩子，接触时间长了，他开始依恋上这位女老师了。他自尊心很强，因为口齿不清的原因和同学沟通很难，所以他开始有事没事就和女老师说话。有时候他突然冒出一句话，老师听不清，再问他的时候，他便不再重复，眼睛开始看别的地方。老师很懊悔，她知道这一个“你说什么？”一定是伤了这个孩子的自尊心了。于是从那时起，这位老师便主动和这个小男孩说话，逐渐地适应他的说话方式。慢慢地，这位老师能听懂男孩子说的话了，有时候他们说着说着还会哈哈大笑起来，还会有一个拥抱。这个男孩子肯定是喜欢上了自己的老师，要不然为什么开始拿起笔来写作业了呢?!

原来是老师曾经和他说了一次悄悄话："我喜欢你，但更喜欢爱学习的孩子，爱动笔的孩子，知道吗？……"这是属于两个人的秘密，这位老师很享受这个小男孩的改变。不仅如此，她还发现，这个男孩子很爱他的妹妹，经常在周五的时候，留下学校发给每个学生的水果，用面巾纸小心地包好，边包着还边说着："这是给我小妹儿的。"有时候，老师也帮着他留一些，笑着看着他稚嫩的动作，很温暖的感觉。可是有一次，小男孩却把老师弄哭了，不为别的，还是周五吃午饭的时候，这个男孩子突然把分到自己的那份圣女果举到女老师的眼前，"给你吃！"小男孩利落地说。女老师一怔，随后明白过来，但是眼睛却湿润了。暖心的三颗珍珠茄，让这个初到育才的女老师感动不已。

虽然现在这位女老师已经不是这个小男孩的班主任了，可是只要她一想到那三颗红红的珍珠茄，便不觉浅笑不止。

有时候，爱就是在这不经意间发生了，那样自然，不留痕迹。

（三）喜欢围棋的男孩子

他是一个男孩子，长得清秀，很文静，像个害羞的女孩子。别的同学叽叽喳喳的时候，他总是一个人静静地看一本厚厚的围棋书，那样子很是可爱。为什么他不和别的同学一起玩耍呢？这引起了老师的注意。有几次，这个孩子分明是想和老师说话的，都走到了老师身边，都已经张开了嘴，但还是一转身，悄悄地离开。老师发现，每次这个孩子要说话的时候都是鼓足了勇气，使了好大的气力，不时地还要把手放到嘴边，使劲地咽口唾沫，哦，原来孩子说话有些不流利，所以平时能不讲话的时候，他就不说话。

老师很心疼这个男孩子。因为不敢和大家交流，这个孩子很闭塞，很自卑。一定要帮助孩子走出这个困境，女老师这样提醒自己。怎么去做呢？不能太大张旗鼓，如果那样反倒会引起其他孩子的注意，弄不好别的孩子还会讥笑他，这真是让老师着实费了一番心思。

每次语文课，都会让孩子们认生字，每次都会让孩子领读，哦，对了，就让这个男孩子从读单字开始吧！于是，每次语文课上，老师都会在男孩子不举手的情况下叫他发言，因为老师心里有数：一个能看得懂围棋书的孩子识字量一定很大，这些简单得不能再简单的拼音和生字根本难不倒这个男孩子。一天，一星期，一个月过去了，爱围棋的男孩子渐渐地融入集体里了，渐渐地能和其他的同学一起玩耍了，渐渐地开始露出甜美自信的笑容了，渐渐地能主动举手发言了，渐渐地他就成了班级学习上的领军人物……

爱，不需要大声表露，这样默默的关心，一样纯美厚重。

教育的真谛到底是什么？或许再高深的专家也说不清楚，但源于对学生们的真爱、真心和真情是谁也不能否认的吧！我享受每一天和孩子们发生的真实故事，孩子们的心灵世界是那样纯洁无瑕、晶莹剔透，我喜欢这样的真生活。

3. 外出交流

小学部李韬主任曾作过题为“乐工作　悦生活”的交流。李主任在交流中提到班主任工作是一门科学，又是一门艺术。说它是科学，是因为这项工作有规律可循，只有认识和掌握这些规律，按规律办事，才能成功。说它是艺术，是因为教育活动是创造性的劳动，没有固定不变的公式，只有根据不同的对象，采取灵活多变的方式，才能收到预期的效果。

（1）做一个有热度的爱心型的班主任

（2）做一个有冷度的理智型班主任

（3）做一个有高度的智慧型的班主任

（4）做一个有亮度的实干型的班主任

（5）做一个有风度的魅力型的班主任

李主任对五个类型的班主任做了详细的阐述，同时指出作为一名班主任要时刻树立“学校光荣我光荣，我为学校争光荣”的大局观念，有利于学校发展前途的话多说，有利于学校发展前途的事多做。为人襟怀坦荡，同时用良好的行为习惯去感染学生，率先垂范。教育学生爱护环境，班主任不妨先拾起地上的一片纸；教育学生桌面干净，班主任的办公桌先整洁起来；教育学生要有服从意识，班主任的言谈举止间就不能流露出对学校规章制度的抵触；教育学生有阳光般健康向上的心态，班主任就要真诚友善，协调科任老师共同缔造和谐向上的精神氛围；教育学生要有竞争意识，永不言败，班主任就要在时时处处敢为人先。只有这样，我们学校才能做到能把学生“招得进，留得住，送得出”。

三、工作室的收获

2013年8月19日，应周恩来思想生平研究会、周恩来邓颖超研究中心邀请，东北育才实验学校领导和老师出席了由天津南开中学承办的“全国第七届周恩来班、邓颖超班经验交流暨周恩来入学天津南开中学100周年座谈会”。

会上，东北育才实验学校领导做了“为中华之崛起而读书，为实现中国梦而努力”为主题的大会发言。东北育才实验学校是周总理少年读书的地方，在传承总理精神方面，有声有色、扎实有效的“周恩来班”创建举措，赢得与会领导和教师代表的一致好评。周明老师作为学校代表领取了两个“周恩来班”主题班会设计方案一等奖，分别是东北育才实验学校双语小学部于晶老师的《学习周总理、实现中国梦》以及东北育才实验学校小学部刘晓楠老师的《品读校友周恩来》。

会后，周总理的侄女——周秉德女士还与周明、于晶两位教师亲切合影，并给予祝贺。

周恩来中队：08级2班，09级5班，10级1班，10级2班，10级3班，11级4班，11级5班，11级6班，12级3班，12级6班，13级5班，14级1班，14级3班，14级9班

国学班：12级4班

市级优秀班级：08级4班，09级4班

雷锋中队：08级5班

四、工作室的展望

（一）形成系统的班主任培训体系

尽管一年多来，东北育才实验学校小学部班主任工作室工作在活动开展、工作特色等方面取得了一定的成绩，也得到了学校领导的一致赞扬，但毕竟班主任工作室是一个相对新鲜的事物，我们的工作尚有需要进一步完善之处。这主要表现为：工作室活动时间相对紧张，有些具体计划不能按期进行，尤其是工作室的课题研究进展缓慢；工作室成员自身水平、研究能力存在差异，对整体工作有所影响等。

为了更好地开展班主任工作室以后的各项工作，工作室在未来的时间里打算在以下方面努力：

1. 创新工作方式，进一步提升工作室品位，让工作室的功能辐射到更多的一线教师身上；

2. 走出去，请进来，加强与名校工作室的交流，进一步增强活动的实效；

3. 加大课题研究力度，争取工作室成员科研意识不断增强，科研能力有实质提升。

（二）名班主任培养

希望在班主任工作室的带领下，能有更多优秀班主任的智慧实践从自发走向自觉，先进经验从隐性走向显性。更多班主任逐渐成长为能够发挥示范引领作用的班级管理德育教育的专家。

E研室——教育（Education）课题研究工作室

一、工作室简介

（一）工作室成立初衷

教育课题研究工作室本着“科研兴教，科研兴校”的原则，以教育教学为基础，将教学实践与理论相结合，从而提升教师科学素养和理论水平，使教师更好地服务于教育教学事业。教育科学课题研究工作室成立两年以来，在市教育研究院的精心指导下，坚持以新课程改革为突破口，以课题研究为切入点，全体课题组成员积极参与，认真实践，使教研工作有一定成效，取得了一定的理论价值和实践价值的成果。

（二）工作室Logo

ε研室

—教育（Education）课题研究工作室

教育课题研究工作室Logo

课题研究过程是一个螺旋上升循环发展的动态过程，它不是一个线性结构，而是一个不断地趋进问题解决的复式循环结构。实践证明，课题研究对于提升教师科学素养和理论水平具有特别重要的推进作用。我们课题研究工作室一定要发挥工作室的辐射作用，真正做到将课题与教学相结合，为学校长久发展做出贡献。

（三）工作室成立宗旨

工作室宗旨解读

课题研究是校本教研中的一项重要内容，是促进教师专业成长的重要途径，也是营造良好校园文化氛围的重要方式。工作室课题研究整体工作如下：

1. 使教师认识到教科研的重要性。

2. 促使教师积极参与到教科研中。

3. 使教师明确课题研究的主要步骤。

4. 形成相关理论认识，为学校整体发展做出贡献。

（四）工作室成员构成

工作室成员照片

1. 工作室主持人

徐彤：曾获辽宁省中小学英语教师素养大赛特等奖，沈阳市中小学英语教师素养大赛特等奖。参与一项省课题研究并结题。参与市级课题研究三项，其中一项获得市级优秀课题成果。参与市级小课题研究一项。多年来，徐彤老师一直致力于课题研究工作，把平日的教学工作与教学理论充分结合。作为课题研究工作室主持人，工作中积极辅助小学部教师完成课题研究工作，并取得突破性进展，除了省市级课题以外，带领五名教师完成了市级小课题结题。

个人研究理念：科研兴教，科研兴校。

2. 工作室成员

金朝勃　王　琳　于海娇　王　欢

二、工作室初步发展

课题研究工作室的成立极大地提高了教师研究教学的积极性，虽是“摸着石头过河”，但通过课题研究增强了教师的自信心，课题研究组成员在课题的研究中得到了成长。我们将认真总结经验，将研究成果在教学中推广应用。组织研究成果突出的研究者为全校教师上示范课。

我们在完善已结题的课题基础上，围绕新课题改革的实际，紧密联系实际汲取成功经验，克服研究中的不足，确立新课题，使研究工作再上新台阶，以达到优化课堂结构，优化教学手段，提高课堂教学效益之目的。使广大教师由普通型向专业型、学者型教师转变，让我校教师在课题研究工作上循序渐进，取得突破性进展。

三、工作室研究过程及活动

1. 教育课题立项申请

(1) 界定研究内容

准确界定研究内容是课题研究的前提和关键，一个有待研究的问题不管大小，一般都是可以也应当进一步具体化的。研究内容的界定不但将课题分解为一个个可以直接着手的具体的问题，也规定了一定的范围，任何一项研究不可能也不必要将课题所能涉及的所有问题进行全面研究。中小学教师开展课题研究首先必须明了研究的内容，否则，研究工作将无从着手。如对“小学生自主学习能力培养研究”课题，我们界定的研究内容有以下两个方面。第一侧重理论方面的有：自主学习的本质和特征；自主学习能力构成和表现；中小学生自主学习能力形成和发展的过程和规律。第二侧重实践方面的有：小学生自主学习能力培养的教学原则、教学策略；以自主学习为核心的课堂教学模式；各学科自主学习的特殊性。这样的内容界定使课题具体化、明朗化，问题结构有层次也比较清晰，各科教师都可以选定其中的任一问题，作为课题研究的切入点、聚焦点和突破点，任何一个问题在解决的过程中，必然会引申出新问题，从而成为研究课题的派生问题。

（2）设计研究方案

研究问题明确后，就要进一步分析问题的成因，规划问题解决的方法和步骤。

第一，要了解已有研究成果，学习相关理论。任何课题研究都不是从“零”开始，有效的研究都是以原有成果为起点的。教师要围绕课题研究的问题，搜集相关的文献，并对文献进行认真阅读和分类梳理，从而全面了解同类或相关课题研究现状方面的信息，明确已有的研究结论和经验，发现原有研究的不足，站在问题的前沿，寻找研究问题的理论支撑，保证研究工作在理论指导下有针对性地开展。

第二，提出自己的研究假设，这是研究方案中最富有个性化和创造性的部分。任何假设都具有假定性、科学性和预见性。所谓假定性是说它具有推测的性质，即这种假设是现实中暂不存在的或未被确认的，或虽见于彼处却未见于此处的，它可能被实践证实，也可能被证伪。因此，假设决定了研究的探索性。但是假设又并非臆断，它以教育理论为导向、以经验事实为根据、以原有研究为借鉴，又经过研究者的论证和交流。因此，假设又具有科学性，正是科学性避免了研究的盲目性。假设也是一种走在行动之前的思想、一种先于事实的猜想，是研究者从思想观念上对未来的洞察和把握，所以它能使研究活动更富有预见性。事实证明：一个好的假设，是课题研究的关键。当然，一个好的有价值的研究假设的提出是经过一个过程的，研究者要在研究过程中不断修改、完善研究假设。

（3）开展行动研究

研究方案只是一个解决问题的思路和设想，课题研究的核心是行动。行动是研究方案付诸实践的过程，但是这种行动不是一般意义的行为和动作，而是一种变革、改进、创新，是一个寻找问题解决、创造教育实践新形态的过程。它具有以下特征：第一，验证性。检验研究方案的可行性，证实或证伪研究假设。这是课题研究的基本特征。第二，探索性。发现和寻找各种新的可能性。行动绝不是按图索骥、按部就班的机械活动，而是一种积极寻找和探索解决问题、达到目的的最佳途径和最佳策略的过程。这意味着教师在行动时，不应拘泥于原有的假设和事先的设计，要根据实际情况，随时对方案做出有根据的调整、变更。探索性是课题研究的本质特征。第三，教育性。服从、服务于学生的成长和发展。任何行动都应该无一例外地遵循人道主义原则，体现教育活动的价值导向和人文关怀，无条件地有利于所有学生的成长和发展，这是行动的最高原则。验证和探索只有在完整地关注学生的全面成长的前提下进行才是有价值的、符合教育道德的。教育性是课题研究的灵魂。行动研究不仅需要行动，而且也要求“写作”，教师应将行动过程中发现的新问题，激发出的新思考、新创意忠实而全面地记录下来，并形成改进自己教学行为的方案，在以后的教学实践中作新的尝试，在尝试过程中再记录新发现，形成新思路，从而使自己的教学行为处于不断的重新建构之中。

（4）总结研究成果

总结在课题研究中既是一个研究循环的终结，又是过渡到另一个研究循环的中介。在总结这个环节中教师作为研究者主要做了以下几件事：

第一，整理和描述。即对已经观察和感受到的，与研究问题有关的各种现象进行回顾、归纳和整理。其中要特别注重对有意义的“细节”及其“情节”的描述和勾画，使其成为教师自己的教育故事或教学案例。

第二，评价和解释。在回顾、归纳和整理的基础上，对研究的过程和结果做出判断，对有关现象和原因做出分析和解释，探讨各种教学事件背后的理念，揭示规律，提高认识，提炼经验。

第三，重新设计。针对原有方案及其实施中存在的各种偏差或“失误”，以及新的感悟、新的发现、新的认识和新的思考，修改原有方案或重新设计方案，并付诸实施，进行进一步的检验、论证和改革探索。个人课题研究的目的是为了改进和改正，它不可能停滞在一个凝固的“成果”上，而是一个不间断的自我修订、自我完善的过程。所以，任何总结，都只是意味着一个新的开始。

课题研究过程是一个螺旋式上升循环发展的动态过程，它不是一个线性结构，而是一个不断的趋进问题解决的复式循环结构。实践证明，课题研究对于提升教师科学素养和理论水平具有特别重要的推进作用。我们课题研究工作室一定要发挥工作室的辐射作用，真正做到将课题与教学相结合，为学校长久发展做出贡献。

四、工作室研究成果及推广

（一）课题研究成果统计

1. 东北育才实验学校小学部课题研究统计

（1）国家级课题

时间	序号	主持人	课题	验收单位	结题时间	评奖结果
2008—2010	1	程华	寄宿制小学生同伴建构	“十一五”中央教育科研所科研管理处	2010	一等奖

（2）省级课题

时间	序号	主持人	课题	验收单位	结题时间	评奖结果
2010—2011	1	高南	小学语文创造性使用教材，提高教学质量的研究	沈阳市教育科学规划领导小组	2011.6	一等奖
2016—至今	1	周绍强	小学沉浸式英语教学研究	辽宁省教育科学规划领导小组		正在研究中

（3）市级课题

时间	序号	主持人	课题	验收单位	结题时间	评奖结果
2008—2009	1	程　华	校本课程与学校办学理念办学特色的研究	沈阳市教育科学规划领导小组	2009.6	结题
2010—2011	1	于海娇	如何提高小学英语课堂提问的有效性	沈阳市教育科学规划领导小组	2011	课题已结题并通过鉴定
2014—2015	1	程　华	用国学教育促进学生思想道德提升	沈阳市教育科学规划领导小组	2015.12	结题
	2	于海娇	新课改下的小学低年段英语生存模式	沈阳市教育科学规划领导小组	2015	结题
2015—2016	1	金朝勃	小学英语教研组建设中“家文化”作用发挥的实践研究	沈阳市教育科学规划领导小组	2016.12	市一等奖

续表

时间	序号	主持人	课题	验收单位	结题时间	评奖结果
2015—2016	2	金朝勃	小学英语教研组建设中“家”文化作用发挥的实践研究	沈阳市研究院科学规划领导小组	2016.12	市优秀课题
2016年至今	1	狄　程	用阅读对学生进行心理建设的策略研究	沈阳市研究院科学规划领导小组	2017.9	结题
	2	金朝勃	小学中低年段英语游戏化教学实践研究	沈阳市教育科学“十三五”规划领导小组		结题
	3	程　华	传统文化教育小学阶段课程化实践研究	沈阳市教育科学“十三五”规划领导小组		结题
	4	王美婷	说话写话——小学低年级习作教学的方法研究	沈阳市教育科学“十三五”规划领导小组		正在研究中
	5	胡敬梅	幼小衔接的“软”着陆	沈阳市教育科学“十三五”规划领导小组		正在研究中
	6	高南	微课推进小学生课外阅读策略的研究	沈阳市教育科学“十三五”规划领导小组		结题
	7	步睿	小学英语课堂PK对学生发言积极性的影响	沈阳市教育科学“十三五”规划领导小组		正在研究中

续表

时间	序号	主持人	课题	验收单位	结题时间	评奖结果
2016年至今	8	徐彤	小学高年段iPad教学在英语课堂的应用研究——以东北育才实验学校为例	沈阳市教育科学“十三五”规划领导小组		结题
	9	王芳洁	ATM自然拼读教学法对小学生英语阅读能力的影响	沈阳市教育科学“十三五”规划领导小组		正在研究中
	10	李丹	小学积极心理健康教育的实践和研究	沈阳市教育科学“十三五”规划领导小组		正在研究中
	11	于婷婷	小学音乐教学凸显学生主体地位的可行性	沈阳市教育科学“十三五”规划领导小组		结题
	12	李明学	儿童身体运动功能特点研究	沈阳市教育科学“十三五”规划领导小组		正在研究中
	13	付睿	古诗词教学的趣味引导	沈阳市教育科学“十三五”规划领导小组		结题
	14	杨志新	微课在常态课堂中的应用研究	沈阳市教育科学“十三五”规划领导小组		结题
	15	杨志新	背景音乐在美术课堂实践中的合理应用研究	沈阳市教育科学“十三五”规划领导小组		正在研究中

（二）省市级优秀研究成果展示

1. 辽宁省教育科学规划课题“小学开展沉浸式英语实践研究”成果展示

内容提示：本课题主要的研究过程与活动（开题、中期研讨和结题论证以及学术活动等方面情况）；本课题的研究计划执行与变更情况（课题主持人、课题名称、研究内容、成果形式、管理单位、完成时间等）；研究计划与研究目标完成情况。（不超过2000字）

2016年11月，我校承担了“小学开展沉浸式英语实践研究”的课题，经过两年的研究，已经完成了该课题的预定研究任务，现将研究工作汇报如下：

一、本课题主要的研究过程与活动

1. 开题

2016年11月，我们很荣幸地邀请到了沈阳市教育研究院小学部余晓珍主任为我们做开题报告指导。余晓珍主任首先聆听了关于课题的相关内容，充分肯定了该课题的现实意义，同时也指出开题报告中存在的问题。余晓珍主任认为在成果展示方面过于单一，不一定只是通过成绩来体现，可以针对学生各方面的活动情况进行跟踪总结报告。而且理论性的内容偏多，应多从实践方面入手进行课题的开展。余晓珍主任的意见对于后期课题的开展起到了至关重要的作用。

2. 中期研讨

经过一年的课题研究跟进，我们发现了一些现实问题。比方说，关于外教课时的安排需要调整，外教的课程内容设置需要进一步规范化、系统化，沉浸式英语实验班语数学科成绩有待提升等。于是，在2017年6月29日，沈婷博士作为本课题研究专家专程从美国赶来我校，为我们的课题提出宝贵意见及合理化建议。沈博士就课堂秩序、课程设置、外教管理及学生评估方式等方面给出了十分专业的指导建议。沈博士指出沉浸式英语实验班的课堂秩序应根据中西方常规课堂特点找到一个平衡点，即让外教在课堂上一定先定规矩，虽不需学生坐姿端正如中式课堂，但决不许违反课堂规定，应该充分认清一点：西方课堂也是先有秩序再有自由。针对课程设置方面，沈博士提出可以结合当地特色，将相关主题作为科学课及社会课的内容。还有学生的评估方式可以通过阅读Raz Kids的等级评测进行，中高年级学生也可以参加少儿托福考试。沈博士的提议为我们接下来的研究指明了方向。

3. 结题论证

2018年4月9日，课题组全体成员在校会议室进行了结题论证会。会上各小组成员针对自己承担的部分进行了简单介绍，并对结题材料进行了说明。针对各部分的介绍，参会人员就相关问题提出了自己的见解，并对各部分结题时的注意事项进行了热烈的讨论。最后，对结题报告进行了分工，课题组成员结合两年来的实际工作情况进行最后的结题报告工作。

4. 学术活动

课题开题初期，我们邀请了沈阳市教育研究院小学部佘晓珍主任，对开题报告进行了指导。课题研究中期，来自于美国的沈婷博士又针对课题进行一年后遇到的问题及时给予各种帮助，给出了非常具有现实意义的指导意见。

二、本课题的研究计划执行与变更情况

1. 课题主持人及课题名称

2016年11月，由东北育才实验学校小学部周绍强副校长主持的《小学开展沉浸式英语实践研究》的课题完成开题报告，正式进入到研究实施阶段。

2. 研究成果及形式

经过两年的研究，我们得到以下研究成果：

(1) 发现学生通过沉浸式英语学习，能够自然习得英语，不知不觉中养成用英语思考问题、沟通问题和解决问题的能力。英语不仅是学习的内容，也是学习的工具。

（2）学生在沉浸式学习的基础上，通过中方教师的知识技能与笔试训练的培养，学生的笔试成绩优于常态班级。

（3）中方英语教师在与美方教师课程研讨中，听说能力及教学能力得到明显提高，同时提升中方英语教师对于常态班级的教学能力。

最终的研究成果形式以论文呈现为主，包括周绍强的论文《研究总报告》，何丽娜的论文《沉浸式英语课程设置研究》，于海娇的论文《沉浸式英语教学模式下学生的评价》。

3. 管理单位

东北育才实验学校小学部。

4. 完成时间

本课题开题于2016年11月，2018年4月完成。

三、研究计划与研究目标完成情况

（1）通过采用外籍教师多课程全程授课的方式，创设出中国课堂内的国外环境，学生在英语听说、英语思维、文化理解方面的优势明显增强，学生的英语语言敏感度提高，这无疑利于学生更好地适应未来国外的生活环境。

（2）在美方教学的基础上，结合中方教师的合作教学，学生在熟练运用语言技巧的同时，也明显提高了自身的英语笔试成绩。

（3）中方教师在与美籍教师的课程研讨中，更深一层地了解了美国本土语言环境和教学方式，中方英语教师的听说水平有了极大提高，并对中方教师的教学方式提供了更为新鲜活跃的思维，同时中方教师对于常态班级的教学能力也有所提高。

（4）建立小学阶段沉浸式英语教学模式，通过一线教学实践验证了该教学模式的合理性和先进性。其模式的建立对沉浸式英语教学具有现实意义并有推广作用，对于其他小学开展外教课程有一定的借鉴意义。

研究报告

内容提示：问题界定与研究内容；研究目的、意义；理论基础与实践进展；研究方法、路线；研究结论或对策建议等。（1.5万字左右）

一、问题的界定

沉浸式英语（English Immersion）教学是指用英语作为学科教学语言，学生在校的全部或部分时间内，通过综合学科教学和日常生活的各个环节来渗透英语，在听说读写英语的活动过程中，使学生被“浸泡”在英语语言的环境中，自然习得英语的一种教学模式，养成用英语思考问题、沟通问题和解决问题的能力，从而发展学生的目标语言，完善学生的语言结构。

小学是指小学1—6年级，年龄阶段在6—12周岁的小学生。

二、研究内容

1. 小学阶段介入沉浸式英语教学的优势。

2. 美方教材对沉浸式英语教学影响因素分析。

3. 美方课程设置的影响因素分析。

4. 美方课堂教学模式的建立。

5. 中美课程整合的教学研究。

6. 沉浸式英语教学模式下学生的评价。

三、研究目的、意义

1. 采用外籍教师多学科全程授课，创设课堂内的国外环境，学生将在英语听说、英语思维、文化理解方面的优势明显增强，学生的英语语言敏感度提高，有助于学生更好地适应未来国外的生活环境。

2. 在美方教学的基础上，结合中方教师的合作教学，有助于学生在熟练运用语言技巧的同时，提高其英语笔试成绩。

3. 中方教师在与美籍教师的课程研讨中，将会更深入了解美国本土语言环境和教学方式，希望能够提高教师的英语听说水平，改进教师的教学方式，同时提高中方教师对于常态班级的教学能力。

4. 建立小学沉浸式英语教学模式，通过一线教学实践验证教学模式的合理性和先进性。希望其模式的建立能对沉浸式英语教学有推广作用，对于其他小学开展外教课程有一定的借鉴意义。

四、理论基础

（一）理论依据

1. 认知理论

皮亚杰（J. Piaget）认为，“学习的过程不是被动地形成刺激——反应联结，而是学习者逐渐丰富内在的认知结构”。他强调学习过程中知识的同化和主体的主动性，并认为学生应该主动和独立地工作，兴趣和动机是同化作用的动力因素，知识的获得是同化、顺应、平衡的过程。外教在沉浸式英语教学的过程中更加关心学生的学习过程，沉浸式英语教学中学生的学习动机绝不再是为了应付考试。

2. 第二语言习得理论

埃利斯（R.Ellis）曾提出了一个研究第二语言习得的框架，在这个框架中他提出了一些与第二语言习得息息相关的因素，这些因素是情境因素，语言输入，学习过程，学习者的差异与语言输出。海姆斯（Hymes）认为，一个人的语言能力不仅仅指它能否造成合乎语法规则的句子，而且还包括适当地、得体地使用语言的能力。外语必须要有大量的语言实践和大量的语言输入。在语言环境里，与自然环境比较接近的环境就是“沉浸式环境”。外教在课堂上与孩子们的互动，就是最自然最真实的语言环境。

（二）政策依据

我国十分重视各个教育阶段中的英语教育，在课程设置、课时安排和考试安排等方面都保障了英语教育的核心地位。2001 年教育部颁布的义务教育课程设置实验方案，将英语课正式纳入小学课程，并规定小学开设英语课程的起始年级一般为3年级，个别经济基础比较好的地区可以提前开设。

（三）实践基础

我校从2013年起创设沉浸式英语实验班，学校从班级硬件、师资配置方面都给予了极大的支持，提供了优越、先进的条件。中方英语教师和美籍教师人员设置相对固定，双方教师皆经验丰富，且配合教学时间相对较长，无论对于学生、课本、课程以及课堂教学均非常了解，且部分研究成果已形成论文并已发表。

五、实践进展

本课题的研究分为准备、实施、总结三个阶段。

1. 准备阶段（2016.04—2016.06）

第一步（2016.04）收集“沉浸式”英语教育教学相关资料，开展教研组建设理论学习，培训研究人员，提升理论知识。

刘爽、张少博收集了沉浸式英语教育课程设置及课堂活动的教学资料，组织教研组学习。王一茗、周家媛收集了沉浸式英语教材的相关资料，并组织教研组进行对比分析教材。

（1）BINGO游戏

先让学生在本子上画九个格，每个格内填写一个听到的单词或字母，最后当老师念完后，老师选3个单词念出来，只要学生把这3个单词填写在一条线上，便可win the game，得到一个BINGO。该游戏适合单词、字母教学。

（2）单词接力赛

将学生分成A、B两组，每组人数相等，每组的第一个同学在黑板上写出一个单词，本组的第二个同学以第一个单词末尾的字母开头，列出第二个单词，且不能与写过的单词重复。看哪一组在规定的时间内写的单词多，拼写错误少，字迹工整则为优胜者。

(3) 单词竞赛

将学生分成几组，教师按分组数目在黑板上画成几个格，一组占一格。然后教师提出单词比赛的范围和要求：

例如：写动物名称：cat，dog，mouse，elephant，monkey，panda，cook，fish，hen……写人体部位：head，arm，leg，foot，hand，eye，ear，mouth，nose。

写水果名称，写表示颜色的名称、学习用品、表示时间自然物体和现象的词、人物动物、不可数名词等。此游戏的目的是帮学生有意识地将单词及其词类分门别类地学习、归纳和记忆。

第二步（2016.05）召开课题开题会议；撰写课题研究方案，对选择的课题进行可行性论证；进行课题立项申报工作。

论证"沉浸式"英语教育教学可行性

1. 小学阶段是第二语言学习黄金时期，所以在这一时期进行沉浸式英语教学符合学生的认知规律。

意大利的研究人员通过实验发现，"双语"宝宝不仅不比"单语"宝宝学习语言花费的时间多，而且双语教学还能使孩子的大脑变得更加灵活。研究发现，7岁是学习新语言的最佳时间，一旦过了青春期，人们学习语言的能力就会显著下滑。从生理学角度来看，儿童的发音器官还未定化，通俗的说法就是小孩子的舌头软，想发什么音就能发什么音，最容易学到地道的口音。"人类大脑在青春期前更具可塑性，"库尔说，"但对成年人而言，学习新语言的过程与孩提时代截然不同，说一口地道外语的希望非常渺茫。"库尔建议家长们尽早让孩子接触外语。

2. 沉浸式英语教学，可以培养儿童英语学习的兴趣和语感。

语言学习本身就是一个大量见识学习的过程。小学阶段英语学习的一个重要任务就是多听、多说、多看和多写。孩子在小学阶段应该尽量多地接触更多的各种语言资料，多看一些英文的书刊、电影等；多听听各类的英文材料，像英语故事、英语新闻、英语广播等，有声读物也是非常好的资料。从小学习可以早点打好学习基础，等到中学以后就不至于遇到太多困难。

3. 沉浸式英语教学，有助于大脑的发育，也更加促进了母语的学习和掌握。

儿童英语学习有助于儿童这一时期大脑的发育，学习英语词汇非常重要，儿童多记英语单词对于本身智力的开发和脑力灵活的锻炼有很大帮助。一系列追踪性研究和比较研究表明，从幼儿和小学低年级开始学外语的儿童，其认知发展水平普遍高于不学小学英语的同龄儿童。通过外语学习，可以扩大儿童的视野，了解其他国家的民俗和文化；这将有益于跨文化人才的培养，并为以后更高层次的外语学习奠定初步的基础。

第三步（2016.05—2016.06）通过问卷调查和访问的方式对研究单位开展现状调查，保存并分析英语浸没班学生学情。

何丽娜、于海娇设计了调查问卷，调查本校英语浸没班学生与平行班学生的单词量、听力及阅读能力。

通过简单的小测试了解学情。测试的方式多种多样，可以让学生说一说、写一写、做一做等。例如，教师准备一张图片，让学生用There be句型描述图片，以了解学生对There be句型和方位介词短语等重要知识的掌握情况。又如，新授课的话题是指路，学生之前已经学习过单词left和right，教师可以通过让学生做动作来判断学生对已学单词的掌握情况。比如，教师发出“Put your left hand up.”“Turn to the left and then to the right.”等指令，学生按照指令做动作。

同时，通过阅读书面材料了解学情，书面材料包括学生的档案、笔记本、练习本、作业和试卷等。例如，学生学习完现在进行时后要完成写出动词的-ing形式的作业。批改作业的过程中，某授课教师发现作业错误率较高，并且集中在make、come和write三个单词上，这说明学生对“以不发音字母e结尾的动词去掉e后再加上-ing”的基本规律掌握得不是很好。于是，该教师在后续的课堂中通过使用make/making、come/coming、write/writing等动词的卡片，让学生观察并总结规律，同时通过板书对规律进行强化，帮助学生掌握单词的拼写规律。

王琳、马贺娜对调查问卷的结果进行了对比分析，通过分析得出英语浸没班学生英语学习中具备的优势和存在的不足。

英语学习情况调查问卷

亲爱的同学：

欢迎你参加本次问卷调查。为了让我们的英语课堂更加生动、有趣、有效，请你根据自己的真实情况，认真作答。本调查不用署名。请注意，每道题只能圈一个选项哦。谢谢大家的合作！

Q1：你对学习英语的总体感觉怎么样？

○ 非常喜欢　○ 比较喜欢　○ 不太喜欢　○ 讨厌

Q2：你觉得学习英语困难吗？

○ 很容易　○ 比较容易　○ 比较难　○ 很难

Q3：你学习英语的主要目的是什么？

○ 应付考试　○ 家长意愿　○ 兴趣爱好　○ 出国留学

Q4：你最初什么时候开始接触英语？

○ 幼儿园　○ 小学一年级　○ 小学三至四年级　○ 初中

Q5：你认为英语学习最大的难点是什么？

○ 单词记忆　○ 阅读能力　○ 语法掌握　○ 写作能力

Q6：你能灵活地运用所学单元知识进行日常交际吗？

○ 不会运用　○ 简单运用　○ 基本不会　○ 只会死记硬背

Q7：你常主动去学习课外的英语知识吗？

○一直　○经常　○偶尔　○从不

Q8：你能流利地朗读书本上的单词和句型吗？

○ 没问题　○ 基本可以　○ 少数会读　○ 基本不会

Q9：你平常用英语和外国人交流过吗？

○ 经常交流　○ 有时交流　○ 偶尔交流　○ 从未交流

Q10：你对现阶段的英语学习总体评价是什么？

○ 非常不错　○ 一般　○ 不太好　○ 非常不好

英语浸没班学生学习英语的优势在于学习英语年龄较早、主动性高，英语词汇有一定基础、语音语调较为标准，家长重视英语学习，会为孩子准备英文绘本或观看英文原版电影。学生课余时间会主动学习英语知识，假期出国机会多。

存在的不足在于学生自学能力有限，需要教师进行有效学法引导。

第四步（2016.06）召开会议研究制定课题实施的具体步骤和策略。

第一次会议，周绍强组织课题组成员讨论课题实施策略。

第二次会议，根据确定的课题实施策略，课题组成员确定具体实施步骤。

2. 实施阶段（2016.07—2017.07）

对确定的研究内容分阶段、分专题进行实践与探索。具体分三步走：

第一步（2016.07—2016.08）：

结合美方教材，在能力和笔试方面分别对英语浸没班进行听、说、读、写四方面测试，对测试结果进行保存和分析。

（1）英语语言文化课采取试卷测试方式。

①听力测试：播放听力录音，学生作答试卷。

②英语口语测试：由外教和中教共同研讨出题，形成试卷，由外教做主考官，根据试卷题目现场灵活提问与学生进行面对面交流，学生现场作答。

③英语阅读能力测试：由外教选择阅读文章内容，中教和外教共同研讨出题形式和内容，学生作答试卷。

④英语写作能力测试：由外教和中教共同研讨出题，文章题材侧重于通知、信件等应用文体，真正测试学生英语写作应用能力。语言文化课测试侧重于检测学生英语实际应用能力和对英美文化的了解程度及社会常识的掌握情况等。

测试主题：

个人情况（Personal information）、家庭（Family and home）、学校（School life）、朋友（Friends）、天气（Weather）、饮食（Food and drink）、动物（Animals）、购物（Shopping）、节假日（Holidays and Festivals）、日常生活（Daily life）、文体活动（Activities）、健康和习惯（Health and Habits）。

（2）体育、美术课采取随堂监测方式，监测内容包括：①学生能否听懂体育和美术的课堂常用语以及指令，并根据指令做出反应完成活动。②学生能否了解美方基础的体育、美术文化。③学生能否掌握相应课程技能。

课堂用语

Stand up. Sit down. Show me your hands. Are you ready? Let's play a game. Class begins. I'll divide you into two groups. Clap your hands. Stamp your feet. Please don't write. No move/talking. Attention please. Please be quiet. Stop talking. Raise your hands, please. Hands down. Who wants to try? Have you finished? Any volunteers?

第二步（2016.09—2016.11）：

中方教师与美方教师合作制定适合浸没班学情的课程计划及评价标准，课程计划要包含教学目标、教学内容和具体的教学活动。中美教师共同研讨设计学生英语实践活动方案。方案包括活动形式、活动内容、主题和时间，以及活动结果分析。

（1）试运行美方教材，其教材包括：社会、科学、英语语言文化（ELA）Wonders。

①美方社会课教材：侧重帮助学生了解英美历史和社会现状。

②美方科学课教材：侧重帮助学生了解动植物和一些科学常识。可以由美方教师带领学生到室外，在大自然环境中，在英语语言情景中感受自然。

③美方英语语言文化课教材：将采用美方Wonders教材与中方牛津教材相结合的方式，将两方教材的知识互补融合，以达到美方教学与中方教学相互促进的目的。

（2）完善中美双方课程设置，其课程包括：社会、科学、英语语言文化、体育、美术。

①社会、科学课根据教材，按照课程进度进行合理安排，将侧重常识和文化的渗透以及听说练习。

②体育、美术课为实践类英语课程，将以美方体育和美术文化为基础，将美方因素引入课堂，如体育课中带有美方特色的游戏，美术课中常用的美术用语等。

③英语语言文化（ELA）课深入研究，在ELA课堂中将Wonders教材与牛津教材结合，意在提高沉浸班学生听说能力的同时保证学生的读写成绩。

（3）英语实践活动形式主要有：英语演讲比赛，英语歌曲大赛，英语配音比赛，单词王大赛等竞赛类英语活动，还有万圣节派对、圣诞节派对、英语角活动等参与面广、参与性强的英语活动，还包括中方英语教师和外籍英语教师展开的同课异构等英语教学研讨方面的活动。活动结束后，中方教师和外籍教师针对活动中学生的表现，对学生进行量化评分，评分标准包括口语能力、沟通能力、表演能力、合作能力以及纪律性、集体观念等方面表现。

第三步（2016.12—2017.05）：

全面实施ELA（English Language Art）课程，中方教师全程陪同监测美方教师授课，协助观察反馈英语浸没班学生的发展状况，及时与美方教师交流沟通，优化课程建设。课程设置及时按照不同年龄段、不同课时要求进行变化，以适应不同年龄段学生的需求。

中美双方教师每月定期开展教学交流会，做阶段性总结反馈，记录详细会议内容，分析总结。每周，都有固定的时间进行浸没班中方教师与外籍教师的教研活动，在教研活动中，总结每周课程中的一些经验和教训，研究更好的教学方法和管理学生的方法。同时，针对班级出现问题进行研讨共同找出解决对策。此外，每次教研活动中，中方教师和外籍教师都要沟通好各自的课程进度，准备出下周的授课内容和进度。并针对近期的实践活动提出建议研讨方案。

（1）英语角活动

每周二的中午，学校都会组织全校学生代表开展英语角活动，外籍教师和中方教师共同协作配合组织每次的英语角活动。从课题的选择到活动的设计再到学生的课堂管理，中外教师密切配合为学生们提供良好的英语沟通环境，在交流互动中，孩子们学习到了纯正的语音语调，并以游戏的形式，让学生们积极参与，每一名学生都得到了学习、参与、展示机会。当学生表达上出现困难时，可随时向中国教师询问，英语角真正为孩子们营造了浓厚的全英文交流气氛，促进学生们英语水平的提升，更为英语角中孩子们的优秀表现点赞！每次英语角结束后，中外教师一起总结活动过程中，浸没班学生与普通班学生的差距在哪里，并分析原因，更好地完善浸没课程体系及上课的授课方法与授课内容。

（2）圣诞节和万圣节派对

每年万圣节和圣诞节到来的时候，孩子们都会迫不及待地穿上五颜六色的服装，戴上千奇百怪的面具，准备丰盛的节日食品盛装出席每年的圣诞节和万圣节派对。

每次派对中，在老师们精心的布置下，英语沉浸班中洋溢着神秘的色彩，弥漫着快乐的气息，孩子们也迫不及待地穿上各式各样的节日服装。外教带领着孩子们一起玩游戏做传统的节日活动，孩子们开心至极。在玩中感受了西方节日气息，领略西方节日美丽，拓宽了学生对西方文化认识与了解的视野，使学生对西方文化产生了更加强烈的好奇心，师生们在这些活动中享受了丰富的英语大餐，不但收获了礼物，收获了知识，也收获了欢乐！这些节日活动只是东北育才实验学校小学部“沉浸式”英语实验班特色课程模式一个缩影，国际化的课程校本化实施，深入推进国际理解教育，让学生受益。

（3）丰富的英语竞赛活动

为了让孩子们快乐地学习英语，充分调动同学们学习英语的积极性，为了进一步探究和求证英语沉浸式教学效果并进行对比分析，我们举办了一系列英语竞赛类实践活动。在为期一个月的英语实践活动中，各年组依据学生年龄及认知特点，分别开展了形式各异的活动，孩子们积极参与，张扬了个性、收获了成长。

一年英语组开展了“声动达人秀大赛”，通过班级初赛形式选拔人才，再经过复赛加试，最后各班推选出一等奖的选手进军年组决赛，争夺朗诵表演和配音展示的冠亚季军。该活动通过孩子们耳熟能详的英文动画，面向全年组征集优秀配音作品，使每个孩子都努力争做英语小达人。最终英语朗诵决赛和配音决赛，各评选出冠军3名，亚军3名，季军4名。

二年组英语演讲比赛共分三轮进行，初赛为英文诗歌朗诵大赛，同学们积极参与，各班晋级复赛人数均在十名以上。复赛以My Favourite Book为主题的命题演讲，经过紧张的角逐，年组共选出14名选手晋级决赛。决赛中，选手们经过My Favourite Festival命题演讲、现场提问和才艺展示三个环节的比拼，最终评委评选出一等奖3名，二等奖5名，三等奖6名。

三、四年组联合举行了以英语配音为主题的English Show 2017。三、四年组每位同学都利用课余时间，在英语趣味配音中选取了一段自己喜欢的英文配音。生动活泼的配音形式，使同学们跃跃欲试。经过班级内部海选，每班有一到两组同学脱颖而出，代表班级参加了最后的配音展示。

五年英语组举办了英文演讲比赛，比赛分为班级海选和年组决赛两个环节。海选覆盖面大，超过半数同学参加。决赛环节有17组共81名选手进行角逐，采用表演、互动、竞猜等多种呈现方式。决赛中，选手们以The Special Days为主题，选手们除了万圣节、圣诞节、春节等常见节日，还介绍了狂欢节、花节、柿子节等鲜为人知的节日，让观众和评委们耳目一新。决赛最终评出一等奖9名，二等奖8名。

为期一个月的英语学科实践活动让孩子们意犹未尽，实践过程的深入性和广泛性力求让每个孩子都能参与，由关注孩子的表现力到侧重孩子的内在素质与文化积淀，重视内涵和实效，相信孩子们都有新的收获。活动后，中方教师和外籍教师对参赛选手数据以及获奖结果进行分析，探究浸没班学生和普通班学生在英语运用能力上的差别和差距。

（4）中外教师“同课异构”

不同文化背景的教师开展“同课异构”，可以更好地发现教育教学中深层次的问题，进而促进教育观念的转变，有利于教师互相学习，促进教师专业成长。12月14日上午，东北育才实验学校小学部开展了中美教师“同课异构”教学研讨课活动。外语组张少博老师与外籍教师Alex同台切磋，为我们提供了《Christmas》“同课异构”的公开课活动，从中我们发现中西因不同的教学观、质量观、学生观而产生不同的教学风格及教学效果。

此次活动中，中外教师均展现出不俗的实力，让听课领导和老师充分了解中外英语教学的差异，同时启发英语教师们大胆探索在英语教学方面积极与外籍教师研讨切磋，互相学习，共同提高专业素养，创新课堂设计。

第四步（2017.06—2017.07）：

再次对英语浸没班进行综合能力测评，同时对常态班进行同等试卷测试，对比课程改革后学生第二语言发展状况；基于美方教学成果，对中方课程进行整合优化。

3. 总结阶段（2017.08—2017.12月）

第一步（2017.08—2017.10）：

召开课题研究人员会议，全面回顾和总结研究工作，收集整理各种研究资料，整合课本教材和课程设置资料，撰写并修改研究报告。

召开第一次总结会议，组员汇报研究成果，并对研究成果提出自己的观点或建议。会后总结研究中运用到的资料，为第二次总结会议做准备。

召开第二次总结会议，整合教材和课程设置资料，讨论并撰写研究报告大纲。

召开第三次总结会议，根据研究报告大纲，结合研究过程中所获得的数据及结论，撰写研究报告。

第二步（2017.11—2017.12）：

在校内做相关的调查问卷，了解教学模式产生的影响，组织成果展示和推广活动。

开展校内英语教师调查问卷，调查对“沉浸式”英语课程的评价。

开展校内“沉浸式”英语班学生调查问卷，调查学生学习“沉浸式”英语课程的体会。

把“沉浸式”英语课程中实用的课堂活动推广到平行班的课堂。

总结“沉浸式”英语课程中遇到的问题，在今后的教学中得以应用。

六、研究方法、路线

1. 查阅理论资料和相关研究经验，细化课题实施步骤

(1) 运用文献法收集“沉浸式”英语教育教学相关资料，提升理论认识。

(2) 采取问卷调查和访问方式调查分析英语沉浸班学生学情。

(3) 研究制定课题实施的具体步骤和策略。

2. 以行动研究法为主要研究方法开展研究

(1) 分析美方教材，将教材分解为“听说读写”四个方面进行分块研究。

对沉浸班采取“听说读写”方面测试，对测试结果进行数据分析总结。

(2) 开展课程设置研究，与美方教师一起制订相应课程的课程计划。

中方教师在美方教师进行教学时全程陪同，实时监测，对学生进行观察、访问，及时反馈，与美方教师沟通问题，进而达到优化课程建设的目的。

(3) 开展ELA (English Language Art) 课程深入研究，即如何让学生在ELA课程中充分体验英语语言环境。

中美教师合作研讨出一套高效且符合学生第二语言发展的教学模式。教师在课堂教学各个环节中检测学生的反馈，摸索出行之有效的教学模式。

(4) 基于美方教学成果对中方课程进行整合和拓展。

对常态班学生和沉浸班学生进行同等试卷测试，用对比分析法对成绩进行分析总结。

3. 分析总结本课题形成的教材、课程设置和对教学模式产生的影响，形成相关课程及理论并加以推广。

七、研究结论或对策建议

1. 英语沉浸班学生学情分析

在研究过程中，对英语沉浸班采取针对“听说读写”四大方面能力提高

的培训和对比成绩测试，对测试结果进行科学的数据分析总结。

（1）听力成绩分析

“沉浸式”英语教学实验班充分创设英语语言沉浸环境，学生与外籍教师共同生活、学习与活动，除了常规课时外，每天还有固定的浸没时间，学生与外教可以充分地进行英语交流，中方教师在管理和教学过程中也尽可能地使用英语，最大限度地给学生增加语言输入的最大量，以便帮助学生们自然地进行语言输出，提高学生的英语听说能力。

在英语期末试卷中，听力所占比例为25%—30%，根据数据显示，低年段（1—2年级）英语沉浸班学生的听力平均分比常态班高2.86分；中年段（3—4年级）英语沉浸班学生的听力平均分比常态班高1.40分。

（2）口语成绩分析

在近乎全英文交流的语言环境中，学生既能熟练运用和掌握语言技巧，又能流利地道地进行表达和交流。口试更加侧重实际运用，锻炼听说的能力。口语测试除了考查语音语调、词汇量外，更侧重气质风范、谈吐礼仪。

每个月对学生进行一次口语测试，外籍教师组织考试，班主任和英语教师共同参与评价学生。英语沉浸班的英语期末口语评定分别由美方教师、中方教师和家长共同给出，包含foreign teacher’s comment，Chinese teacher’s comment，parents’ comment和general comment四项内容。美方教师通过综合考量给出最终级别，根据数据显示优秀率均在90%以上。

除教材内容之外，每个年级学生还掌握至少五到十首英文歌曲，一个英文短剧，能够流利地对八到十个话题进行英文演讲，并在各类活动中进行展演。

阅读量跟踪反馈

英语沉浸班的教材采用美国加州版Wonders。课上学生进行大量精读及泛读学习和欣赏，课堂通过各种形式对自然拼读、词汇、时态、句法、篇章等进行讲解和赏析。

另外，英语沉浸班级均设有图书角，特别涵盖了英文类书籍，并对双语图书登记入册，每人每学期阅读图书目标为五本，学生进行大量轮换阅读，还会定期开展读书交流、海报设计展、亲自打卡阅读等活动促进阅读习得。

截至目前，英语沉浸班学生年人均阅读量已达到6本，学生们在大量阅读的输入基础上，在英语输出上的进步突飞猛进。

（3）写作及笔试能力分析

ELA课程进行了系统的精读和写作技巧讲解，口语、科学、社会等科目也会定时布置写作作业，并且进行存档保存。在写作之前，美方教师会进行充分的备课，根据教学目标和学生具体学情，合理安排写作课程，充分提高了学生的英文写作能力。

2. 开展课程设置研究，与美方教师一起制订沉浸班学生学情的课程计划。

（1）实时监测，整合扩展

中方教师与美方教师同时对学生在课堂教学各个环节中进行反馈，双方大力帮助学生在高效的ELA课程教学模式中充分体验英语语言环境，摸索出更加行之有效的教学模式。

（2）同课异构，合作教学

外籍教师多学科全程授课，给英语沉浸班学生最全面、最符合认知、最贴近生活的“沉浸式”体验。

为提高中美双方教师的教学能力，深化教师间的合作与交流，校内多次举行同课异构公开课，中美双方教师对同一课型进行深入探讨，2016年12月，由中国人才研究会超常人才专业委员会主办，东北育才教育集团承办的“中国人才研究会超常人才专业委员会第十二届年会暨东北育才超常教育30

周年研讨会”在沈阳市东北育才学校开幕。我校作为组织成员学校，中方教师王琳与美方教师Rochelle共同授课，题目为“Nutrition”，课程受到听课领导及教师的一致好评。

（3）鼓励学生参加各级各类竞赛

沉浸式教学实施以来，学生大量参加各级各类竞赛，取得了令人瞩目的成绩。

英语类竞赛，包括ABC全国青少年英语口语大赛、CS国际英语大赛、沈阳市外语大赛、全国青少年英语口语大赛等，都有大量沉浸班学生的身影，并斩获各级奖项。

同时，在长期沉浸式的教学熏染下，学生们也建立了独立自主的思维模式，形成了开朗外向的性格特点，在各类国家级文体考级、数学竞赛、文艺类汇演中都屡获佳绩。获考级类资格的学生为54人次，文体类竞赛获奖或参加展演为70人次，其他类竞赛获奖为155人次。

跟踪出国游学经历，追踪教学效果

为扩展学生第二语言发展途径，鼓励学生真正进入第二语言环境，提高学生对英语语言的敏感度和实际运用能力，鼓励学生出国游学并进行跟踪反馈。

据统计，2013年至2018年间，沉浸式英语教学实验班的学生共出国游学145人次，常游历国家包括美国、法国、澳大利亚、日本、阿联酋、泰国、韩国、新加坡、马来西亚、俄罗斯等十多个国家。累计时长2000多天。范围涵盖亚洲、欧洲、美洲及大洋洲。

（4）丰富的学科实践活动和文化沉浸

英语沉浸班举办了各种丰富多彩的活动，让沉浸班学生从“语言表达、英语思维、运动习惯、情操培养”等各方面深度融合中西方文化，最大限度降低文化差异，为学生未来出国深造打下坚实的基础。

复活节、万圣节、感恩节和圣诞节等节日活动精彩纷呈，从节日服装到教室装饰，从文化讲解到组织活动，场地从教室到校外，学生们可以最直观地感受到西方的文化，体会中西方风俗习惯的差异，了解中西方国家文化的异同。

3. 英语沉浸班教师教学能力分析

通过丰富的一线教学经验的积累与对美国本土语言环境和教学方式的深刻了解和对比，沉浸班中方教师的英语听说水平及教学能力有了长足的提高，教学方式也有所改进和提升，同时对于常态班级的教学和管理也具有指导和推广价值。

（1）中方教师获奖情况

沉浸班中方教师共有11名，由学校骨干型英语教师来担任。中方教师不断进行教科研究，调整对教材的处理方式，改进教学方法。在这样长期的互为补充的教学模式中，其教学能力有了很大的改进和提升，英语听说水平大大提高，同时也提高了中方教师对于常态班级的教学与管理能力。

2017至2018学年期间，3位教师在国家、省、市级论文评选中6次获得殊荣。

2017年6月，王琳老师在沈阳市课堂教学评优活动中，凭借执教的“My Home”一课获得市级优秀课一等奖。

2017年12月，王琳老师在东北育才实验学校“大百花”教学竞赛评比中获一等奖。

2017年6月，马贺娜老师在东北育才实验学校“六个一”教学竞赛评比中获一等奖。

（2）美方教师教学能力提升

现英语沉浸班美方教师共11人，美国国籍8人，都是优中选优并具有一定基础教学经验或具有相关专业背景经历的专业教师，而且外教在教学过程中会采用最贴切生动的教学方法进行全方位多角度的英语教学。

在长期的教学过程中，美方教师的师德师风，幽默自如、严谨钻研的教学风格赢得了学校、家长、学生乃至社会的高度认可。与此同时，美方教师一直致力于提高自身的教育教学水平，为加强学生的第二语言习得能力继续努力。

(3) 教师教学能力

“沉浸式”英语教学实验班的中方班主任都是经过层层筛选，综合考量后，由学校骨干型英语教师来担任，而外方教师都是优中选优并具有一定基础教学经验或具有相关专业背景经历的专业教师，而且外教在教学过程中会采用最贴切生动的教学方法进行全方位多角度的英语教学，而在开学初期校方要求中方教师进班全程陪同听课，通过对课堂的实时监控，反馈教学效果。中、美双方教师共同进行教学研究，调整对教材的处理方式，改进教学方法。这样长期的互为补充的教学模式对于中教和外教双方的教学能力都有大的改进和质的提升。另外，中方教师与外方教师在课程研讨中，更深入了解了美国本土语言环境和教学方式，也提高了教师的英语听说水平，改进教师的教学方式，同时提高了中方教师对于常态班级的教学能力。

(4) 学生文化思维能力（出国）

经过长期的学习，“沉浸式”英语教学实验班不仅仅单纯提高学生们的英语听说能力，更重要的是让学生们在充分感受浓郁西方文化传统的同时拓展学生文化思维能力。“沉浸式”英语教学实验班的学生受到了西方文化的熏染，激发了他们探知西方文化的好奇心，因此很多学生会利用假期时间或在父母的陪同下或参加国际夏令营，走出国门，探寻更广阔的天地，拓宽眼界和视野。西方文化的完美体验，加深了学生对西方文化知识的进一步了解，也突出强化了学生的英语听力和口语能力，全方位培养了孩子的英语语感和思维。

4. 对策建议

“沉浸式”英语教学实验班为了给学生创设课堂内的最浓郁的英语语言环境，除了采用外籍教师多课程全程授课外，还十分注重英语环境的全方面创设。

第一，建立充满文化氛围的美式教室和教学环境，在设计上新颖独特。“沉浸式”英语教学实验班最大特点便是为学习者提供纯正的英语学习氛围与语言文化环境，保证孩子二语习得的黄金年龄。为此，除了正常的语文、数学文化课教室外，“沉浸式”实验班还拥有一间独立的英语“沉浸式”教室。教室的内部环境完全依照美式教师的设计，教室墙体以奶黄色为主色调，一步入教室便给人营造出温暖亲切的视觉氛围，教室目前采用最先进的交互式电子白板，由于交互式电子白板支持人、白板、计算机、投影仪之间的信息交换，使得课堂上学生能够充分参与教学环节，增进师生间的语言交流。

第二，教学上注重学生的情感体验，寓教于乐。外籍教师更善于使用经典的美式课堂游戏形式，达到寓教于乐，增强学生学习兴趣的目的，如：flash cards，bingo，guessing等方式是“沉浸式”英语实验班单词教学的常见手段，既增添了学生学习英语语言的快乐体验，真正实现了快乐学英语，又在快乐体验中吸引更多的学生积极参与。

第三，在“沉浸式”英语教学环境下，学生与外籍教师共同生活、学习与活动，除了常规课时外，每天还有固定的浸没时间，学生与外教可以充分地交流相处；每周定时开展主题鲜明的课外文化活动和外文书籍读书活动，提高英语思维和学习能力；每学期根据中西文化特点开展主题实践活动，营造最地道最贴近的西方文化氛围，让学生真正体会到英语浸没的价值。“沉浸式”英语教学实验班由于外籍教师能够“全天候式”地陪伴学生，使得学生在一整天的学习生活中都在潜移默化地接受英语听说能力的强化训练。

第四，西方文化的体验，加深了学生对西方文化知识的进一步了解。想真正掌握一门语言，绝不仅仅是单词和语法的罗列，更多的是对一个国家深层文化的把控。外籍教师十分注重西方传统文化氛围的营造，例如：感恩节、万圣节和圣诞节等西方重要节日前夕，外教都会给出英语教室的布置建议，并由浸没班的外教和中教共同来完成相应节日的教室布置工作。同时，孩子们在课堂上做的英语单词卡片和书画作品都会展示在浸没教室的展示墙上，每个学生都有自己的档案袋专门存放英语课上的"作品"，使得学生在日常的教学过程中也能充分感受到西方人文知识的熏陶。

本校实行的"沉浸式"英语教学模式，集文化理解、学科知识、能力培养为一体，遵循儿童习得语言的过程，注重激发儿童兴趣，创设一体化的英语浸没模式，让学生在日常学习生活、课外实践活动和可持续性发展等方面实现分层次的体验和习得。因此"沉浸式"英语教学实验班给学生提供了一个全英式的良好的学习英语语言、提高英语能力的机会，学生的英语思维、文化理解方面的优势明显增强，学生的英语语言敏感度提高，更会在文化创设和外在环境上潜移默化中提升学生英语文化素养。

在教学上学校对课程标准全面规划和指导，利用一线教学的优势，在教学模式上不断创新，钻研探索；对教学内容进行合理科学的量化，分级推进实施；教学目标听说领先，让学生在英语的输入中自然习得，构建自然的、正统的英语知识体系及框架，英文素养大大高于同年龄段的学生。

建立"沉浸式"英语教学实验班，通过一线教学实践验证教学模式的合理性和先进性，希望其模式的建立能对"沉浸式"英语教学有推广作用，对于其他小学开展外教课程有一定的借鉴意义。后续的研究者在实施行之有效的方式方法的过程中也要注意全方位培养孩子的英语能力和思维的同时，也要尽量侧重提升“沉浸式”英语教学实验班学生语文数学两科目的成绩，平衡英语与科目的成绩。另外，由于实验班学生从一年级开始接受“沉浸式”英语教学培养，课堂行为习惯教育较之平行班学生相对散漫，这些都是后续研究者可以借鉴改进之处。

一、课题基本信息

1. 课题名称：小学开展“沉浸式”英语实践研究

2. 批准编号：JG16CB004

3. 课题类别：综合性研究

4. 课题主持人

（1）姓名：周绍强。

（2）专业技术职务：中学高级。

（3）工作单位：东北育才实验学校。

5. 课题成员

徐彤、于海娇、王琳、马贺娜、何丽娜、刘爽、张少博、王一茗、陆莹、周家媛。

二、课题研究成果与对策建议

1. 课题研究意义和价值

本课题关于“沉浸式”英语的实践研究填补了辽宁省内相关研究的一个空白，本课题的题出参考了国内外的相关研究成果，发现了相关研究的不足之处，加以思考改进，经过实践论证，最终形成了一套系统的“沉浸式”英语课程设置，师资安排，评价方式，活动设置等内容，为后续相关课题研究提供了有借鉴意义的资料。本课题的选题主要受以下四个方面影响：

（1）国外成功案例的启发

“沉浸式”英语最早开始于20世纪60年代，加拿大魁北克省率先试行了“沉浸式”教学实验，从幼儿园到高中毕业，对母语是英语的学生全部用法语进行全部或部分的学科教授，该地区的学生在法语与交际层面均达到了近乎法语本族语者的水平，这标志着20世纪全球范围的“沉浸式”双语教育运动拉开了序幕。美国外语“沉浸式”教学已有近40年的历史，澳大利亚进行了第二语言的“沉浸式”教学。日本、新加坡、芬兰、荷兰、南非等十多个国家都开展了第二语言或外语“沉浸式”教学。这些实验结果证明，参与“沉浸式”教学实验班的学生，其第二语言水平优于传统的该语言专业学生。

(2) 国内相关研究的先导经验

“沉浸式”英语教育在我国的实行，是借鉴加拿大“沉浸式”教学模式，在西安率先进行小学英语“沉浸式”教学实验，取得了明显的效果，1998年开始小学、2003年开始中学英语“沉浸式”教学实验。辐射到广州、北京、上海、深圳等地。由“沉浸式”教学的基本理念可见，语言环境的创设是“沉浸式”教学的核心和关键，小学英语“沉浸式”教学就是要让小学阶段的学生在英语的环境创设中通过各种综合学科的学习和模拟的社会活动，获得良好的英语语感和使用英语的经验，从而自然习得英语。

(3) 国内相关研究的不足

纵观国内“沉浸式”英语实验的研究，本课题组发现了其研究的不足之处：①在师资配备方面，专业外籍教师的选拔和培训是保证教学效果的关键。②在教材选择方面，至今还没有可参考的配套教材，教材的来源之一是国外引进原版教材，或者国内专家采用目的语，有针对性地编写的教学内容。③在社会环境方面，“沉浸式”教学法在我国还属于一种全新的教学模式，国内对于其研究实践还不完善，有必要加大对该领域的关注研讨。

(4) 我校开展本课题研究的优势及保障

我校在小学阶段开展的“沉浸式”英语实验，采取外籍教师为副班主任的全程跟踪授课方式，聘请母语为英语的专业外籍教师，与中方老师的密切配合，保证了“沉浸式”教学的质量和效果。同时，我校斥资为每个“沉浸式”英语实验班投建了一个专门的外教课教室。同时，在“沉浸式”英语实验班的专用教室中，定期为学生开展英语相关活动，如万圣节活动、圣诞节联欢、复活节体验等，切实为学生创设英语文化环境，真正为学生创设了随时随地说英语、切实感受英语的环境。

2. 主要内容

（1）小学阶段介入沉浸式英语教学的优势

小学阶段是学生语言发展的一个重要提升阶段。小学生对母语的掌握逐渐成熟，对外语开始接受和转化。这个阶段对学生进行“沉浸式”英语教育，对学生英语的习得有极大的促进作用。“沉浸式”英语强调的是创设自然习得的环境，从而促进学生英语学习的全方位提高。

美国的人类学家和社会语言学家海姆斯认为，一个人的语言能力不只是指他能否造出符合语法规则的句子，同时也包括适当而得体地使用语言的能力，语言最终是服务于使用和交流的。自然习得环境的缺乏和传统的外语教学，并不利于学生的语言习得，而对于中国学生来说，他们的外语习得主要来源于指导性习得即课堂。我国的外语教学由于缺少使用语言的现实环境——自然习得环境，而没能发挥出英语教学的最大优势。

“沉浸式”英语课堂环境下，美方和中方教师可以充分使用目的语进行听、说、读、写，大大地增加了学生使用目的语操练的机会和提高使用英语的兴趣，进而使使用目的语的能力大为提高。在语言环境里，与自然环境比较接近的环境即“沉浸式”环境，那么，创设“沉浸式”课堂教学是非常有必要的。

（2）美方教材对沉浸式英语教学影响因素分析

本课题选取的是美国ELA（English Language Art）课程专用教材，原版教材是由母语的教育学者为学习母语者编订的教材，其中大部分的教材都涵盖较多的图示、实例、例题、习题，侧重由教师引导学生并且让学生们主动的对问题、方法和结论的归纳、理解、比较。案例较多的原版教材很富于时代气息，很有参与性。一般的原版教材都采用丰富的彩色印刷，用不同颜色表达章节起始位置，书中每章各节有小标题供学生全面、系统、重点掌握和消化教学内容。

ELA教材中的内容主要是为了让学生从学习中了解社会相关信息为目的。在课堂中使用原版教材需要有一个清楚的教学目标，就是要能够在使用教材前就准确地制订出希望学生可以从教材中学习到什么具体的东西。更具体地说，就是使用原版教材是为了让学生在将来的真实生活中，比如到国外旅游，游学或是在国外生活时可以将所学的实际应用到生活中。书中内容循序渐进，为不同年级学生提供不同的学习重点，为学生的语言发展提供便利。

（3）美方课程设置的影响因素分析

本课题经课堂观察、调查问卷、试卷考查等多方面分析，影响美方课程设置因素如下：

学生的英语基础水平有差异，低年级新入学的学生有英语零基础的学生，这就要求我们“沉浸式”英语的课程设置要用循序渐进的方式，由浅入深，中方教师需加强配合，使低年级的学生有良好的发音和感知能力，为后续的发展打好基础。

美方课程设置方位较全，包含——美方英语精读课、美方体育课、美方社会科学课。整个课堂的全英授课对小学生来说难度较大，虽然课程是以感知为主，但是还需中方教师进行融合，中方教师在低年级全程跟踪参与美方课堂教学，辅助学生理解美方教师的教学进程。

美方课程设置需中方除英语相关课程外的课程安排，即在提高学生英语能力的同时，也要保证学生正常的在校课程学习，保证学生的全面发展。在实验过程中我们发现，起初放弃了几个中方课程的安排这个尝试不够准确，在期末检测时，对“沉浸式”英语实验班的学生成绩有一定影响。所以第二学期，我们更改了课程设置，将部分外教课调整到了晚自习时间。这样，既保证了学生的外教课，也保证了在校时间的常规课程。

（4）美方课堂教学模式的建立

美方课堂教学有——英语精读课教学，英语社会科学课教学，英语体育课教学。

英语精读课教学模式：精读课主要侧重于关注学生的语言表达和理解能力。

美方教师根据教材进行备课，选出适合本年级学生认知水平的内容。同时，与中方教师交流授课内容，分析课程难度与学生的接受能力，即备教材和备学生两手准备。在教学过程中，不同年级对学生的关注方面各有侧重：低年级——侧重单词语音语调的精准纠正，句子意群停顿的认知。中年级——侧重语言表达的提升。高年级——侧重语篇表达的逻辑思维，以及语言思维训练。

英语社会科学课教学模式：社会科学课主要侧重于国外文化的感知，课堂上，美方教师更关注学生对于所学内容的体会，鼓励学生积极质疑提问。低年级学生侧重理解，中高年级学生侧重质疑和讨论。用美国人的视角看科学，分析社会问题，为学生打开了另一种思考方式，发散学生思维。这个课堂更鼓励学生在思考中学习，而不去过度关注学生的语法和文法。

英语体育课教学模式：美方体育课引进了美国本土运动，如飞盘活动、类似橄榄球活动等。这些活动不仅打开了学生视野，同时也更好地培养了学生的团队合作精神。低年级的体育课侧重学生对于各种活动指令语的理解和反应，中高年级的体育课侧重学生对于活动的机智培养。

（5）中美课程整合的教学研究

为了更好地进行中美课程整合方面，本课题组进行了以下研究——中美同课异构研究，中美教材整合研究。

中美同课异构研究：中方教师和美方教师选取同一个课程进行授课，由此可以看出中美教师的授课重点有何不同。美方教师课堂更注重常规内容的积累和培养，而中方教师课堂更注重知识传授的连贯和学生反馈的准确。

中美教材整合研究：中方教师在掌握中方教材的同时，充分研读美方教材，找出美方教材中可与中方教材互补的部分，以及美方教材中的难点。在跟踪检测美方课堂的过程中，及时参与补充，以便学生更好地理解美方教师授课内容。

（6）“沉浸式”英语教学模式下学生的评价

“沉浸式”英语教学模式摆脱以往英语教学单一的笔试成绩分析，从多方面对学生进行评价——口语表达积极性及准确性，活动参与表现，作业完成情况，以及与常态班一样的笔试考查。

口语表达评价：根据授课内容，定期进行小测验，包括单词发音、句子意群停顿、小语篇朗读流畅性。制定成绩分析表，在实验班之间进行平行对比分析。

活动参与表现：定期组织学生参与英语学科实践活动——短剧表演、英文演讲、英语知识竞猜等，观察学生表现进行评价反馈。

作业完成情况：设置除常规书写外的作业——口语录音作业、配音作业、影视赏析作业等。制定评价表，对学生完成情况进行反馈。

3. 研究方法

（1）文献研究法，查阅理论资料和相关研究经验，细化课题实施步骤。

①运用文献法收集“沉浸式”英语教育教学相关资料，提升理论认识。

②采取问卷调查和访问方式调查分析英语沉浸班学生学情。

③研究制定课题实施的具体步骤和策略。

（2）以行动研究法为主要研究方法开展研究。

①分析美方教材，将教材分解为“听说读写”四个方面进行分块研究。

对沉浸班采取“听说读写”方面测试，对测试结果进行数据分析总结。

②开展课程设置研究，与美方教师一起制订相应课程的课程计划。

中方教师在美方教师进行教学时全程陪同，实时监测，对学生进行观察、访问，及时反馈，与美方教师沟通问题，进而达到优化课程建设的目的。

③开展ELA（English Language Art）课程深入研究，即如何让学生在ELA课程中充分体验英语语言环境。

中美教师合作研讨出一套高效且符合学生第二语言发展的教学模式。教师在课堂教学各个环节中检测学生的反馈，摸索出行之有效的教学模式。

④基于美方教学成果的，对中方课程进行整合和拓展。

对常态班学生和沉浸班学生进行同等试卷测试以及口语表达测试，用对比分析法对成绩进行分析总结。

（3）分析总结本课题形成的教材整合、课程设置和教学模式产生的影响，形成相关课程及理论并加以推广。

4. 研究结论

（1）学生通过“沉浸式”英语学习，能够自然习得英语，不知不觉中养成用英语思考问题、沟通问题和解决问题的能力。英语对于“沉浸式”英语实验班学生来说不仅是学习的内容，更是辅助学习的工具。

（2）学生在“沉浸式”学习的基础上，通过中方教师的知识技能与笔试训练的培养，学生的笔试成绩优于常态班级。“沉浸式”英语实验班学生英语活动的参与程度明显高于常态班学生。

（3）中方英语教师在与美方教师课程研讨中，听说能力及教学能力得到明显提高，同时提升了中方英语教师对于常态班级的教学能力。

（4）小学阶段“沉浸式”英语教学的研究成果，对于国内沉浸式英语教学起到推广作用，对于其他学校的外教课程有借鉴意义。

5. 对策建议

本校实行的“沉浸式”英语教学模式，集文化理解、学科知识、能力培养为一体，遵循儿童习得语言的过程，注重激发儿童兴趣，创设一体化的英语浸没模式，让学生在日常学习生活、课外实践活动和可持续性发展等方面实现分层次的体验和习得。因此“沉浸式”英语教学实验班给学生提供了一个全英式的良好的学习英语语言、提高英语能力的机会，学生的英语思维、文化理解方面的优势明显增强，学生的英语语言敏感度提高，更会在文化创设和外在环境上潜移默化中提升学生英语文化素养。

在教学上学校对课程标准全面规划和指导，利用一线教学的优势，在教学模式上不断创新，钻研探索；对教学内容进行合理科学的量化，分级推进实施；教学目标听说领先，让学生在英语的输入中自然习得，构建自然的正统的英语知识体系及框架，英文素养大大高于同年龄段的学生。

（1）建立充满文化氛围的美式教室和教学环境，在设计上新颖独特。

“沉浸式”英语教学实验班最大特点便是为学习者提供纯正的英语学习氛围与语言文化环境，保证孩子二语习得的黄金年龄。为此，除了正常的语文、数学文化课教室外，“沉浸式”实验班还拥有一间独立的英语“沉浸式”教室。教室的内部环境完全依照美式教师的设计，教室墙体以奶黄色为主色调，一步入教室便给人营造出温暖亲切的视觉氛围，教室目前采用最先进的交互式电子白板，由于交互式电子白板支持人、白板、计算机、投影仪之间的信息交换，使得课堂上学生能够充分参与教学环节，增进师生间的语言交流。

（2）教学上美方教师注重学生的情感体验，寓教于乐。

外籍教师更善于使用经典的美式课堂游戏形式，达到寓教于乐，增强学生学习兴趣的目的，如：flash cards，bingo，guessing等方式是“沉浸式”英语实验班单词教学的常见手段，既增添了学生学习英语语言的快乐体验，真正实现了快乐学英语，又在快乐体验中吸引更多的学生积极参与。

（3）在“沉浸式”英语学生与外籍教师共同生活学习中，寓教于生活。

活动除了常规课时外，每天还有固定的浸没时间，学生与外教可以充分地交流相处；每周定时开展主题鲜明的课外文化活动和外文书籍读书活动，提高英语思维和学习能力；每学期根据中西文化特点开展主题实践活动，营造最地道、最贴近的西方文化氛围，让学生真正体会到英语浸没的价值。“沉浸式”英语教学实验班由于外籍教师能够“全天候式”的陪伴学生，使得学生在一整天的学习生活中都在潜移默化地接受英语听说能力的强化训练。

本研究的思考及建议：本研究建立“沉浸式”英语教学实验班，通过一线教学实践验证教学模式的合理性和先进性，希望其模式的建立能对“沉浸”式英语教学有推广作用，对于其他小学开展外教课程有一定的借鉴意义。后续的研究者在实施行之有效的方式方法的过程中也要注意全方位培养孩子的英语能力和思维的同时，也要尽量侧重提升“沉浸式”英语教学实验班学生语文、数学两科目的成绩，平衡英语与科目的成绩。另外，由于实验班学生从一年级开始接受“沉浸式”英语教学培养，课堂行为习惯教育较之平行班学生相对散漫，这些都是后续研究者可以借鉴改进之处。

6. 主要成果与影响

（1）“沉浸式”英语实验班学生在英语表达能力和知识技能方面明显好于常态平行班学生。根据测验结果分析，“沉浸式”英语实验班学生的口语成绩和笔试成绩均高于平行常态班级。

（2）“沉浸式”英语实验班的中方英语教师由于长期与美方教师交流学习，教学视野开阔和技能提高。

（3）形成系统的“沉浸式”英语模式——课程设置方案，美方课堂教学模式，中美整合课堂教学模式，多方面评价模式。

（4）形成相关理论认识以及六篇研究过程中各模块论文。

（5）推广“沉浸式”英语教学的研究成果，本校初中也开始采用“沉浸式”英语实验班教学方案，同时形成的实践结论对于其他学校开展相关研究起到辐射作用。

五、工作室总结及展望

（一）工作室组织安排

当研究课题申报后，我们成立了课题研究小组，认真做到研究课题、人员、奖惩三落实。确保课题研究工作有序开展。课题研讨共分为以下三个阶段进行：

1. 课题研究准备筹划阶段：认真组织课题组成员，讨论搜集有关文献，确定研究内容，制定研究目标、途径、方法，撰写实验研究方案。

2. 课题研究实施试验阶段：组织教师根据研究方案指定的课题，积极开展形式多样的研讨活动，通过组织对有关文献的学习，撰写论文，交流心得、反思，开展教学设计，不断完善和创新在抓好典型引路的基础上，探索出阅读教学的个性教学特点和规律。

3. 课题研究完善总结阶段：通过在第二阶段的教学时间上，要求课题组成员认真反思，理论与实践研究的成果整理档案，形成课题研究结题报告，接受上级验收评估。

（二）工作室探讨落实

课题研究小组成员紧密围绕研究的主课题，广泛探索适应于新课程要求下的教学方法，认真做到了五个坚持：一是坚持理论学习不放松，每个课题组成员坚持每周收集资料，强化知识积累教学理论指导；二是坚持每学期上好一节公开课，在课堂教学中找规律；三是坚持每学期写好一篇相关小论文或教学反思从理论与实践的结合部创特色；四是在学生学习效果上求论证；五是课题成员坚持在相互交流，研讨中提升自我。

我们通过文献学习、课堂实践、调查反思，总结提高的课研思路，组织看优质课例光碟，进行优质课堂技能竞赛撰写的论文反思等有效研究，使课题研究内容得到了全面落实，课题研究的目标基本实现，其成果主要体现在以下几个方面：

（1）教师养成了良好的教学反思的习惯。学校的每一位任课教师每周都写教学反思，在反思中发现教育智慧，并运用教育智慧，不断提高教育教学质量。同时，我校的教师逐渐走上了专业发展的道路。

（2）教育智慧不断生成。通过交流对话、典型引路、个案跟踪、教科互动等方式，激活了教师群体的教学智慧，提高了每位教师新课堂策略的构建能力。

（3）学生的学习兴趣普遍高涨。

（4）教师业务素质得到了提高。良好的教学环境，宽松和谐的研究氛围，为师生搭建了展示自我的平台。在科研的引领下，我校再一次取得了丰硕的教育教学成果，获得了又一个丰收年。我校教师撰写的论文、案例在全国、省、市获奖颇丰。

（三）工作室完善推广

课题研究工作室的成立极大地提高了教师研究教学的积极性，虽是“摸着石头过河”，但通过课题研究增强了教师的自信心。因为课题研究组成员在课题的研究中得到了成长。我们将认真总结经验，将研究成果在教学中推广应用。组织研究成果突出的研究者为全校教师上示范课。

我们在完善已结题的课题基础上，围绕新课题改革的实际，紧密联系实际汲取成功经验，克服研究中的不足，确立新课题，使研究工作再上新台阶，以达到优化课堂结构、优化教学手段、提高课堂教学效益之目的，使广大教师由普通型向专业型、学者型教师转变，让我校教师在课题研究工作上循序渐进，取得突破性进展。

（四）省市级课题研究成果展示

教师市级小课题结题成果

教师市级课题结题成果

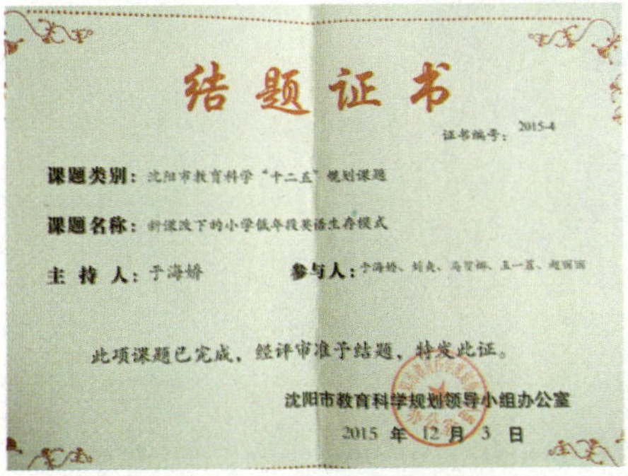

教师市级课题结题成果

教师省级课题优秀结题成果

微工作室

一、工作室介绍

1. 工作室成立初衷

2014年微工作室成立。微工作室的主要工作是分学科、分年段进行微课录制，微工作室牵头进行微课理论、技术的支持，以授课内容为主体，将授课内容中比较重要或较难一次性消化的知识点进行微课录制，以学部微信公众号为交流场，家长通过线上微课学习对学生进行线下辅导，以及学生在线上自主复习和反复观看，保持家校学习的一致性和连贯性。

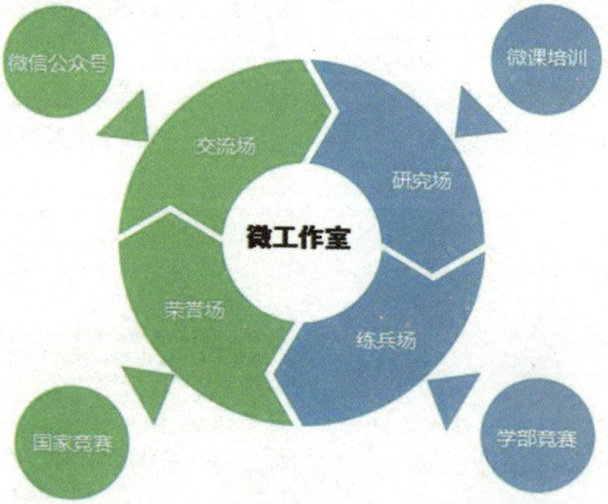

工作室成立初衷

2. 工作室Logo

Logo解读：图案取自正方形，方形代表坚韧忍耐，有条理。左侧一个大写绿色的V和一个右侧小写的V体现了见微知著的理念。绿色给人希望，也是生命力的象征，而竖条中的橙色代表着光明、温暖，活力向上，两个V和两个斜线即组成了一个团结在一起的心，象征着精心，说明了每一节微课都是精心打造。

微工作室

微工作室Logo

3. **工作室成员简介**

工作室成员

微工作室在小学部程校长、周校长的倡议和推动下应运而生。工作室人员构成如下：

工作室主持人：常健康，中学一级教师，国家二级心理咨询师，辽宁省中小学信息技术与课程融合骨干教师，微工作室创始人。秉承“勤奋创新，为人师表”教育理念。“奇思妙想”荣获2014年沈阳市中小学教师教育技术应用大赛评比信息化教学优质课组一等奖，同时“奇思妙想”微课荣获2014年辽宁省教育软件大赛基础教育组一等奖，并荣获现场课省、市级优秀课一等奖等多项荣誉。

成员：李韦　丁宁　杨志新　佟书慧　孙洋　高云龙　郭洁　关格格

4. 工作室工作宗旨

微工作室本着“课上课下为教师、学生服务”的宗旨，以常态课程教学内容为基础开始向校本课、选修课、德育等方面拓展。相信，通过我们的努力，微工作室必将在更大层面发挥出它的作用。

二、微工作室特色活动

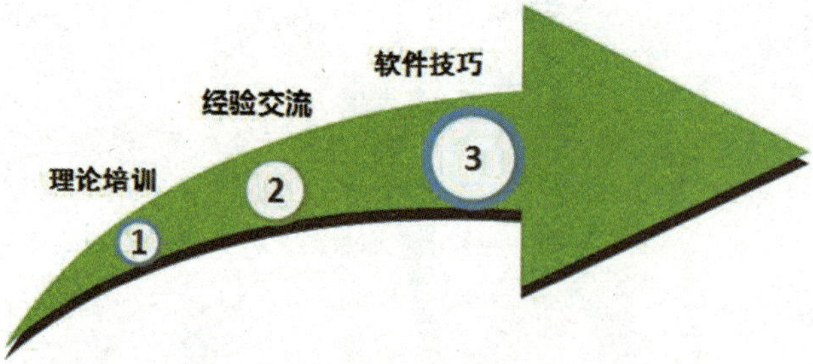

微工作室特色活动

（一）微工作室培训情况

随着微时代的到来，慕课、翻转课堂等新型教学形式不断冲击着传统课堂教学，其中“微课”的制作越来越成为现代教师必备的专业技能。“工欲善其事，必先利其器”，“微”课的制作绝不是毫无准备、毫无章法地“随意”录制一节小课。“麻雀虽小，五脏俱全”，想做好一节微课需要老师从设计、从技术、从经验等多方面有一个好的积淀和感悟。为了让“微”课能够在小学部全学科多角度地展开，为提高教师教育信息化应用水平，改变传统课堂，在学校领导的支持下，微工作室在组内、在学部内开展了一列的培训活动。

1. 2015年10月20、21日微工作室利用各组教研时间对全校领导及老师进行微课制作的培训，由微工作室成员信息中心的李韦老师主讲软件Camtasia Studio6的操作使用。

培训中，李韦老师利用Camtasia Studio6软件制作微课，并依据各学科特点做了进一步的讲解。李老师向老师们介绍了微课的录制方法，以及如何进行后期的处理，如“片头”“音效”“动画”等效果的添加和设置。老师们边听边操作，彼此探讨，互通有无。培训结束时，小学部教师都能够初步制作一份简易的微课作品，基本掌握了Camtasia Studio6软件的使用。

本次培训活动给全体教师带来了全新的微课制作理念，让教师们耳目一新，既了解了微课的制作技术，又感受到“微课”所具有的强大魅力，同时激发了教师们利用现代信息技术促进课堂改革的热情，真正展现了微课的大智慧。

育才实验学校小学部信息中心李韦老师主讲

2. 2015年11月4日下午，东北育才实验学校小学部由微工作室牵头在全体教师中进行了第二次微

实验小学程校长与老师们一起参加培训

老师们动手操作制作简易的微课作品

课培训，此次聘请了沈阳市教育研究院电教中心的赵森老师主讲，东北育才幼儿学园的领导和老师也参加了此次培训。

首先，赵老师就何为“微课”做了简短的概念解说，如“微课的由来”“微课的发展史”等。同时介绍了制作微课的方法，明确微课不等同于一堂课中的某个片段的截取，并针对如何设计好一堂微课，从哪些方面着手，针对学科不同应该注意什么问题等提出了一些建议：尽量保证一个微课完成一个重要知识点“短小精练”，拍摄前做好教学设计要“有始有终”等。最后重点介绍了录屏软件，结合实例就如何录制、编辑、保存等进行了详细的讲解。理论讲解和实际操作演示相结合的方式贴近一线教师教学研究的实际需要。

通过本次培训，老师们进一步了解了微课的发展历史以及先进的制作技术，更加明确了做好一堂微课应该准备什么，应该如何着手。本次培训激发了教师们利用现代信息技术促进课堂改革的热情，使老师们充分体会到了

“学习无处不在”的理念。

3. 2017年6月10日东北育才实验学校小学部微工作室成员组内交流与研讨

此次培训是一次阶段性的总结和研讨，针对学部内教师们录制的“微课”作品进行汇总和梳理。通过对几节“微课”案例的分析和研究，工作室总结出在录制“微课”时存在的一些问题：

（1）“微课”主题不明确，缺少有效导入或者导入过长。

（2）拍摄不清楚，软件操作不熟练，如拍摄焦距出现问题、录制界面不全等。

（3）时间的掌握，有的过长，内容冗杂。

（4）缺少系列化的微课题材。

针对一系列问题，大家又观看了一部分在国家以及省市获奖的微课作品，有的放矢。之后工作室内成员纷纷谈了自己的想法和建议，提出了一些改进的办法和策略：

（1）加强个别技术能力弱的老师的培训力度，充分发挥“微工作室”成员的带头作用，鼓励“一帮一”“一带一”。

（2）由“微工作室”负责人常健康老师与各学科组长沟通协调，完成东北育才实验学校小学部学科系列微课的录制和整理工作。

沈阳市教育研究院电教中心赵森老师主讲

（3）做好微课的上传和推广，在家长

与学生中发挥实效性。

（4）进一步加大微课质量的提升，微工作室成员每人上交一份微课示范作品。

通过这次培训，微工作室成员进一步明确了自己工作的方向和目标，同时在探讨与交流中也发现了自己存在的不足和需要改进的部分。通过工作室共同体的切磋和磨砺，每个人都有了自己的收获，同时也希望可以带领学部其他老师在新的领域有更大的发展。

随着信息化社会的到来，移动学习、个性化学习逐渐成为未来学习的主流，我们“微工作室”的培训也在继续。“细节决定成败”，在今后的工作中，微工作室的成员们会努力把工作做得更细更精。希望通过我们的努力，能积极有效地解决老师们在微课制作过程中遇到的问题，同时通过搭建这样一个合作平台，我们每个人也在不断的学习与研讨中使自身的信息素养得到提升，由点带面，以此带动整个小学部创作完成更多、更好、更高质量的微课作品。

（二）软件的选择及应用

在如今这个碎片化时代下，微课作为最为广泛应用的资源之一，在今天仍然散发着它的魅力。录制微课时使用何种软件，一直是大家反复探讨的问题，微工作室的成员也一直致力于寻找最适合教学一线的微课录屏软件。

经过这几年的实践应用，我们选择使用Camtasia Studio软件，这是一款由美国TechSmith开发的一款功能强大的屏幕动作录制工具， 能在任何颜色模式下轻松地记录屏幕动作（屏幕/摄像头），包括影像、音效、鼠标移动轨迹、解说声音等。TechSmith有一套世界一流的屏幕录制技术TSCC压缩编码算法，即TechSmith Screen Capture Codec，专门用于对动态影像的编码。

Camtasia Studio中内置的录制工具Camtasia Recorder可以灵活地录制屏幕：录制全屏区域或自定义屏幕区域，支持声音和摄像头同步，录制后的视频可直接输出为常规视频文件或导入到Camtasia Studio中剪辑输出。

Camtasia Studio录屏软件优点：

1. 录屏视频清晰，可对视频素材进行合成与编辑；

2. 轻松添加片头动画；

3. 实现实拍任务抠像合成效果；

4. 字幕添加快捷方便，带语音识别功能；

5. 可在录屏录制过程中同时录制摄像头所拍摄的画面；

6. 微课制作方式与手段更加灵活。

现对Camtasia Studio软件的使用展开详细介绍，以Camtasia Studio8.0版本为例：

1. 准备工作

在众多视频编辑软件中，Camtasia Studio（以下简称CS）是比较浅显易懂的一款，其强大的整合编辑功能、简易的操作，即使你是新手，只要稍微动动手，即可编辑一段完美的视频。

【软件资料】

软件名称——Camtasia Studio

软件版本——8.0.4

软件大小——41.60MB

软件环境——Winxp/win7/win10

软件下载——原版客户端下载

中文官网：http：//camtasiacn.com/camtasia

安装和汉化的过程不做重点介绍。

2. 软件界面介绍（如果以下图片不合格可以把此部分所有内容删掉）

在开始->所有程序->找到TechSmith文件->这里面会有2个快捷图标，一个是视频录制，一个是视频编辑。Camtsia Recorder8是视频录制，Camtasia Studio8是视频编辑。选择Camtasia Recorder8。

启动软件后，画面出现了五部分，分别是菜单栏和工具栏、编辑区、任务栏、预览窗口、时间轴。

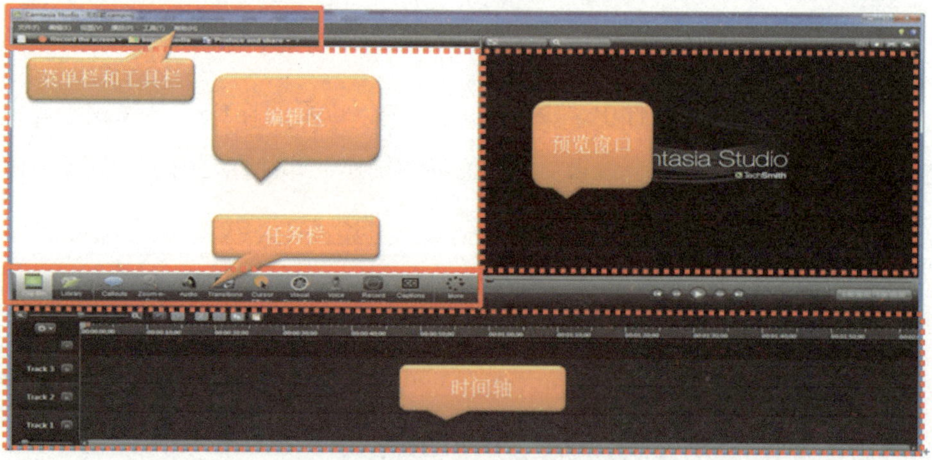

（软件启动界面介绍）

编辑区：导入媒体文件存放窗口，还有一些编辑时会使用到的工具。

预览窗口：可以随时查看视频编辑后的效果。

时间轴：大部分的视频编辑都会在这里处理。

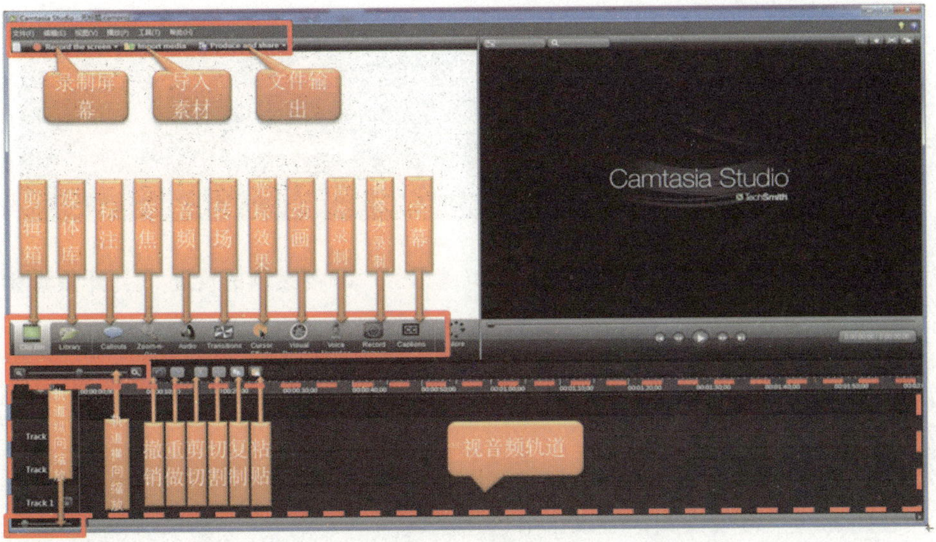

（软件启动界面介绍）

3. **录屏功能**

第一步：点击Record the screen。

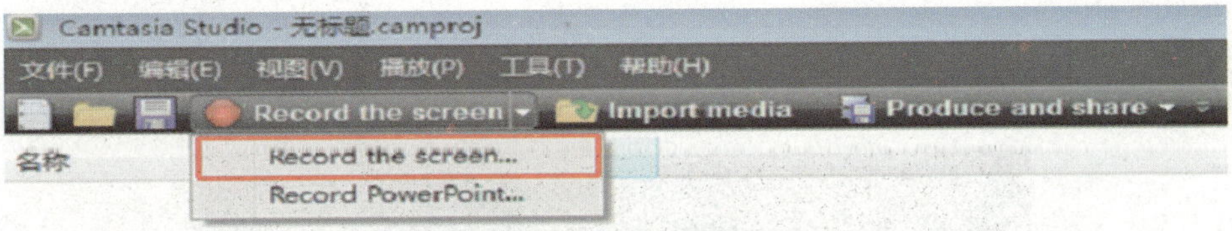

（选择Record the screen）

在录制开始之前，需要选择录制电脑屏幕还是录制PPT文件：点击编辑区的Record the screen按钮后的下拉菜单，第一个Record the screen是录制电脑屏幕，第二个Record PowerPoint是录制PPT文件。本次以录制电脑屏幕为例。

第二步：效果设置。

在电脑屏幕的右下角，会出现下图中的内容，这是录制区域的设置界面：

（设置相关内容介绍）

Full screen：全屏模式，录制整个屏幕，启用这个模式会看到整个屏幕边缘有绿色的虚线，这就是录制视频的范围。

Custom：常规模式，可以自由选择区域。

Webcam：如果电脑已安装摄像头，会显示Webcam on；如果未安装会显示Webcam off。

Audio：如果电脑已安装麦克风，会显示Audio on；如果未安装会显示Audio off。

rec：开始录制按钮。

（选择Full screen）

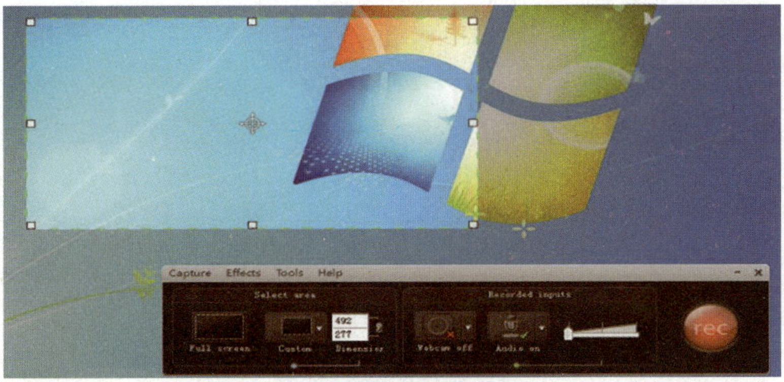

（选择Custom）

选择Custom按钮后，屏幕上出现了一个可自由伸张的区域（见上图），左键按住中间的按钮自由拖动，也可以设置范围大小，宽度和高度在右侧会有显示数字，比如图中显示492宽和277高。

Custom（常规模式）有几个常用的尺寸：

Widescreen宽屏（16∶9）：1280×720、854×480；

Standard标准（4∶3）：1024×768、640×480；

Recent areas最近使用尺寸：852×480、1920×1080。

Lock to application锁定应用：视频录制范围自动取消任务栏范围。

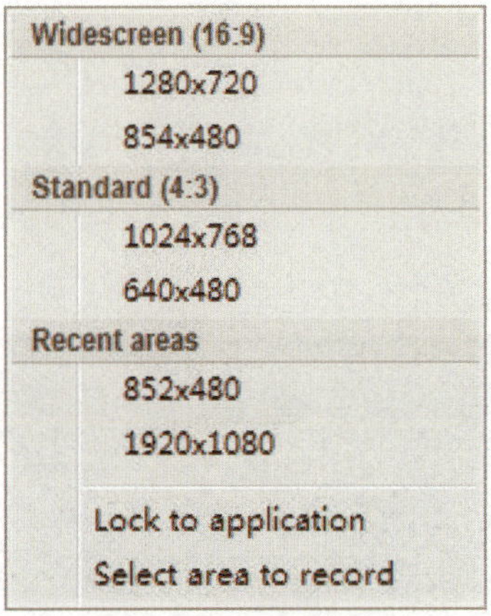

（Custom常用尺寸）

摄像头：如果电脑安装摄像头了，就会显示“摄像头开”；如果没有安装，就显示“摄像头关”。

音频：电脑安装麦克风就会显示“音频开”；如果没有安装，就显示“音频关”。

注意：

（1）软件安装后，默认选择为Full screen，录制前请确认。

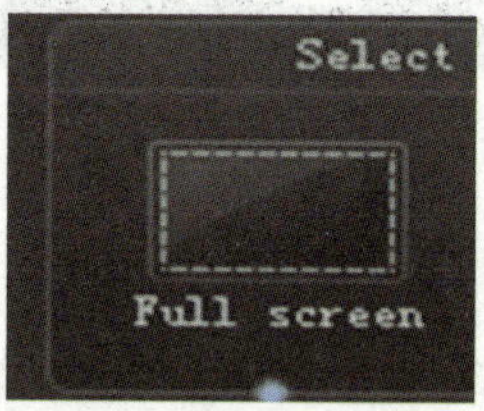

（2）音频（Audio），可以左右调声音大小，一般都调到最大。

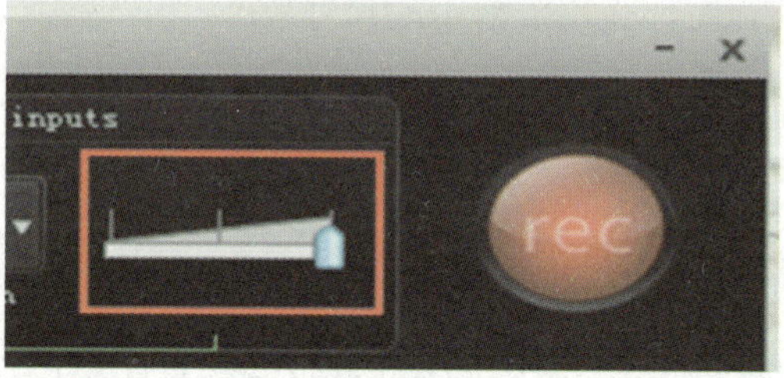

第三步：开始录制。

点击rec，，即开始录制。此时需注意：当出现以下提示时，先不要着急说话，3秒钟过完后才是正式录制，3秒倒计时这个时间即使说话也录制不上。

（等待3秒倒计时）

使用快捷键F9即可暂停/继续录制。

第四步：停止录制。

录制结束后直接按F10，即可停止录制（不过建议在课程讲解完成之后多录制1—2分钟，这样既方便剪辑又能避免让整个课程看起来结束得比较匆忙）。此时，自动出现Preview视频预览窗口。

Time：时间，当前播放时间、视频时间长度。

Shrink to Fit：缩放到适合尺寸。

View at 100%：百分百视图。

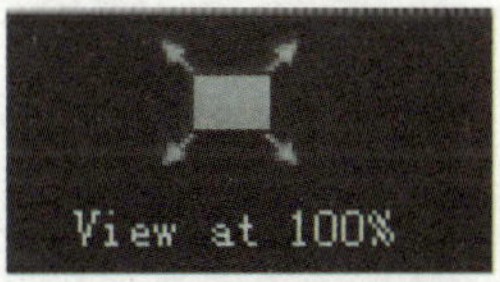

第五步：处理录制文件。

共三种处理方式，分别是Save and Edit，Produce，Delete。

Save and Edit保存并编辑，将所录制的视频“另存为”指定位置；

Produce生成，直接保存为视频文件，可以选择保存位置、为文件重新命名等；

Delete删除，即删除所录制的视频。

通常情况下，我们很难做到一次就完美，那就需要对录制的视频进行编辑。点击Save and Edit，保存的视频格式为CS的专用格式，其他视频播放软件打不开。

第六步：生成录制文件。

点击Produce之后，先保存一个文件，随后会弹出对话框（有可能需几秒钟）。

选择自定义生成设置，见下图：

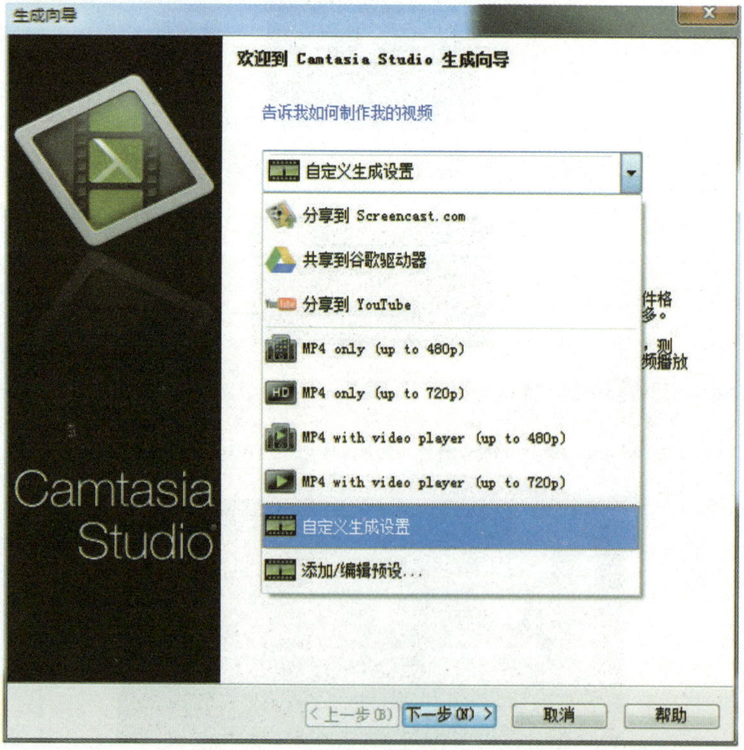

单击“下一步”：选择MP4，见下图。

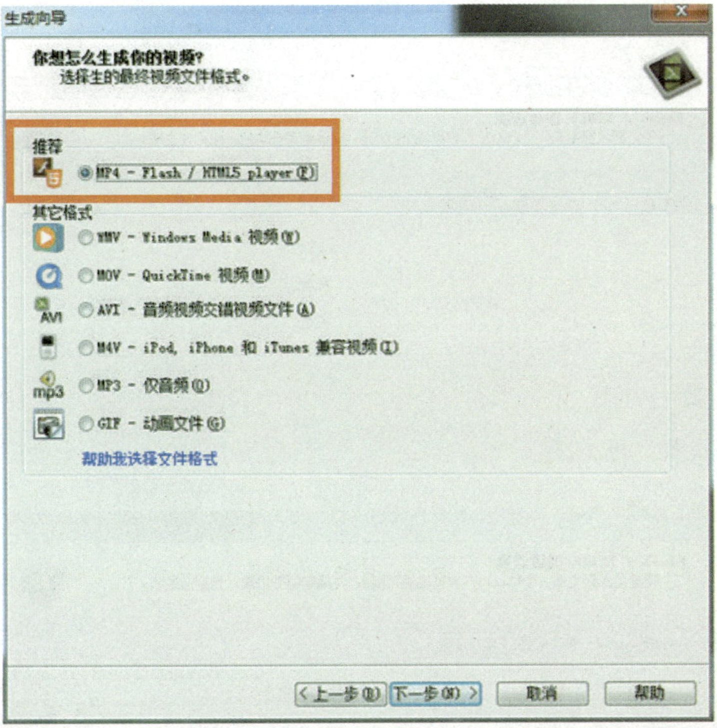

单击“下一步”：选择控制器，取消生成使用控制器按钮，见下图。

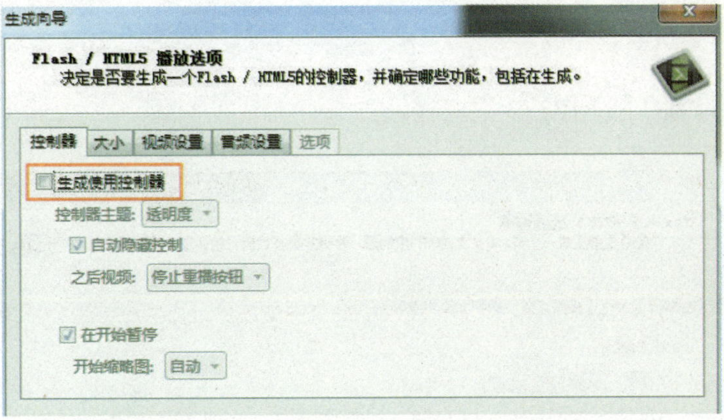

大小尺寸说明：这里是初始录制时的尺寸，记得要勾选保持宽高比，见下图。

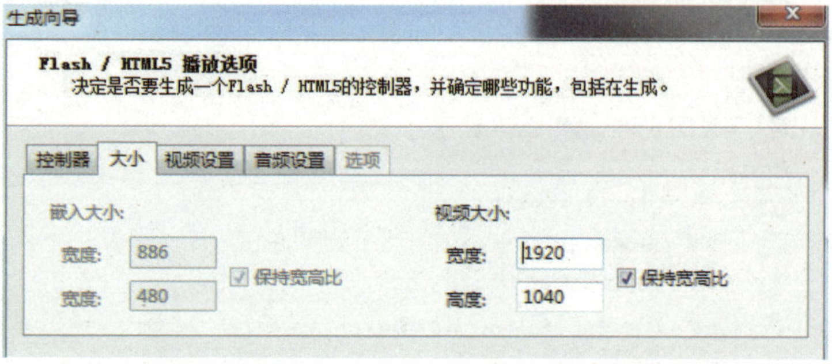

视频设置，见下图：

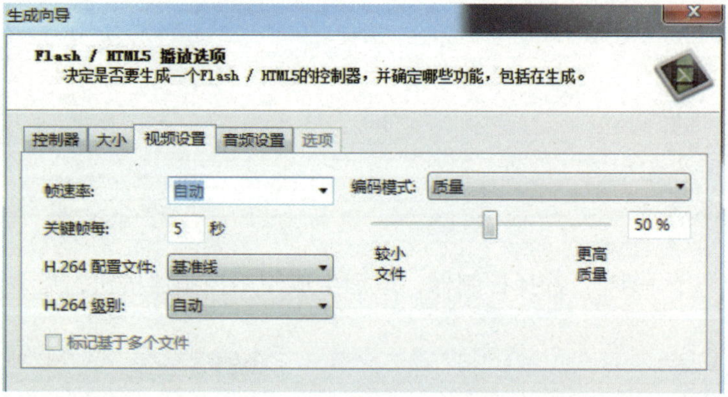

音频设置，见下图：

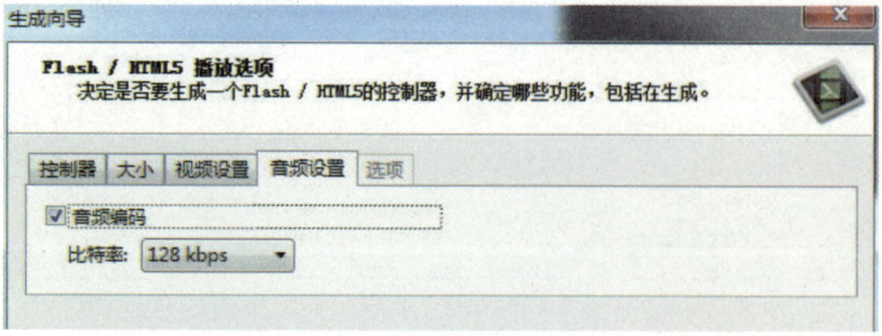

可以生成水印，单击“下一步”，进入视频制作环节，设置“文件名称”“存放位置”等，单击“完成”，进入渲染视频阶段。

整个录制过程可以总结为以下简图：

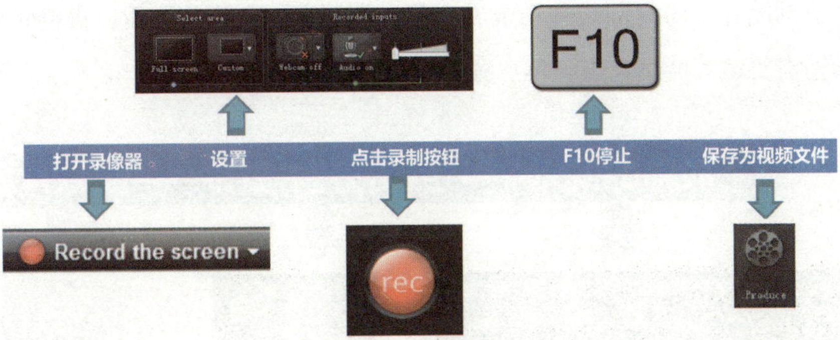

（录制过程简图）

4. 视频编辑

（1）导入素材（视频、图片、音频）。

单击Clip Bin窗口，空白处右键，单击“导入媒体”。

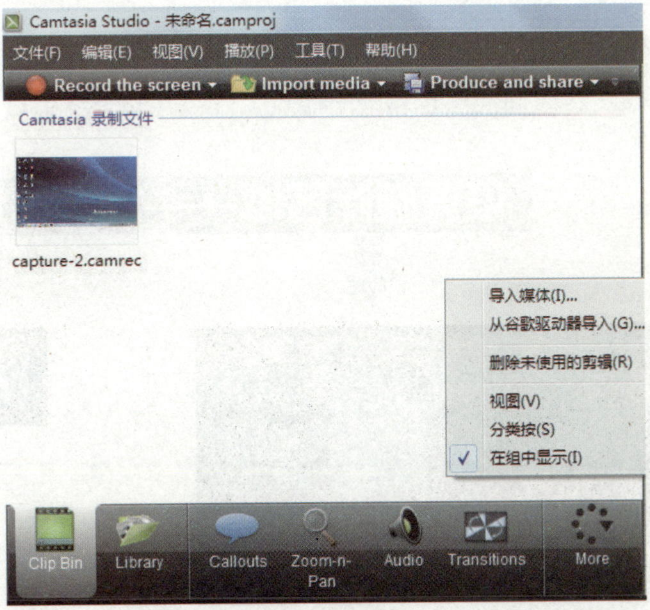

（导入素材）

（2）将素材拖入到轨道中。选中素材，拖动到轨道处再停止。

（3）单击Callouts窗口，为素材添加标注，可以对字体等进行设置。

（4）剪掉多余的视频/音频片段（方法一）。

分割删除：将时间线移动至需要截去的起点，点分割按钮，再将时间线移动至需要截去的结束点，再点分割按钮，删除截取那一段即可。

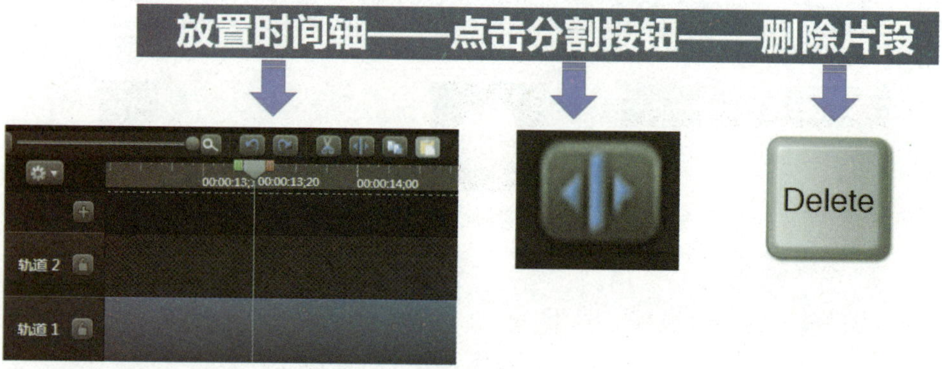

（分割删除）

（5）剪掉多余的视频/音频片段（方法二）。

剪切删除：将时间线绿色移动至起点，红色移动至结束点，点击“剪

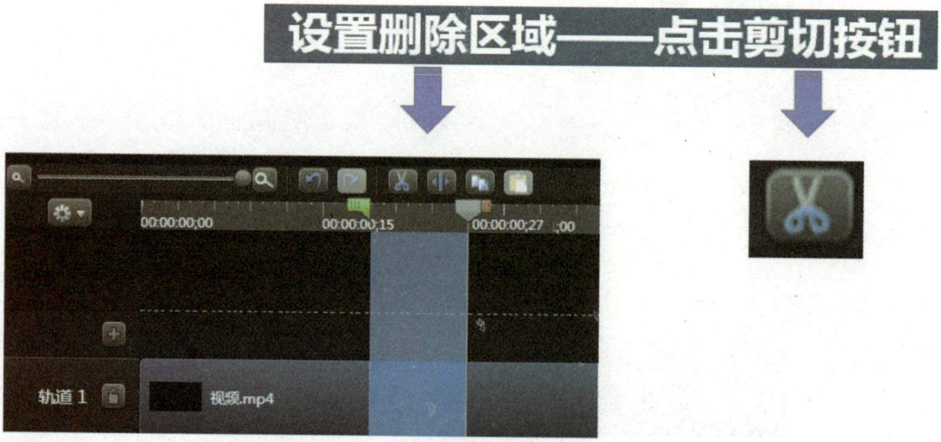

（剪切删除）

切”按钮，剩余两段视频自动缝合。

（6）音频处理。

素材拖入轨道后，选中带有音频的素材，点击“音频”按钮，根据自己音量大小，点击音量增大、勾选启用噪声去除（灵敏度50—60之间）、勾选启用音量调节（有的勾选后噪音明显增大，可以不勾选，根据实际情况而定），也可以做静音设置。淡入/淡出是指，让音频的开始或结尾慢慢发出声音或是慢慢降低声音。

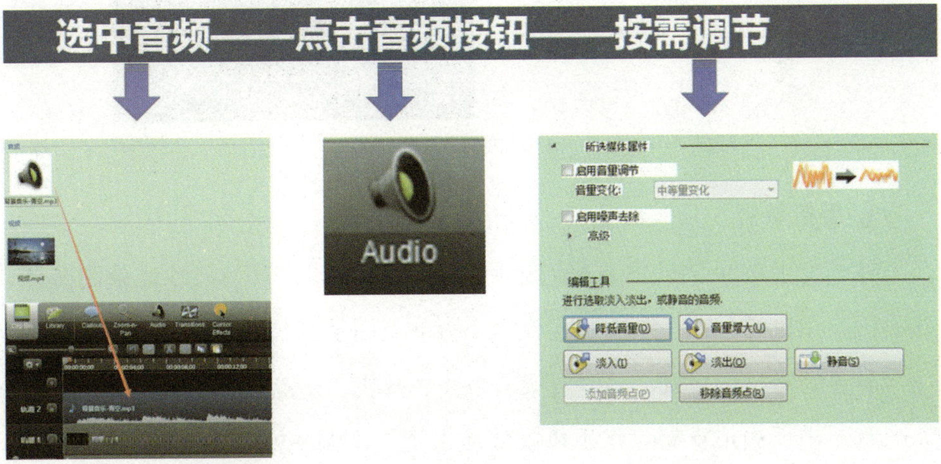

（音频处理）

（7）添加转场效果。

如果需要在两段视频中加上过渡效果，则要使用转场功能。单击Transitions按钮，在编辑框中会出现多种过渡效果供选择。双击某种过渡效果时，在监视窗口会看到相应的展示效果。

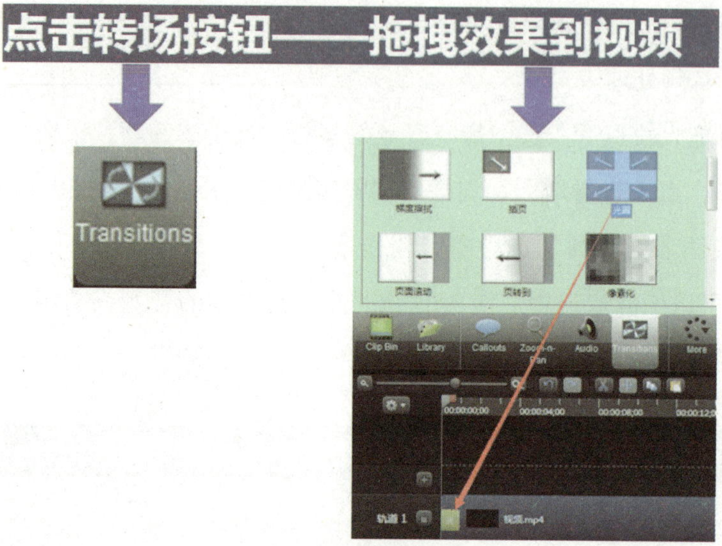

（添加转场效果）

5. **手机录制**

除了专业的录屏软件，我们也可以利用身边的工具，巧妙地录制微课，如手机、相机等。在一个相对安静的环境下，用手机录制微课的步骤如下：

需要的器材：手机、笔、支架、直尺、耳机、麦克风。

第一步：固定支架，将手机安放在支架上，调整好位置，使手机镜头对准桌面。

第二步：根据手机录制的范围，在桌面上画定位框。

第三步：准备就绪，开始录制。

录制时需要注意：

①头不能过低，以免遮挡镜头。

②书写时不能超出定位框，以免画面移出镜头。

③去掉手上的装饰物，以减少无关信息的干扰。

④调整灯光照明。如果是晚上，可用两盏台灯，一左一右打灯，注意光线要均匀。

⑤声音尽量单独录制。最好用录音笔单独录制声音，有问题便于单独处理。

第四步：录制完成后，可将视频进行后期修改。简单的视频修改软件有QQ影音、格式工厂等，依据个人需要，进行裁剪修改后，一个微课就完成了。

6. 其他软件介绍

【做课大师】

比较简单的一款工具，适合无基础人员使用，基本功能都有，最重要的是生成的页面在手机上和微信上都可以观看。

【微讲师微课制作】

微讲师微课制作工具是一款集“微课录制、视频剪辑、课程组装、学习追踪”等于一体的微课制作软件，可以满足大批量、高质量微课的需求。

【Focusky软件】

一款易学易用的微课制作软件、课件制作软件、幻灯片演示文稿制作软件。采用整体到局部的演示方式，以路线的呈现方式，模仿视频的转场特效，加入生动的3D镜头缩放、旋转和平移特效，像一部3D动画电影，给观众视觉带来强烈冲击力。

（三）学部微课大赛

微工作室先后进行了两次学部级别的微课大赛，并将优秀作品上传微信公众号。除学部获奖外，优秀的作品推优省市级比赛。以下是对微课作品的评价细则：

微课评审参考标准

选题设计（15分）	选题简明（10分）	主要针对知识点、例题/习题、实验活动等环节进行讲授、演算、分析、推理、答疑等教学选题。尽量“小（微）而精”，建议围绕某个具体的点，而不是抽象、宽泛的面。
	设计合理（5分）	应围绕教学或学习中常见、典型、有代表的问题或内容进行针对性设计，要能够有效解决教与学过程中的重点、难点、疑点、考点等问题。
教学内容（30分）	科学正确（10分）	教学内容严谨，不出现任何科学性错误。
	逻辑清晰（10分）	教学内容的组织与编排要符合学生的认知逻辑规律，过程主线清晰、重点突出，逻辑性强，明了易懂。
	内容完整（10分）	教学内容完整无误，突出重点，注重实效，体现完整设计思路。
教学效果（40分）	目标达成（20分）	完成设定的教学目标，有效解决实际教学问题，促进学生思维的提升、能力的提高。
	形式创新（10分）	构思新颖，教学方法富有创意，不拘泥于传统的课堂教学模式。
	趣味性强（10分）	教学过程深入浅出，语言形象生动，精彩有趣，启发引导性强，有利于提升学生学习积极主动性。
作品技术规范（15分）	结构完整（5分）	具有一定的独立性和完整性，作品必须包含微课视频，还应该包括在微课录制过程中使用到的辅助扩展资料（可选）：微教案、微习题、微课件等。
	技术规范（5分）	微课视频时长符合小学≤5分钟、中学≤8分钟的要求，视频画质清晰、图像稳定、声音清楚（无杂音）、声音与画面同步。
	录制方法得当（5分）	根据教学要求灵活运用各种录制手段，作品整体效果好。

三、工作室的收获

1. 国家、省、市级比赛获奖名单

姓　名	获奖情况
胡敬梅	2017年沈阳市中小学教师教育技术应用大赛评比一等奖 2017年辽宁省中小学信息技术与教学融合优质课大赛三等奖
何丽娜	“方位介词on，in，under”荣获全国微课一等奖
王美婷	2017年沈阳市中小学教师教育技术应用大赛评比中，“作文教学跟我来”一课荣获微课组二等奖 微课“送别组诗”荣获“第三届‘十三五’国家教育规划与教育理论全国教师教科研评比活动”全国微课一等奖
狄　程	“汉字讲堂——春夏秋冬”荣获沈阳市一等奖，辽宁省三等奖
王　丽	2017—2018年度沈阳市小学微课大赛中，微课“ch th 的字母组合发音”获得二等奖
方　姝	2018年沈阳市小学数学微课大赛中，“还剩下多少”一课荣获二等奖
李　丹	2018年沈阳市小学数学微课大赛中，“还剩下多少”一课荣获二等奖
杨　佳	“被动语态”获沈阳市微课大赛二等奖
刘　爽	微课“fruit”获辽宁省教育软件大赛三等奖 沈阳市中小学教师教育技术应用大赛一等奖
张天月	“卫星运行时间”2017—2018年国家微课一等奖 “卫星运行时间”沈阳市小学数学微课大赛一等奖 “数图形的学问”沈阳市中小学教师教育技术应用大赛二等奖
常健康	“奇思妙想”微课在2014年辽宁教育软件大赛中荣获基础教育组一等奖

续表

姓　名	获奖情况
常健康	“奇思妙想”在2014年沈阳中小学教师教育技术应用大赛中荣获信息化教学优质课组一等奖 微课“剪纸”荣获全国微课一等奖
宋　佳	“比一比”荣获沈阳市微课大赛二等奖 “里程表（二）”荣获沈阳市微课大赛一等奖
杨　琳	“十三五”国家教育规划与教育理论组委会和中国教育学会比较教育分会主办的“第三届‘十三五’国家教育规划与教育理论全国教师教科研评比活动”中，“轴对称再认识（一）”课获全国微课一等奖。
方　冰	2018沈阳市小学数学微课大赛中，“快乐的动物（一）”一课被评为二等奖

2. 优秀微课展示

“奇思妙想”

常健康老师，省技术融合骨干教师，他认为：艺术家常常以超越常规的方式进行绘画构思，把生活中看似没有关联的事物巧妙地组合到一起，通过美术绘画技巧表达自己的思想，从而培养学生想象力的发展，让美术充满真正的“乐趣”。

扫码观课：

“五步拳”

李明学老师在2017年东北育才实验学校微课大赛中，“五步拳”一课荣获校区一等奖。本课首先学习了“五步拳”中的掌法、拳法，单一技术分解动作，为学生学习“五步拳”整体动作打下良好基础。学生通过学习“五步拳”了解了中国传统武术的知识，提高了爱国情怀。

扫码观课：

“初识Scratch软件”

李韦老师的参赛作品“初识Scratch软件”在“2017年沈阳市中小学教师教育应用大赛”评比中荣获微课二等奖。

本课由三个主要环节构成，首先介绍了Sratch软件的基础信息，让学生对这个编程软件有一个初步的了解和认知，知道它的界面构成以及主要区域的作用。第二环节通过两个小任务的设置让学生掌握Scratch软件中程序模块搭建的基本方法，学会使用“移动”和“旋转”命令。最后，对前两个任务做了进一步的细化和提升：“如何反复地走?”“如何不停地旋转”，进一步深化“控制”模块中的“重复”命令的使用以及“动作”模块中“碰到边缘就反弹”的综合使用，让学生熟练地使用这几个简单的模块命令搭建动起来的效果。

这个微课旨在帮助学生能够初步创建起编程的思路，选用Sratch软件考虑到它的界面生动，模块化程序设计浅显易懂，通过几个小任务的设置让学生快速有效地完成并体验成功的乐趣，熟练掌握几个基础的命令应用。

扫码观课：

“校园小戏迷”

周明老师的参赛作品京歌“校园小戏迷”在“2017年东北育才实验学校

小学部微课大赛”评比中荣获微课一等奖。

本课首先向学生们介绍京剧四大行当中的“生行”和“旦行”，并介绍其代表人物于魁智、李胜素，欣赏由他们演唱的京剧《座宫》，明确了“生行”指男子，“旦行”指女子。

简介京歌“校园小戏迷”，歌曲共五个乐句，前两个乐句是男生演唱，我们称为“生行”表演；后两个乐句是女生演唱，我们称为“旦行”表演，最后一句为合唱。

最后学唱京歌“校园小戏迷”，教师首先进行按节奏读歌词，最后进行整首歌曲的范唱。

扫码观课：

“汉字讲堂——春夏秋冬”

狄程老师，中学一级教师，国家二级心理咨询师，沈阳市创新型教师，沈阳市研究型教师，沈阳市名师引读教师，东北育才实验学校特色教师。毕业于辽宁师范大学文学院汉语言文学专业，现任东北育才实验学校小学部“雅读工作室”负责人，班主任，语文教师。创编《东北育才实验学校小学部阅读校本化课程纲要》及《阅读》校本教材。

本微课荣获沈阳市一等奖，辽宁省三等奖。本课系小学一年级语文汉字教学拓展系列课程之一，利用现代教育技术手段，尝试将传统的中华文字演变过程以一种新的形势展现、传播出去，让更多的大朋友、小朋友们对汉字的学习产生兴趣，留下深刻的记忆，感受传统文化的魅力。取得了汉字教学从说教—识记—运用，到兴趣—感知—故事—意义的突破。

扫码观课：

“方位介词on，in，under”

何丽娜老师的微课“方位介词on，in，under”于2018年在由“十三五”国家教育规划与教育理论组委会和中国教育学会比较教育分会主办的“第三届‘十三五’国家教育规划与教育理论全国教师教科研评比活动”中，荣获全国微课一等奖。

本课通过图文并茂的方式，生动地为学生展示了三个方位介词on，in，under的具体含义及用法。在进行in的讲解时，首先，呈现了一个书包，然后里面装着书和铅笔，此时通过句型“They are in the bag.”介绍in的含义，这样学生可以非常直观地了解到in的含义。再通过一个简单的小游戏进行in的操练，跟读句子。在学生们熟练了in 的用法之后，呈现一张书桌和一本书，并向学生提问“Is the book in the desk?”来引出on的含义。然后用一个闪图小游戏，操练句型“The ... is on the desk.”帮助学生更好地理解on的用法及含义。类似的方法进行了under 的讲解与操练，这样简单易懂的方法比较容易被学生接受。最后在三个词学会了的前提下给学生播放了一首与三个方位介词相关的歌曲。

何老师通过图文讲解的形式生动形象地让学生在轻松愉快的氛围中掌握了三个方位介词的含义及用法，使同学们更加热爱英语学习了。

扫码观课：

“作文教学跟我来”

王美婷老师，在2017年沈阳市中小学教师教育技术应用大赛评比中，“作文教学跟我来”一课荣获微课组二等奖。

本课突出了微课小而精的特点，没有泛泛地进行作文教学，而是抓住写景类作文的写法特点进行作文指导。

首先，老师以一个生活中的常见问题进行导入，即怎样能写好一处美景呢？接着老师进行了创意支招。妙招一：抓住景物特点。老师列举了两个例子来让孩子识别到底什么方面才叫特点？特点就是区别于他物的地方，是事物独特的与众不同的存在。妙招二：按顺序来写景，并同时抒发内心的真实情感。写景的顺序有很多种，但不管采用哪种，写作文一定要有顺序，这样的文章才是条理清晰的好文章。接着，老师列举了两个运用不同写作顺序的写景文章供学生借鉴。妙招三：要利用比喻、拟人等修辞手法来表现景物特点。所写的景物是美的，那如何把眼中的美转化为笔下的美呢？最简单直接的方法就是运用各种修辞手法来表现这种美，同时也能从你的表达中传递出你对于景物的真实的感情。比如说你心情愉悦时，你可能会说浪花像调皮的孩子，一会儿挠你的小脚丫，一会儿又跟你捉迷藏似的躲回了大海。而当你不高兴时，你可能会说浪花生气了，它使劲地拍打着沙滩，仿佛在警告它一般。可见，言如其心，你的真实感情会直接地呈现在字里行间。

最后，王老师邀请同学们来试着写一处景物的片段，四季各有它的美，你最喜欢哪个季节呢？请用你的笔告诉我们吧！

扫码观课：

“ch th的字母组合发音”

王丽老师，在2017—2018年度沈阳市小学微课大赛中，微课“ch th的字母组合发音”获得二等奖。

本节微课设计源于教材let’s spell 部分，主要目标是帮助学生掌握字母组合ch和th的发音规则，能够熟练朗读带有这两个字母组合的发音的单词，能够根据拼读规则进行单词拼读和拼写，能够读懂带有这些字母组合的绘本故事。可应用于课前热身与晨读训练环节，提升学习兴趣，掌握发音规则，提升拼读能力，为学生后续的单词和英语学习打下良好的基础。

微课通过课前头脑风暴，复习学习过的字母和字母组合的发音，列举学习过的单词，进行回忆再现，激发学生学习的兴趣，提升思维活跃度，并引入当节课的主题。教学过程中通过图片和音频，帮助学生掌握标准而地道的发音，通过单词快慢速度朗读，绕口令和短诗歌进行巩固。最后升华到一个完整的绘本故事。绘本故事通过丰富多彩的图画和引人入胜的故事情节，让学生在情境中使用和感知发音的规则。有利于他们更准确地使用拼读方法，提升语音的准确性。

整节课程，轻松愉悦，层层递进，对于学生们是一个很大的收获。

扫码观课：

四、工作室的设想与规划

当前微课建设中存在诸多问题，概括起来集中表现在两个方面——“微课不微”和“微课不威”。许多教师制作的微课仅有形式和外表，而缺少内涵和思想，在教学和学习中并不能产生多大的价值和作用。所以，在接下来的工作中要解决以上问题。微工作室从自身出发，在互联网+微课的年代，工作室计划如下：

1. 积极参与各级别举办的微课大赛。

2. 小学部举办第三届微课大赛。

3. 微工作室新教师微课培训。使教师掌握微课制作的基本方法，能够熟练地使用相应软件制作出本学科的微课作品，提升教师信息技术能力，促进信息技术与学科整合。

4. 将现有的微课进行目录编辑，打造小学部微课集。在进行微课征集时各老师注意将制作的微课和微课集的目录课区分开。

5. 先以微工作室成员为主，打造选修课精短特色宣传片。

雅读工作室

一、工作室简介

雅读工作室成立于2014年5月，是以“善思乐读，温文尔雅”为主旨，以“阅读”活动为主要载体，致力于激发教师阅读热情，培养学生阅读习惯，营造校园阅读氛围的特色教师工作室。

（一）名称由来

“雅读”一名，取自我国第一部词典《尔雅》：“尔”为“近”，“雅”为“正”。不断养正品性，修正行为，使其不断接近优秀，这是对“雅读”最好的解释，也是雅读工作室所有成员努力的目标。希望全校师生建立高雅的阅读兴趣，提升“腹有诗书气自华”的精神气质。

雅读工作室致力于三“雅”：

①阅读的行为本身优雅。当拿起一本书的时候，师生就拥有了不俗的生活品位。

②阅读的内容高雅。雅读工作室去粗取精，用心甄选，为师生推荐优质书籍。

③阅读的目的在于提升师生的儒雅气质。通过阅读浸润学生的心灵。

“观雅言，读雅文，做雅士”是雅读工作室的终极目标。

（二）Logo含义

雅读工作室的Logo中间是一朵小花，这朵小花十分特别。它的绿叶是一篇展开的书页，由这书页中开出的一朵红色小花，象征着“开卷有益，书香四溢”。同时这书页也像一双展开的翅膀，红色小花像一顶王冠，象征着“以书为翅膀，追逐精彩人生”。Logo四周的环形以绿色为底，象征着书籍带给人的“希望”，这是生命的希望、生活的希望、未来的希望，书籍将永远是人们心中那一抹绿色的芳草地，供人休憩。“分享阅读·分享爱”则是雅读工作室的核心宗旨，以书为媒，传递时尚又健康的读书理念，分享有趣又有意义的读书心得。

雅读Logo

（三）主要职能

雅读工作室下设教师雅读书斋、学生雅读书屋，并形成了“1间雅读书斋、1个雅读书屋、60个班级读书角”覆盖全校的校内读书网络，同时引进辽宁省图书馆的流动图书车，建立沈阳市图书馆校园流动站，与意林杂志社合作开展图书漂流，引进了校外的阅读资源。教师雅读书斋以“书香备课组”“读书沙龙”“晒书大赛”等活动助推阅读型教师的成长；学生雅读书屋以“雅读陪你过节日”“雅读跟你说晚安”“寻找最美朗读者”等活动助推阅读小少年的成长；在家长群体中，以“阅读助力成长·家校直通车”“读懂沈阳”“真人图书馆”等亲子读书活动，传播家庭阅读的理念。

“最好的大学是图书馆，最好的教育是教会学生阅读，喜欢阅读的孩子会有更好的前途。”带着这样的思考，雅读工作室以“激发学生生命潜能，提升学生核心素养”为目标，围绕“善思乐读、温文尔雅”这一理念，在学校范围内全面开展阅读活动。

1. 创设教师读书氛围，以读书促进教师思考，提升教师教育能力

小学部提倡在教师中开展阅读，在广泛的阅读中提升自己，将阅读感受变成人生感悟，把人生感悟变成教育思考，以更好地服务学生，服务教学。“雅读系列”书香校园建设活动开展几年来，教师们的的确确受益很多，大量的阅读并没有挤占工作时间，老师通过阅读觉得能够从书本中获取经验，工作起来更加得心应手。通过阅读，改变人生；通过阅读，净化心灵。与书为友，童心永存；与书为伴，收获满满。每个学期，教师们都在雅读工作室的引导下，开展读书沙龙，交流阅读感受；撰写读后感，记录阅读感悟；交换书籍阅读，扩大阅读数量……教师们不断地将自己塑造成阅读中的点灯人，点亮自己，点亮学生。

2. 开展学生读书活动，以读书助力学生成长，丰富学生的心灵

作为住宿制学校，学生大部分时间都生活、学习在校园中，雅读工作室将开展多彩的主题阅读活动作为活跃校园人文生活、浓厚书香文化的主要渠道。通过盘活校园的人力资源与社会环境资源，上下一盘棋，为每个学生搭建了读书的平台，将每项活动落实到位。在日常教学中，认真组织、落实晨诵、午读、阅读课、诗文兴趣小组活动，拓宽和保证了学生阅读时间。开设阅读、诵读校本课。小学部以“阅读”教学为切入点，从全校到班级，从小组到个人，层层推进读书活动，让学生时时浸染在“书香”中。各班每周1节阅读课进课表，由专人任教。开设速读速记选修课，教师有计划、有目的地进行课外阅读指导，讲授阅读技巧，带领学生潜心阅读经典美文，领略中外名著，吟咏古今诗文，在大量的阅读实践中培养学生良好的阅读习惯。在图书室中，中高年级的同学为低年级的小同学读书、讲故事，以书会友，分享交流，引领阅读风尚。

3. 传递家庭读书理念，以读书加强亲子沟通，提高家庭教育质量

孩子的成长，离不开亲情的陪伴。在亲子阅读方面，小学部相信亲情会在阅读中涌动。雅读工作室开展了“分享阅读·分享爱”的家长开放日活动，将学校在阅读方面做出的努力与家长做以全面交流，让家长了解学校，并把亲子阅读的理念传递给家长，指导家庭阅读。同时，邀请家长朋友参与“雅读听书”“你有一封信”“今后你要走的路”亲子交流活动，为家长和孩子之间提供了交流的平台。在我校《知行》校报中，雅读工作室还开辟了亲子阅读指导版块，将阅读延伸到家庭。

雅读工作室始终以“分享阅读·分享爱”为目标，努力使读书成为一种风气，使读书成为一种生活状态，使读书融入全校师生的工作、学习中去。“美好的一天从阅读开始”，现在，小学部师生已经习惯从阅读中拓展视野，丰富内涵。小学部的校园变成了一个天然的图书馆。

（四）成员介绍

雅读工作室教师

1. 工作室主持人：狄程

狄程，中学一级教师，国家二级心理咨询师。荣获“沈阳市骨干班主任”“沈阳市创新型教师”“沈阳市研究型教师”“东北育才实验学校特色教师”等称号。

狄程老师酷爱读书，钻研阅读教学，特色突出，参与了《东北育才实验学校小学部阅读校本化课程纲要》及《阅读》教材的创编。她录制的微课“汉字讲堂——春夏秋冬”获得沈阳市一等奖，辽宁省三等奖；设计的课程“读懂沈阳——阅读行走课程”荣获“沈阳市校本课程优秀课评比一等奖”；先后参与省、市课题各一项，主持沈阳市小课题“用阅读对学生进行心理建设的策略研究”顺利结题；所撰写的《在国学经典阅读中渗透德育方法初探》论文荣获沈阳市一等奖；所执教的阅读课“阁楼上的光”被评为“东北育才实验学校小学部新教师汇报课一等奖”。指导学生参与省市征文比赛多次获奖，个人荣获“优秀指导教师奖”。

在教育教学的道路上，她始终以“做有书卷气的教师，育有书生气的学生”为信念，也希望更多的同学、家长朋友们将“阅读”作为一种生活方式，共同体会读书的快乐，拥有一个精神自由的人生。

2. 工作室成员

董晓娇　高　南　付　睿　刘　岩　滕　骏　赵丽丽

二、工作室的理论思考与工作开展

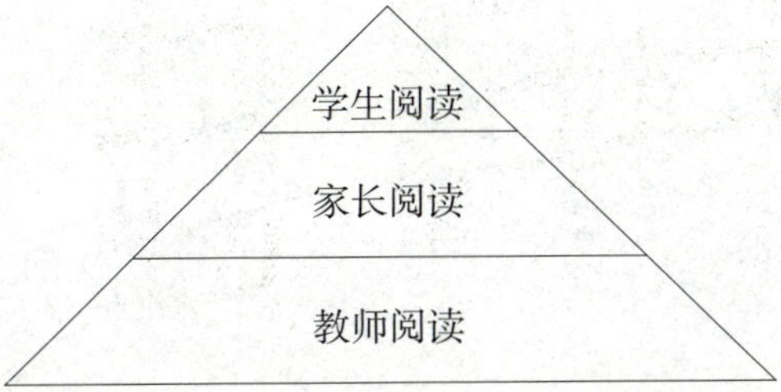

雅读工作室努力围绕“阅读金字塔”工作图谱开展工作。以“教师阅读”为塔底，树立教师以阅读育人的教育理念；以“家长阅读”为塔身，传播家庭阅读理念，让学校阅读与家庭阅读相结合共同承托起学生阅读；以“学生阅读”为塔尖，用阅读教育培育学生。三级层层递进，最终培养出终身读书人。

（一）教师读书方面工作的思考与实践

习近平主席在2018年新年贺词中这样说：“必须不驰于空想，不骛于虚声，一步一个脚印，踏踏实实干好工作。”雅读工作室正是朝这个方向去努力，不断推进教师的读书工作。他们以“给老师提供最好的精神自助餐”为目标，众人齐心，在探索中找思路，在转变中求创新，力求让阅读的种子播撒速度更快，覆盖面积更广。

1. 创设清幽的读书环境——布置教师雅读书斋

雅读工作室努力为各位教师营造积极阅读的氛围，为教师建立了“雅读书斋”活动室，让教师们享受自由的阅读时光。

那里书籍丰富，每位教师推荐一本优秀书籍，并在扉页上写下推荐理由。那里环境优雅，窗外绿树，室内书香，成为教师们的精神加油站。教师既能在雅读书斋自由阅读，充实自己；又能放松身心，蓄势而发。

雅读书斋

“独学而无友，

则孤陋而寡闻”，为促进老师们多读书，在雅读书斋中设立了一个“图书漂流角”。漂流角图书可带走阅读，在每本图书的底部都附有一份《读书漂流卡》，教师可以在此留下自己的阅读记录，大家以书会友，将来的某一天再有人翻起此书时，两个读者也许会在不同的时空有相同的共鸣，为生活增添一份诗意。

读书推荐

2. **提供教师交流的机会——开展教师读书沙龙**

为了减少教师们挑选图书的时间，减轻教师阅读压力，提升教师阅读效率，雅读工作室定期开展教师阅读活动，举行教师读书沙龙，从而使教师在工作中充满源头活水。

为了让老师们在假期中“充电”，好好读书，学校为每位老师精挑细选出《特别的女孩萨哈拉》这本书布置给每位老师进行阅读并在开学初上交读后感。教师们的读后感都非常精彩，雅读俱乐部优中选优，选出多名经验丰富的老师在班主任会上进行交流。

教师读书交流

类似的教师读书沙龙还有很多，这种读书交流活动不仅让老师们互相交流经验，更是让老师们在繁忙的工作之余慢下来好好思考。

附

教师读后感

《给教师的100条建议》读后感

杨大平

以前读教育学的著作时，总是有这样的一种感觉：书中的理论知识很完美，可是对于实际教学中出现的问题，总是没有操作性强的指导建议。觉得内容很枯燥，很乏味，没有意思。可是当我有幸读了苏霍姆林斯基的《给教师的100条建议》后，完全改变了我以前对教育著作的认识，觉得它们不再枯燥、不再乏味了。在书中，作者用真实生动的案例来告诉我们一条条对我们教学来说具有指导性的建议，可以帮助我们解决在教学中遇到的很多问题。在书中，作者就像是在讲故事一样娓娓道来，让我们每一个教育者的内心受到了震撼，引起了我们强烈的共鸣。

其中的一条是作者对我们的教导，“没有也不可能有抽象的学生”。读过后的第一反应就是作为教育者我们要在各个方面公平地对待每一个孩子。可是在我细细地品读之后，觉得作者是要告诉我们每一个孩子都是独立的个体，每一个孩子都是与众不同的，每一个孩子都会有自己的性格，孩子们是有差异的。相信在工作中我们都曾经有过这样的感叹：“同一个老师教的，同一个教室里坐着，学习的成绩却是天地之差”“同样的一节课，有的学生掌握的相当完美，而有的学生什么也不会”，其实原因很简单，就是学生差异性的表现。而作者为了让我们更好地理解这种差异，更是用了儿童提水这样一个形象的比喻来说明。因为我们都知道儿童的身高、体重、力气等都不一样，还有性别的不同，肯定是提水的结果就不同了。如果非要让体弱瘦小的人和身强力壮的人提水一样多不可，那可能就会适得其反，导致体弱瘦小的人会元气大伤，到第二天就什么也干不了了。因为差异性的存在，学习出现不同的结果也就不难理解了。

面对着这样的差异，我们在教学中就不能再“一视同仁”了。我们要站在学生的角度，去思考他们有什么样的理解力、接受力，根据学生不同层次的需求，对授课的内容可以做适当的调整，尽可能地做到学困生有点收获，中等生收获多点，优等生全部收获。针对不同层次的学生布置不同的作业，让学困生敢做，中等生会做，优等生够做。让不同的学生体验到学习原来是件简单的事，他们就会爱上学习。

我们还要善于发现每个学生的兴趣爱好。如果一个人对一件事情很感兴趣，他们就会努力地想把这件事情做好。我们教师的任务就是想办法将学习和他们的兴趣联系起来，去激发他们学习的潜能，调动他们学习的积极性，让他们体验到大千世界，乐趣无处不在。

我们还要发现学生的闪光之处，及时地进行鼓励。作为平凡的人，我们都有这样那样的优点，也有这样那样的不足，就是所谓的“人无完人”。对于教育工作者来说，我们对每一个学生都应该有一个客观公正的评价，尤其是对于学困生来说更是要善于发现他们的闪光之处，及时鼓励，让他们利用自己的长处来为集体服务，让他们感觉到他们也是很重要的，并非一无是处，老师和集体还是非常重视自己的。当这些学生从内心感受到被老师和集体信任时，他们的信心就会重建起来，学习的激情也会燃烧起来，相信不久以后，他们的成绩会有很大的提升。

以上只是对书中一条建议的有感而发，是涵盖不了整本书博大精深的内容的。书中的每一条建议都是用简单的语言道出了教育的智慧，都值得我们认真地研读、思考与反思。我们要争取把这些理论运用到教学实践中去，引领我们在教学的道路上不断地前行，不断地提升自己，超越自己。

3. 养成教师读书的习惯——开展假期“晒书”活动

由最初的规定书目让老师阅读，到后期的不再规定阅读书目，根据教师的个人意愿自由选择，老师们已经在不知不觉中养成了读书的习惯。每当在工作中遇到棘手的问题，每当在教学中遇到瓶颈时，老师们都会下意识地到书中去寻找答案，寻找解决办法。

在假期中，老师们也会把自己阅读的书籍拍照，附上独特的阅读感悟，“share”到自己的微信朋友圈，虽是三言两语却也意味甚浓，以书会友，分享心得，小学部的教师们在朋友圈掀起了一股“晒书热”。

经过假期的晒书，老师们在交流之中获得了更多的阅读感受，在小学部形成一股浓厚的阅读氛围，指引教师们“阅”来“阅”好！

附

教师“晒”书语录

1. 尊重个体差异，相信每个孩子都有与众不同的一面，做教师就是要用慧眼发现每个孩子身上的闪光点，“八岁”教师的我，一直在路上！

——王丽娜读《做不抱怨的教师》

2. 也许，在教育里，我们都应该做一个“超人”。当我们给学生黑暗的时候，他就成了小怪兽；但是，当我们给他们光明的时候，他们却很有可能成为奥特曼。

——狄程读《第56号教室的奇迹》

3. 读罢这本书，让我们沉思的东西太多，大音希声，大象无形，教育就是一种潜移默化的改变，洗去浮躁，除掉激进，文火慢炖，味道自然就进去了。

——刘岩读《特别的女生撒哈拉》

4. 教师把自己放在教育中，就可以把学生从困境中解救出来；教师如果畏首畏尾游离在外，那学生最后也只能困顿在苦境里，终身没有完全释放自己的潜能。

——陆滢读《教师人文读本》

5. 我们应该过一种删繁就简的教育生活；继而让自己的思想心灵进行断舍离的净化，形成一种外简内明的内在智慧；从而达到一种大道至简，少即是多的教育境界。

——方姝读《教师人文读本》

三、学生读书方面的思考与实践

（一）丰富学生的读书资源——与省图、市图开展合作

雅读工作室为了丰富学生的读书资源，特与辽宁省图书馆和沈阳市图书馆开展合作，让“图书馆走进校园”，真正贴近学生的生活。

2014年5月14日下午，沈阳市图书馆相关领导莅临小学部，并将我校设为“沈阳市图书馆基层流动站”向小学部捐献200本图书。

沈阳市图书馆在我校成立图书流动站

2015年4月15日下午，一辆特殊的大

同学们有秩序地进入图书车

巴车缓缓驶入小学部的操场。这辆大巴车装载的是一群特殊的“乘客”——重达6吨的书籍，它就是辽宁省图书馆的流动图书车。

图书车内置两大排书架，摆放着千余本书籍，从儿童读物到历史文学，从科学技术到古典名著等，种类繁多。同时，图书车内还配有折叠桌椅，读者可以放松阅读，也可以随时抄写笔记。图书车在校园内停留期间，不断有师生上车阅读。学生置身其中，仿佛与书本开启了一次美好的阅读之旅。一名6年级的学生表示：“真希望图书车天天来。”

（二）成立学生读书社团——开展主题阅读活动

学生阅读《意林》

雅读工作室的教师们带领一批乐读善读的学生组成了“雅读书屋俱乐部”。2014年10月，“雅读书屋”举行成立仪式。师生代表以新颖的对话形式，分别分享了低、中、高年级学生因阅读获得的收获，号召全体学生加入到“雅读书屋”中。在启动仪式上，由校领导为各年级学生代表赠送《意林》杂志。由此开始全校以年级为单位的“读书漂流活动”。通过书本的传递，让学生懂得珍惜图书，分享图书。

雅读书屋成立之后，陆续开展一系列主题阅读活动。

1. 我在雅读等你来——雅读书屋见面会暨书籍的来历交流会

2015年12月第一周的周三，每个班级推荐的3名读书明星汇聚雅读书屋。孩子们在心形卡片上签下自己的名字，作为会员标记。同时，狄程老师在会上向学生们介绍了书籍的来历和演变，并就书籍的构造向学生进行详细的描述。同时，细心讲解图书馆、阅览室的功能，并教导学生进入阅读场所的注意事项。学生们了解了关于书籍的历史，明白了书的构成，见识了世界上著名的图书馆，牢记了阅读的文明秩序。

2. 自记书签红间白——雅读书屋书签制作体验会

2015年12月第二周的周三，由付睿老师就书签相关知识与雅读成员做亲密共享。付睿老师讲解了书签的来源和演变，修正学生如何正确使用书签。现场的成员都带来了自己认为最有特色的书签，同学们相互分享，见识了不同的书签种类，对书签产生了兴趣。最后，付睿老师向同学们展示了自己制作的精美布艺书签，号召学生利用身边的废弃物自制书签，如雪糕棍、曲别针等。

3. 雅读陪你过圣诞——雅读书屋读书会

2015年12月第三周，恰逢圣诞节。针对这一主题，滕骏和刘岩两位老师分别召开两场圣诞主题的读书会。滕骏老师带领1—3年级学生，刘岩老师带领4—6年级学生。会上，师生共读了《圣诞的礼物》《圣诞老人的王国》等几本书籍，为学生的阅读生活推荐丰富书籍，也为孩子们的圣诞节增添几抹温馨。刘岩老师还创意进行抽奖环节，几名幸运的同学获得了属于他们的圣诞礼物。

4. 世界那么大，雅读带你去看看——雅读书屋读书会

狄程老师指导学生阅读

2016年5月6日中午，雅读书屋的全体成员围坐在图书阅览室，听老师讲世界其他国家的故事，在书中探寻大千世界。

读书会上，狄程老师为成员们读了《世界的一天》。学生们通过聆听，感知了一天当中生活在不同时区的人们的生活有何不同，开阔了眼界。

读完书后，学生们在阅览室里自由寻找关于其他国家的书籍，学生们睁大眼睛，用心发现，找到了便三五成群一起津津有味地阅读起来。读后，成员们把自己的阅读感受记录在《阅读存折》上，作为自己的读书档案。

5. 雅读陪你过端午——雅读书屋读书会

2016年6月18日中午，雅读书屋举行“娃娃闹端午”故事会。雅读工作室狄程和刘岩两位老师带领学生一起阅读了绘本《五彩石》，走进了“五彩绳”的历史，了解了当时人们祈求健康的美好心愿。会上，老师们为成员们准备了漂亮的五彩绳作为礼物，更是祝福孩子们健健康康。

狄程老师带领学生开展主题阅读

（三）拓展学生读书途径

1. 看：编制学生《阅读心灵成长地图》

为了给学生提供更加适合他们身心特点的书籍，雅读工作室的教师们编制出了适合小学部学生读书心理需求的《阅读心灵成长地图》。

附

东北育才实验学校小学部《阅读心灵成长地图》

低年级——习惯养成类

一年：

1.《小魔怪要上学》（法）玛丽·阿涅丝·高德哈 文；（法）大卫·派金

斯 图；李英华 译 / 湖北美术出版社

2.《我绝对绝对不吃番茄》（英）罗伦·乔尔德 编绘；冯臻 译 / 接力出版社

3.《生气的亚瑟》（英）奥拉姆 著；（日）北村悟 绘 / Random House US

4.《不要随便亲我》（美）克雷文 著；（美）柏斯玛 绘；刘敏 译 / 青岛出版社

5.《我有友情要出租》方素珍 著；郝洛玟 绘 / 新疆青少年出版社

6.《石头汤》（美）琼·穆特 著；阿甲 译 / 南海出版社

7.《蚯蚓的日记》（美）克罗宁 著；（美）布里斯 绘；陈宏淑 译 / 明天出版社

8.《大脚丫跳芭蕾》（美）埃米·扬；柯倩华 译 / 河北教育出版社

9.《爱心树》（美）希尔弗斯坦 编绘；傅惟慈 译 / 南海出版社

10.《我讨厌书》（加）玛秋莎·帕基 文；（加）琳妮·弗兰森 图；萧晶 译 / 上海人民美术出版社

二年：

1.《蝴蝶·豌豆花》冰心、叶圣陶、金波 著；王晓明、蔡皋、周翔 绘 / 河北教育出版社

2.《神奇校车》（美）乔安娜·柯尔 著 / 贵州人民出版社

3.《尼古拉的三个问题》（美）琼·穆特 著；邢培健 译 / 新星出版社

4.《小猪唏哩呼噜》孙幼军 / 春风文艺出版社

5.《不一样的卡梅拉》（法）约里波瓦 著；（法）艾利施 绘/21世纪出版社

6.《没头脑和不高兴》任溶溶 著 / 浙江少年儿童出版社

7.《小巴掌童话》张秋生 著 /中国少年儿童出版社

8.《云朵面包》（韩）白嬉娜 著；（韩）金向寿 摄；明书 译 / 接力出版社

9.《了不起的狐狸爸爸》（英）达尔 著；代维 译 / 明天出版社

10.《小狐狸买手套》（日）新美南吉 文；（日）黑井健 图；彭懿、周龙梅 译 / 南海出版社

中年级——情智开发类

三年：

1.《我和小姐姐克拉拉》（德）茵可夫 著；陈俊 译 / 21世纪出版社

2.《豆蔻镇的居民和强盗》（挪威）托比扬·埃格纳 著；叶君健 译 / 湖南少年儿童出版社

3.《魔法师的帽子》（芬兰）托芙·扬松 著；任溶溶 译 / 明天出版社

4.《昆虫记》（法）法布尔 / 中国少年儿童出版社

5.《晴天有时下猪》（日）矢玉四郎 著 / 21世纪出版社

6.《小飞侠彼得·潘》（英）巴里·麦考琳 著 / 少年儿童出版社

7.《查理和巧克力工厂》（英）罗尔德·达尔 / 明天出版社

8.《当世界还不存在的时候》（德）于尔克·舒比格 / 四川少年儿童出版社

9.《爱德华的奇妙之旅》（美）迪卡米洛 著；（美）伊巴图林 绘；王昕若 译 / 新蕾出版社

四年：

1.《夏洛的网》（美）E·B·怀特 / 上海译文出版社

2.《奇妙国》（日）安野光雅 文·图；猿渡静子 译 / 新星出版社

3.《爱丽丝漫游奇境》（英）卡洛尔 著 / 长春出版社

4.《绿野仙踪》（美）莱曼·弗·鲍姆 著；马爱农 译 / 中国少年儿童出版社

5.《当世界年纪还小的时候》（瑞士）舒比格 著；（德）鲍尔 绘；黄华丹 译 / 浙江文艺出版社

6.《随风而来的玛丽阿姨》（英）帕·林·特拉芙斯 著；任溶溶 译 / 明天出版社

7.《洋葱头历险记》（意）贾尼·罗大里 著；任溶溶 译 / 中国少年儿童出版社

8.《窗边的小豆豆》（日）黑柳彻子 著；（日）岩崎千弘 图 / 南海出版社

高年级——生涯指导类

五年：

1.《浪漫鼠德佩罗》（米）迪卡米洛 著；蒂莫西·埃林 图 / 新蕾出版

2.《海底两万里》（法）儒勒·凡尔纳 著 / 译林出版社

3.《绿山墙的安妮》（加）露西·蒙哥玛 著；马爱农 译 / 人民文学出版社

4.《蓝鲸的眼睛》冰波 / 中国福利出版社

5.《哈利·波特》（英）J.K. 罗琳 著 / 人民文学出版社

6.《我的妈妈是精灵》陈丹燕　著 / 福建少年儿童出版社

7.《小王子》（法）安东尼·德·圣艾克修佩利 著；程玮 译 / 广西师范大学出版社

8.《羽毛男孩》（英）妮奇·辛娜 著；穆卓芸 译 / 新蕾出版社

六年：

1.《失落的一角》（美）谢尔·希尔弗斯坦 文·图；陈明俊 译 / 南海出版社

2.《一片叶子落下来》（美）利奥·巴斯卡利亚 著；任溶溶 译 / 南海出版社

3.《活了一百万次的猫》（日）佐野洋子 文·图；唐亚明 译 / 接力出版社

4.《威利的奇遇》（英）安东尼·布朗 文·图 / 北京联合出版公司

5.《神奇飞书》（美）威廉·乔伊斯 文；（美）威廉·乔伊斯、乔·布鲁姆 图；王林 译 / 晨光出版社

6.《世界为谁存在》（英）汤姆·波尔 文；（澳）罗伯·英潘 图；刘清彦 译 / 湖北少年儿童出版社

7.《铁丝网上的小花》（意）格莱兹、（意）英诺森提 著；（意）英诺森提 绘；代维 译 / 明天出版社

8.《海狸的记号》（美）斯皮尔 著；徐匡 译 / 河北教育出版社

2. 听：开通“雅读听书”校园广播

2016年3月18日中午，由雅读工作室承办的校园广播——雅读听书正式和全校师生见面了，它开启了东北育才实验学校小学部师生的听书之旅。由付睿老师为大家主持校园广播，伴随着优美的音乐声，付老师为学生们带来了一个精彩的小故事《会魔法的小银蛇》，那美妙的声音让同学们听得如痴如醉，都沉浸在神奇的童话故事里。之后，雅读听书每周都如约用声音叫醒全校师生的耳朵。“雅读听书”广播邀请的读

付睿老师通过广播为学生读书

书主播有老师、有学生、有家长，播读的内容有知识、有趣味、有温情。针对学校寄宿制这一特点，在学生每晚睡前，还增设“故事向你说晚安”广播，播放《最美最美的中国童话》，让学生们在与母语的亲近中养成睡前阅读习惯。

3. 说：寻找最美朗读者

雅读工作室的教师们在全校范围内寻找最美朗读者。学生们选择自己最喜欢的一篇文章或一首诗歌，通过录音或视频的形式保存下来。他们有的自己录，有的跟爸爸妈妈一起录，有的跟小伙伴一起录，把自己与阅读的美好时光记录下来。更有班级把每个孩子的声音刻录成光盘，把这一段美好记忆留存下来。

4. 绘：进行图书海报展

雅读工作室号召每个学生将自己喜欢的图书制作成图书海报分享给更多的人，为此，小学部举行了盛大的图书海报展览。这些作品凝结了每一个班级每一个孩子对图书的热爱和对理想世界的追求。

学生手绘图书海报
《小魔鬼要上学》

学生手绘图书海报
《大脚丫跳芭蕾》

学生手绘图书海报
《不要随便亲我》

学生手绘图书海报
《我有友情要出租》

学生手绘图书海报
《窗边的小豆豆》

学生手绘图书海报
《小王子》

5. 写：积累“阅读存折”

“阅读存折”是一个很有魔力的东西，它把学生的阅读足迹记录下来。学生们每读一本书，就在存折上记录下来，好像阅读会储存、会记忆、会量化。久而久之，学生们会形成习惯，会对阅读“上瘾”，因为，他们想要丰富自己的“阅读存折”，想让自己的阅读世界有更多的内容。

雅读工作室定制的“阅读存折”以绿色为主体颜色，既与育才整体风格吻合，又象征阅读带给人的希望与生机；“阅读存折”将读书感悟与读书摘记作为重要的阅读数量累计依据，采取三级进阶模式：第一阶段：阅读5本即可完成“我是小书虫”阅读任务并获得相应奖励；第二阶段：阅读10本即可完成“我是小书迷”阅读任务并获得相应奖励；第三阶段：阅读20本即可完成“我是小书王”阅读任务并获得相

阅读存折

应奖励。在得到“阅读小书王”称号之后，学生还可以参与学校“诗词大会”和“读书知识竞赛”的比拼中，表现优异的学生便可获封“诗书好少年”与“最美读书少年”的荣誉称号。

小学部现在每个班级都有《阅读存折》，学生们会时常翻阅，回忆自己读书时的心得体会，会三五个好朋友一起交流对一本书的看法。“阅读存折”的填写将“不动笔墨不读书”的好习惯延续了下来，既让每名学生在记录的同时掌握了读书的方法，又为学生的文学积累留下一笔财富。

6. 竞：读书知识竞赛

2018年11月28日下午，雅读工作室主办的首届“最美读书少年”颁奖典礼暨读书知识竞赛活动如期举行。师生们首先观看了雅读工作室自制的微视频《神奇飞书》。随后，校领导为全校59名“最美读书少年”颁奖，这些同学平时与书为友，是同学中的读书榜样，其中三名获奖同学还现场分享了自己与书的故事。本次竞赛共六组参赛队，每队由一名导师和四名分别来自

读书知识竞赛颁奖

一、二、三、四四个年级的学生组成。每个组队都以视频的形式向大家展示响亮的队名和口号。竞赛分必答题、抢答题、风险题三个环节。参赛选手在比赛中竞争，也在比赛中学习。胡敬梅和杨大平老师分别就《窗边的小豆豆》和《呼兰河传》与同学们做了解读与分享，讲述了作品背后的故事。各队选手凭借丰厚的读书底蕴，充分发挥团队的实力，展示读书的成果。

（四）打造阅读特色班级

为让所有的学生都能够享受充分阅读的乐趣，雅读工作室开展寻找书香班级活动。每个班级在学期初确立一本班级共读图书，并以此书为核心开展一系列读书活动，如布置班级图书角、制作图书推荐海报、开展主题阅读午检、记录“读书摘记卡”等。期末以各项活动内容积分形式评选出书香班级，并授予“萤火虫”书香班级称号，以点点阅读之光点亮学生成长之路。

班级开展读书主题活动

1. 开展阅读主题午检

各个班级在确立共读图书之后，便开展主题午检。他们要用一本书引领班级精神文化，用一幅读书海报展现学生创造能力，用一次读书分享会培养交流表达能力。

2. 编辑读书日记

各个班级积极响应制作读书日记的号召，有的绘制手工读书卡，记录下最真的阅读感受；有的拍下读书时的照片，记录下最美的阅读姿态；有的罗列出思维导图，整理出最优的阅读思路。班级读书活动带来了良好的效果：阅读不再只是老师一味地要求孩子去读，很多老师也写下自己的阅读心得和学生们共享。阅读不再是几个爱表达孩子的专利，每个孩子的阅读感受都被一字不落地记录在日记中，都有了表达的机会。阅读行为不再停留在书籍的最后一页，在学生们制作的海报中，他们在不断的回味中有了二次创作，这一次的创作是属于他们自己的。

三、家庭读书方面工作的思考和实践

（一）指导家庭阅读方法——“分享阅读·分享爱”家校直通车

1. 第一届“分享阅读·分享爱”家校直通车

2015年11月20日下午，小学部2013级学生家长在国际报告厅召开了以“分享阅读·分享爱”为主题的家长开放日活动。张昆老师与学生家长们分享亲子阅读的经验，她建议家长们要及早开展亲子阅读，并将亲子阅读长期坚持下来，学会在亲子阅读中分享快乐，分享爱。

附

张昆老师发言

朗诵经典，把中华传统文化的瑰宝记在脑海中，是阅读的一个重要的组成部分，另一个重要的组成部分就是亲子阅读。儿童的阅读不仅在学校，更要在家庭，犹太人被称为最智慧的民族，犹太人会把书抹上蜂蜜让孩子去舔，让他们知道阅读是甜的。有一句话送给大家：“你有一箱一箱的珠宝，但是，你永远也不会比我富有，因为我有一个读书给我听的妈妈。”亲子阅读是培养孩子阅读兴趣的一个重要的途径，也是沟通亲子关系的一个很好的方法。我希望大家能够继续在家庭里带领孩子沐浴书香。

美国心理学家埃尔凯经过长期研究认为，早期的阅读训练对阅读能力的培养具有举足轻重的作用，也就是说，一个人阅读能力的强弱，与其儿童时代所受到的阅读训练密切相关。为了儿童健康、聪明地成长，家长们应充分重视儿童的阅读训练。

亲子阅读要尽早开始，不要犹豫拖沓。亲子阅读要耐心坚持，不要轻易放弃。

亲子阅读5大招：第1招：为孩子朗读：声情并茂。第2招：你能问，我必答。第3招：享受爸爸的声音。第4招：书香满家园（家里的书随处可见，随手可拿）。第5招：走到哪读到哪（旅行时背包里装的是书）。

当然，有的孩子不读课外书，成绩也一直很好，但是拥有好成绩远远不够，好成绩不足以让一个孩子优秀，也不足以让一个人很健康，我们都希望自己的孩子能向着明亮的方向飞翔，所以希望在座的各位家长，要珍视这样一种来自文学和阅读的力量，重视读书，重视亲子阅读。

2. 第二届“分享阅读·分享爱”家校直通车

2016年12月16日，由雅读俱乐部和三年组共同承办了以“雅读有约，助力成长”为主题的家校直通车活动。祁敏霞老师做了《最好的教育，是父母永不放弃自我成长》的主题发言。

“家校直通车”活动上，家长和孩子共同表演

附

祁敏霞老师发言稿

尊敬的各位家长朋友们，大家上午好！

真诚欢迎各位作为一名家长，同时也是一位教育者，和我们相聚在此，共同分享教育经验和成果。相信在座非常多的家长朋友都是博学、善思、热爱读书的各领域的佼佼者，站在这里分享一些拙见，望与您共勉，愿我们从读书中思考，共同修行，努力胜任“教育者”这一神圣的身份。

大家都认同：阅读是将人类浓缩几千年的科技、文化快速习得的最佳方式。从这个意义上也可以说，家长能够从读书中最直接、最简洁地汲取教育大师和教育者们的教育思想和方法的精华，走在教育的前沿，而不是盲目崇拜某些看似归还孩子“自由天性”实则“杀人于无形”的愚昧教育观。举个例子：作家龙应台在《亲爱的安德烈》一书中这样写道：孩子，我要求你读书用功，不是因为我要你跟别人比成绩，而是因为，我希望你将来会拥有选择的权利，选择有意义、有时间的工作，而不是被迫谋生。当你的工作在你心中有意义，你就有成就感。当你的工作给你时间，不剥夺你的生活，你就有尊严。成就感和尊严，给你快乐。如果您读过这本书、这句话，在教育孩子时也许会少了一份焦躁和盲目，多了一份理性与平和。

有位妈妈感慨：我现在才理解“孩子是天使”这句话，如果不是养育他遇到困难，我不会去探索，不会深刻反思自己的成长历程和思维模式。现在，我的生命在走向开阔，这是孩子带来的改变。

一个积极努力自我成长和修炼的家长，是孩子人生的好导师，是真正的人生赢家！作为老师，我们更要全力以赴自我修行，为孩子的成长保驾护航！

3. 第三届“分享阅读·分享爱”家校直通车

2017年11月24日，小学部三年组承办以“分享阅读·分享爱”为主题的家校直通车活动。

附

王美婷老师发言

各位家长朋友们，大家好，很高兴我们相聚于此，能共同来探讨关于读书的话题，今天，我想交流的主题是“用阅读补足孩子后天的成长基因”。

学校的阅读却并不是唯一，学校与家庭形成合力，焕发阅读的大能量，才能更好地助力孩子的成长。

开展亲子阅读有哪些好处呢？阅读，是解决学习困难的法宝。著名教育家苏霍姆林斯基曾经说过：“让孩子变聪明的方法，不是补课，不是增加作业量，而是阅读、阅读、再阅读。”阅读，是认知世界的望远镜。阅读，是“喂”给孩子的另一份爱。阅读，是最浪漫的教养。阅读培养的是童心，培养的是人格。要想给孩子的童年涂上幸福、向上、向善、向美的底色，最好的路径就是让孩子喜欢读书，热爱读书。家长首先做个“读书人”，在家里设立一个图书角，和孩子一起阅读并讨论。

关于选书的几点建议：要符合孩子的年龄；尊重孩子的兴趣；把握童书品质；兼顾各种品类。希望我们一起为孩子打牢阅读根基，引领阅读品位，培养“腹有诗书”、气质高雅的少年。

4. 第四届“分享阅读·分享爱”家校直通车

2018年12月12日小学部2016级学生家长在国际报告厅参与了以“分享阅读·分享爱”为主题的家长开放日活动。

附

胡敬梅老师发言

一、读书可帮助我们壮大经验并创造经验

天下事，多到不计其数，人不可件件亲自实践。人这一辈子，无论怎样辛劳、勤勉，实际上只能在极小的范围内经验生活，经验人生。个人之经验，九牛一毛、沧海一粟。由于如此，人认知世界，十有八九是盲人摸象，很难有对世界的完整把握。由于如此，人匆匆一生，对生活、对人生的理解也就一片苍白，乃至空洞；人对活着的享受，也就微乎其微，生命看似蓬勃，但实际上只是虚晃一世。鉴于如此之悲剧，人发明了文字，进而用文字写书。书呈现了不同时期的不同经验。一个识字人，只需坐在家中，或案前，或榻上，或瓜棚豆架之下，便可走出可怜的生活圈栏，而进入一个无边疆域。明明就是身居斗室，却从别人的文字里看到了沙漠驼影、雪山马迹、深宫秘事、坊间情趣……读书渐久，经验渐丰，你会一日又一日地发现，读书使你的心灵宛如秋天雨中的池塘，逐渐丰盈。

二、读书养性

读书人与不读书人就是不一样，这从气质上便可看出。读书人的气质是由连绵不断的阅读潜移默化养就的。有些人，就造物主创造了他们这些毛坯而言，是毫无魅力的，甚至可以说是很不完美的。然而，读书生涯居然使他们由内到外获得了新生。依然还是从前的身材与面孔，却有了一种比身材、面孔贵重得多的叫“气质”的东西。我认识的一些先生、文人、师长，当他们安坐在藤椅里向你平易近人地叙事或论理，当他们站在讲台上不卑不亢不骄不躁地讲述他们的发现，当他们在餐桌上很随意地诙谐了一下，你会觉得这些先生真是很有神采。此时，你就会真正领略“书卷气”的迷人之处。

附

崔馨元爸爸发言稿

我很荣幸有这样一个机会和大家一起分享，非常感谢育才这个大家庭把我们团聚在一起，共同进步。关于“阅读”能说的很多，我想用亲身经历的一些感悟和各位家长们共勉。

我的孩子应该属于比较喜欢读书那一伙儿的，原因很简单：她知道除了读书，没有更好更有意思的选择。在这之前我也带着我的女儿们一起打网络游戏，一起刷屏看有意思的视频，一起在家里看大电影，包括现在有时候经过一周回到家，她自己也会要求看会儿头条视频，这些我们都允许。因为现在的时代就是新媒体的时代，孩子们喜欢手机喜欢网络，这些都是时代的产物、是不可回避的。我的原则就是她想看我就给她机会去接触网络，但是你看什么看多久就要由我说了算。我的孩子妈妈就总是担心孩子接触了网络会不会沉迷于网络、会不会把眼睛看坏了、会不会由此就不爱读书了？其实这些都是我们好多家长关注的话题。但是我的女儿经过我的引导后，她知道适可而止，这让我很欣慰。这也是我想说的第一点：从一开始就给孩子树立规则，孩子们其实是很懂得如何去做的。

另外，从孩子很小的时候我们就喜欢带着她到处自驾游或者自由行之类的，旅途中都会让她自己背着自己心爱的包包，里面装几样零食、手办玩具，另外最重要的是她自己都会主动要求带着几本她想看的书，选什么样的书都是她自己选择，我们不加干涉，因为我家的书我也知道都是好书、对她都是有意义的。她从很小的时候就养成了这个习惯。

（1）用行动告诉孩子阅读很有趣。（2）保护和培养孩子的阅读兴趣。

（3）找出孩子的阅读兴趣点。（4）了解孩子的阅读能力。（5）经常光顾图书馆、书店。

孩子阅读能力的培养需要家长的密切配合，请我们每一个家长相信孩子们都将喜欢阅读，只是他们没有找到自己感兴趣的内容，或者他们阅读能力不足以使他们自由阅读。他们就像一群即将展翅翱翔的雏鹰还没有找到飞行的方向，他们一定会飞翔，只要我们帮助他们找到飞行的方向。

（二）开展亲子阅读实践——“读懂沈阳”亲子阅读活动

狄程老师设计并实施了“‘读懂沈阳’阅读行走类课程”。该课程是以丰富学生阅读体验、发展学生阅读能力为目标，以读书为线索，以行走为途径，以爱国爱家乡为导向的一门阅读实践类课程。该课程以多角度了解沈阳为宗旨，校外由学生结成不同的小组，和家长一起进行亲子微游学，开展项目式学习。

本课程在狄程老师所带的1701班率先展开。第一期“读懂沈阳”系列活动中，师生及家长一同走进了辽宁省古生物博物馆，了解沈阳“从哪里来”；走进辽宁省科技馆，学习沈阳的“科学精神”。尤其值得一提的是，同学们来到8号足球公园，与李铁叔叔近距离接触互动，学习沈阳人身上的“体育精神”。

第二期“读懂沈阳”中，1701班的师生和家长们以“我爱沈阳，为你点赞”为主题开展了一系列活动。本期活动第一站便来到沈阳市浑南消防队，他们参观荣誉室，了解消防官兵为保护城市沈阳所做出的贡献；观看消防官兵叠“豆腐块”的军被，学习整理内务；观看消防演习过程，体会消防官兵的辛苦。整个参观过程中，学生和家长们纷纷举起了大拇指，为他们的敬业点赞，为他们的付出点赞！本期“读懂沈阳”活动第二站是沈阳市地铁大厦，1701班的师生和家长们参观了地铁生产的车间，了解地铁运行的原理，体验地铁驾驶的模拟操作。学生和家长们纷纷为地铁车间的技术工人那一丝不苟的专业精神点赞，纷纷为大沈阳的科技腾飞点赞。

四、雅读工作室未来的工作展望

雅读工作室自成立以来，在学校领导的大力支持和帮助下，以“服务师生，共建书香校园；雅读善思，创建实验特色”为工作方向，先后在校内开展多项主题活动，累计服务师生3000余人次，很好地发挥了雅读工作室内强品质、外树形象的任务。为更好地服务全校师生，发挥作用，今后工作展望如下：

（一）继续扮演好书香校园建设者角色，以阅读活动为载体，活跃校园文化氛围，培育书香校园良好土壤。

在小学部的统一部署和安排下，雅读工作室继续开展好创建“书香校园”工作，每年按照工作计划报备年度特色工作内容，承办学校各项读书活动，如“家校直通车”“读书知识竞赛”“读书小明星”评比评选等工作，深挖内涵，提升品质，让学生受益、家长满意、学校获益，最终营造浓厚的读书氛围，为全校师生提供有品质、有品位的读书生活。

（二）继续扮演好实验小学综合阅读平台搭建者的角色，以阅读活动为媒介，开展一横一纵计划，打造综合阅读平台体系。

一横：以学校“读懂沈阳”阅读行走课程为载体，发挥学校资源、人才优势，计划与辽宁省图书馆、博物馆、科技馆、消防队、辽宁中医药大学、沈阳市图书馆、沈阳故宫、张氏帅府等公共场所和大专院校、科研院所组成共建单位，积极同沈阳电视台取得联系，争取媒体宣传和上级支持，让学生真正做到在校内读书，在校外探索，实现“读万卷书，行万里路”的目标。同时在阅读和沈阳有关的图书、探访沈阳有代表性的建筑和单位时，潜移默化地培养学生热爱沈阳、建设沈阳的自豪感和自觉性，打造学生爱国爱家乡的情感内核。待时机成熟后，可以同省内、国内各知名学校合作，共同打造阅读联盟，形成阅读合力，同时为学校的发展打造一定的品牌效应，形成一定的知名度。

一纵：以雅读工作室为实践主体，以阅读活动为主线，积极参与学校大语文学科创建活动，形成一以贯之、稳定可持续的阅读计划，发挥好“阅读地图”“读书存折”作用，完整记录学生一到六年的阅读内容和阅读偏好，让书香伴随学生健康成长。在教师群体中以各个工作室为单位，积极开展读书、晒书、赛书活动，不定期开展读书心得分享沙龙，共同创建形式多样、内容多彩的阅读活动，让书香给予教师心灵的宁静。在校园文化建设中，以阅读为主线，贯穿各项特色活动的开展，达到多方聚力、共同受益的目的。

潮平两岸阔，风正好扬帆。雅读工作室将继续在学校的领导下，不忘初心，继续努力奔跑，撸起袖子加油干，当好新征程阅读实践活动的逐梦人。

明明德工作室

一、工作室简介

明明德工作室于2013年成立，主要致力于传统文化、国学内容的研究与推广。通过公开课、讲座、家长课堂等形式，让学生及家长领略传统文化中的魅力。

（一）Logo介绍

工作室Logo

工作室Logo，整体采用褐色的基调，象征着大地的颜色，寓意工作室脚踏实地地传播中华文化的根脉。左上角的龙更是中华民族的代表，我们都是炎黄子孙、龙的传人，我们也誓将龙的精神传承下去。“明明德”三个字可以说是中国文化的核心金句。来源于《大学》的开篇之句“大学之道，在明明德，在亲民，在止于至善。”

（二）成员介绍

工作室成员

工作室主持人：

王美婷：中学一级教师，从事语文教学工作10年，撰写的多篇与古诗、传统文化相关的课题、论文、教学设计、微课等获得国家、省、市级奖项。

工作室成员：

康凯　李韬　胡海艳

（三）工作室成长历程

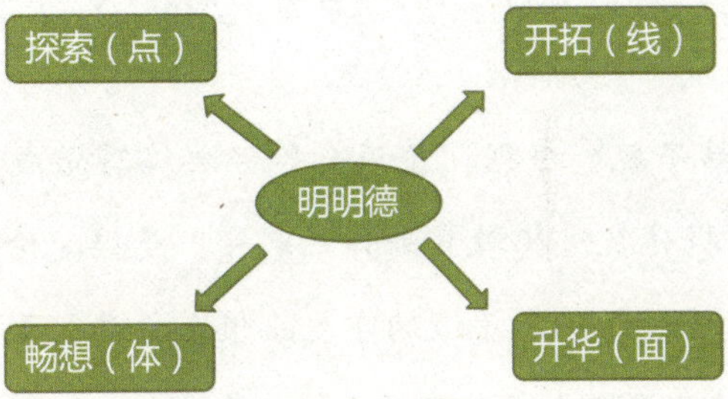

工作室成长历程

二、探索篇

国学教育目前越来越受到教育主管部门的重视，国学进课堂也成为大势所趋。2013年9月小学部被评为“中华传统文化教育基地”，这是对我校传统文化教育的认可。

经过不断探讨，小学部开设国学班并制定为期三年的传统文化国学学习计划，将《我爱吟诵》《弟子规》《三字经》《笠翁对韵》《论语》等中华传统优秀篇目进行筛检整合，作为学生学习的教材，让学生在学习之余能深层地接触中华的传统文化。

实践报告第一部分

一、指导思想

第一阶段国学教育的重点就是带领学生走进看似枯燥实则乐趣无穷的国学世界，让学生喜欢这种老祖宗流传下来的好的内容。通过《三字经》《弟子规》《我爱吟诵》《日有所诵》等脍炙人口的篇章，规范行为，启迪心灵，提高学习的能力。

二、实验教材

1. 教材内容

《弟子规》《三字经》《古诗吟诵》《日有所诵》。

2. 所选教材目的

《弟子规》:《弟子规》根据《论语》等经典编写而成,集孔孟等圣贤的道德教育之大成,提传统道德教育著作之纲领,是接受伦理道德教育、养成有德有才之人的最佳读物。二年级的学生正值道德品行形成的关键期,践行《弟子规》中德行对孩子终生成长有益。

《三字经》:《三字经》是我国古代的儿童识字课本,是中国传统的儿童启蒙读物,因为有趣、押韵为学生们所喜爱。在传统教育中,小孩子们都是通过背诵《三字经》来识字知理的。它短小的篇幅,蕴含着许多深刻的道理。

《我爱吟诵》:古诗吟诵内容将课本和《我爱吟诵》书籍内容加以整合,用《我爱吟诵》中的吟唱录音作为指引,培养学生吟诵的能力。

《日有所诵》:本册书中的小诗歌朗朗上口,特别押韵,对培养学生的语感尤为重要!

三、实验课程内容

1. 总课时

上下两个学期共计30周。

2. 课时安排

国学内容:每周二国学课。

《我爱吟诵》:每周一、周三午检。

《日有所诵》:每周一、二、四晚间阅读课。

3. 教学方式及达到要求

国学内容:《弟子规》内容联系现在生活,通过情景再现的模式,教给学生做人处世的原则和方式。《三字经》课堂重点讲授内容,将内在的故事、哲理与学生的生活关联起来，减少学生对古文的陌生感，能熟读成诵，提升学生语文识字能力，扩充语文知识储备。

古诗内容：根据《我爱吟诵》录音听吟、学吟，掌握吟诵技巧，能熟练背诵古诗内容。

日有所诵：晚间阅读课边听录音边背诵，培养学生语感，不求甚解。

四、预期达到效果

1. 学生开始喜欢上国学，将复杂的内容简单化。

2. 学生的品德形成健全，能按照《弟子规》中的一些标准去做。

3. 喜欢古诗，能进一步通过吟唱的模式去理解。

4. 学生收获大量的古文化常识，开阔视野，增长见识。

五、实验完成情况

《弟子规》：按照计划中课程安排，第一学期加上第二学期的前七周之间将《弟子规》全部学完。学生能背下大部分，开头比较熟练，后边部分需要提醒每句的开头。通过学习《弟子规》，班级的一些学生不良行为有所减少，尤其是学生处理矛盾上，比以前更加理智，文明礼貌也较之前有很大进步。

《三字经》：本学年《三字经》没有学完，其余部分留在三年级上学期继续完成，学生对《三字经》的喜爱程度超过《弟子规》，主要原因是其中有大量有趣的故事和古文化常识存在，这些内容，孩子们非常爱听。但有一些内容由于离孩子们生活的年代过于久远，孩子理解上略显吃力。

《我爱吟诵》：本学期预计完成30首吟诵任务，但是由于活动较多，这一部分有所搁置，仅仅完成10首左右的吟诵篇目，效果不尽明显，但是单就吟诵的这几首，学生反映出浓厚的兴趣。

六、第一阶段实验所取得的成效

1. 学生对国学诵读产生了浓厚的兴趣

通过调查，学生们对国学诵读产生了浓厚的兴趣。绝大多数学生有主动诵读的欲望和热情，每天午间、晚上活动课，都能听到学生们朗朗的诵读声，有些同学还将《三字经》《弟子规》《我爱吟诵》等经典篇目作为平时游戏的环节等，使得经典诵读学习遍及生活各处。

2. 学生对传统文化的意识逐步增强

生活中其实处处存在着传统文化，班级开展“发现身边的传统文化”活动，学生参与积极性极高。比如节气时令以及相关的纪念活动，2014年9月举行了隆重的祭孔盛典。

3. 逐步形成了一套诵读体系

根据“直面经典，不求甚解，但求熟背，终身受益”的宗旨，在学生诵读过程中逐步形成了一套多样化、学生喜爱的诵读体系，即：读—唱—抄—画—背—赛的形式。将所学的所有古诗文内容安排到每一名学生手中，让学生们自由领诵，并实时检查背诵结果。

2014“国学班”学生参加学部庆六一演出

4. 学生语文素养得到提升

开展经典诵读活动两年来，我们感觉学生的改变真的非常明显：经典诵读的韵味越来越浓，对语言的感知和理解能力大大提升；经典诵读的感受体验丰富多彩；学生对国学经典的文字欣赏能力提高了，而且学生的知识面越来越开阔了，表达能力越来越强，越来越多的学生在各种场合学经典、用经典的意识增强了。我们还将经典与活动紧密地联系在一起，积极参加沈阳市和校区举办的各种形式的诵读比赛活动。

学生活动效果显著：2013年11月，参加沈阳市经典诵读比赛，节目《满江红》获得创新奖。2014年1月，在校区k12迎新晚会中做开场节目演出。2014年4月，学校道德讲堂做《弟子规》《三字经》《百家姓》古诗文吟诵表演。2014年5月，在沈阳市精神文明办举办的第二届全民读书月“诵经典，做有德之人”朗诵大赛中获得二等奖。2014年6月，在学部庆六一“经典润

2014年学生参加“道德讲堂”活动

泽童心”晚会上做开场演出。

5. 教师的国学教学能力有提高

在学与思中成长，在思与品中习得，这就是教师成长必须经历的过程！

国学班班主任康凯老师的成长有目共睹：2013年暑假，在本溪参加海峡两岸儒家思想交流会暨国学经典高级研修班学习，获得“优秀学员”称号。2013年9月27日，在沈阳市南京一校所执教的古诗吟诵课被评为2013年沈阳市中小学主题教育活动课一等奖。2013年12月，他的古诗吟唱视频课参加在深圳举办的第三届传统文化进课堂教学研讨会获观摩课一等奖。2013年12月，被评为“东北育才实验学校特色教师”。2014年5月，被沈阳市教育研究院纳为“沈阳市优秀传统文化教育讲师团”成员，先后在康平含光小学、法库东湖小学、大东区第二小学和辽中县第三小学进行古诗吟诵课巡讲。

2013年康凯老师在南京一校参加沈阳市中小学主题教育活动课

实践报告第二部分

一、指导思想

通过第一阶段一个学年的国学学习，学生已经没有陌生感，值得高兴的是部分学生对此产生了浓厚的兴趣。在此基础之上，第二阶段工作更注重国学的内涵性，将国学教育脚踏实地地进行下去，为了进一步扩充学生的知识量和识字量，本学年将开设小古文学习，这是学习蒙学后向知识类转化的必备过程，当然在第一阶段效果明显的吟诵和日有所诵还要坚持下去，进一步训练学生的语感。这一阶段逐步与学生的语文能力相连接，对今后的语文学习有促进作用！

二、实验教材

教材内容

《三字经》《千字文》《古诗吟诵》《论语》《小古文100课》《日有所诵》。

三、实验课程内容

1. 总课时

上下两个学期共计30周。

2. 课时安排

国学内容：每周二国学课。

古诗论语内容：每周四古诗课。

小古文内容：每周一、周三午检。

日有所诵：每周一、二、四晚间阅读课。

3. 教学方式及达到要求

国学内容：重点课堂讲授内容，将内在的故事、哲理与学生的生活相关联起来，减少学生对古文的陌生感。《三字经》《千字文》能熟读成诵，提升学生语文识字能力，扩充语文知识储备。

古诗论语内容：根据《我爱吟诵》录音听吟、学吟，掌握吟诵技巧，能熟练背诵古诗论语内容。

小古文内容：教师讲解小古文中古今词语、语序等区别，学生能将古文翻译成现代文字即可。

日有所诵：晚间阅读课边听录音边背诵，培养学生语感，不求甚解。

四、巩固检测标准

1. 每节语文课前对本周所学内容进行背诵巩固。

2. 每周五第六节自习课，复习本周所学国学内容。

3. 周末反馈单反馈所学内容，指引家长帮助孩子巩固。

4. 期中、期末分两次检验学生所学成果。

检验方式：《古诗》《论语》《日有所诵》背诵。

《国学》流利读熟。

《小古文》出一段简单古文进行翻译。

五、预期达到效果

1. 学生喜欢这种学习方式，将复杂的古文学习变得简单化。

2. 学生会识大量汉字，促进语文学习。

3. 学生收获大量的古文化常识，开阔视野，增长见识。

六、实验完成情况及效果

《三字经》：按照课时安排，《三字经》已经全部学完，教学《三字经》主要参考了华中师范大学钱文忠教授的讲义。将《三字经》与故事相融合，学生懂得的不仅是中华文化，更是一幕幕动情的历史。

《千字文》：本学期结束后《千字文》全部学完，《千字文》较《三字经》略显生涩，不容易弄懂，但是学生们的热情丝毫不减。

《我爱吟诵》《论语》：这学期完成十五篇古诗和十五篇论语的学习，随着学生读诗语感的增强，理解力也进一步增强。

《小古文100课》：一共完成七十篇的阅读，有植物、动物、历史、寓言、神话、笑话等多个方面。文言文的魅力以及它所呈现出来的巨大艺术魅力，无时无刻不在影响着这群孩子们。

《日有所诵》：将上学期遗落下来的进行诵读训练，没有进行四年级的内容。

七、第二阶段实验所取得的成效

1. 学生国学素养提升

品味吟诵已经成为班级的特色！学生现在主动地开始有选择地进行国学学习，适当地通过网络和书籍进行学习，课间同学之间相互探讨，相互学习。

2015年“国学班”同学参加校课本剧展演活动

2. 学生的文化养成深入

生活中其实处处存在着传统文化，班级开展“发现身边的传统文化”活动，学生参与积极性极高。比如节气时令以及相关的纪念活动，2015年9月，在原有祭孔典礼的基础之上，本次以年组的形式举行了隆重的祭孔盛典。师生一起，融入其中，共同走进古圣先贤。

3. 学生的品德培养得到提升

传统文化学习最终的目的在于育人，两年的时间，学生们在传统文化的氛围中不断成长，并融入生活之中。孩子们的感性、真诚、善良无一不是古圣先贤的智慧体现。他们团结协助，相互扶持，共同建设一个充满爱的班集体。

4. 教师辐射作用明显

以点出发，覆以全面。这一阶段教师的自我提升以及辐射作用明显。

国学班班主任康凯老师新的突破：2014年10月份参加在成都举办的第四届全国传统文化进课堂教学研讨会获现场课特等奖。2014年10月参加在沈阳市和平一校举办的“沈阳市中小学中华传统文化教育交流研讨会”做现场课展示。2014年12月沈阳市骨干教师交流会，在会上做国学教育经验交流，围绕自己进行国学教育三个阶段和与会教师分享自己的成长历程。2015年4月参加在沈阳举办的第二届全国传统文化课程区域实践研讨会获现场课一等奖。2015年10月22日，在沈阳市青松中学与高中学生进行古诗吟唱交流。

2015年康凯老师在浑南三校参加全国传统文化进课堂教学研讨活动

5. 家校合力着眼于未来

家长与孩子在学习传统文化的过程中不断成长，这种成长也直接应用于孩子的教育之中，越来越多懂教育、知感恩的家长在不断涌现，这给班主任工作带来极大的便利。相互融合、相互促进、相互理解、相互支持，正是在这样的氛围中，班级的整体价值观与集体荣誉感才会愈来愈强。

三、开拓篇

工作室依托学校校园传统文化建设，进行传统文化课程研发。目前已经开发出周日传统文化视频课程以及每日诵读课程。

（一）微课形式——周日传统文化视频课程

视频课程实施方案（一年上）

	内容：汉字故事
第一周	汉字宫1—12：汉字之门——地上走兽3
第二周	汉字宫13—24：地上走兽4——抛头露面2
第三周	汉字宫25—36：抛头露面3——古代兵器
第四周	汉字宫37—48：生活用具1——日照大地
第五周	汉字宫49—60：月圆为朋——火光冲天2
第六周	汉字宫61—72：愚公移山——江河水流
第七周	汉字宫73—84：来回旋转——荆棘多刺
第八周	汉字宫85—96：禾日天香——花草苗圃2
第九周	汉字宫97—108：花草田圃3——鹌鹳难分
第十周	汉字宫109—120：二小放牛——猪食鸟啄
第十一周	汉字宫121—132：盲人摸象——蛙鸣贝硬

续表

	内容：汉字故事
第十二周	汉字宫 133—144：珍珠宝贝——羽翼渐丰
第十三周	汉字宫 145—156：毛尾相连——心中有鬼 1
第十四周	汉字宫 157—168：心中有鬼 2——人老子孝
第十五周	汉字宫 169—180：烤火取鳗——伶牙俐齿
第十六周	汉字宫 181—200：应亢高歌——储梁之仓

视频课程实施方案（一年下）

	内容：汉字故事
第一周	汉字宫 201—212：方鼎圆鬲——古代油翁
第二周	汉字宫 213—224：油翁笛声——深挖洞穴
第三周	汉字宫 225—236：备料盖房——街上行走
第四周	汉字宫 237—248：车轮滚滚——斤斤计较 1
第五周	汉字宫 249—260：斤斤计较 2——知与不知
第六周	汉字宫 261—272：矣去生疑——牌位代祖 1
第七周	汉字宫 273—284：牌位代祖 2——心力交瘁
第八周	汉字宫 285—296：辛苦辛辣——白发老人 3
第九周	汉字宫 297—308：白发老人 4——月照元宵
第十周	汉字宫 309—320：月上柳梢——星光闪闪
第十一周	汉字宫 321—332：炉火纯青——黄色演变
第十二周	汉字宫 333—344：委屈萎缩——天帝花蒂
第十三周	汉字宫 345—356：蒂落瓜熟——将军获奖
第十四周	汉字宫 357—368：捆绑束缚——具体工具
第十五周	汉字宫 369—380：用勺给予——众志成城
第十六周	汉字宫 381—400：缠绕一匝——倒行逆施

视频课程实施方案（二年上）

	内容：中华德育故事			
第一周	江革负母	黄香温清	陆绩怀橘	孝绪得参
第二周	郑均悟兄	伯鱼十往	许武教弟	敬女代嫁
第三周	冯谖焚券	李秀忠烈	赵柔一言	魏徵妩媚
第四周	孙暑温恭	尹陈童训	楼护养吕	元振济窆
第五周	汉宾惠人	查道博施	进之救友	妙聪井负
第六周	彦谦官贫	李勉葬金	刘宽多恕	弘景异操
第七周	张李丐养	菊花无怨	吴孙劝夫	
第八周	郯子鹿乳	考叔舍肉	缇萦上书	孟宗哭竹
第九周	孔融让梨	王览争鸩	彦霄析箸	邹媖引过
第十周	滂母无憾	王旦荐贤	冬梅践言	文灿拒间
第十一周	越姬信心	张劭待式	赵抃告天	庭式心许
第十二周	德言对经	李后严明	王珪循礼	朱显焚券
第十三周	魏谭请食	巨伯请代	公义变俗	世恩夜待
第十四周	阎敞还钱	隐之饮泉	罗伦还钏	李纲辞职
第十五周	鼎臣祝寿1—4集			
第十六周	穆姜仁爱1—5集			

视频课程实施方案（二年下）

	内容：中华德育故事
第一周	长孙规谏1—4集
第二周	长孙规谏5—8集
第三周	留台拾金1—2集　李习求贫1—2集
第四周	大舜1—4集
第五周	大舜5—8集

续表

	内容：中华德育故事
第六周	大舜9—12集
第七周	苏武牧羊1—4集
第八周	安世不妄1—4集
第九周	子阿委珠1—4集
第十周	《老莱斑衣》孝篇《韩郑鞠叔》悌篇《岳飞报国》忠篇《程妻守鞋》信篇
第十一周	《宋桓罪己》礼篇《平阳义师》义篇《包拯贡砚》廉篇《勾践尝胆》耻篇
第十二周	《泰伯采药》悌篇《邓曼抚民》信篇《太任斋庄》礼篇《杨震四知》廉篇
第十三周	《子仪见酋》信篇《楚媛不违》礼篇《霸妻清节》廉篇《卢革避试》耻篇
第十四周	《朱晖许堪》信篇《伯禽趋跪》礼篇《潘郭诗诫》廉篇《许阮愧允》耻篇
第十五周	《曹彬激诚》信篇《季札挂剑》信篇《修母获训》廉篇《管宁善化》耻篇
第十六周	《仲由负米》孝篇 《秀姑友恭》悌篇《樊姬进贤》忠篇《宿瘤采桑》礼篇

视频课程实施方案（三年上）

	内容：《西游记》《水浒传》名著熏陶
第一周	《明清小说》《西游记及其创作特色》
第二周	《大闹天宫》《孙悟空大战二郎神》
第三周	《高老庄大圣除魔》《大战流沙河》
第四周	《大闹五庄观》《三打白骨精》

续表

	内容：《西游记》《水浒传》名著熏陶
第五周	《车迟国斗法》《斗法降三怪》
第六周	《三借芭蕉扇》《大战红孩儿》
第七周	《女儿国》《真假美猴王》
第八周	《误入小雷音》《取得真经》
第九周	《〈水浒传〉及其创作特色》《智取生辰纲》
第十周	《拳打镇关西》《倒拔垂杨柳》
第十一周	《武松打虎》《李逵沂岭杀四虎》
第十二周	《误入白虎堂》《风雪山神庙）》
第十三周	《醉打蒋门神》《血溅鸳鸯楼》
第十四周	《大战“浪里白条”》《真假李逵》
第十五周	《杨志卖刀》《浔阳楼题反诗》
第十六周	《梁山英雄排座次》《三打祝家庄》

视频课程实施方案（三年下）

	内容：《三国演义》《红楼梦》
第一周	《〈三国演义〉及其创作特点》《桃园结义》
第二周	《青梅煮酒论英雄》《温酒斩华雄》
第三周	《千里走单骑》《长坂坡》
第四周	《战官渡》《三顾茅庐》
第五周	《草船借箭》《赤壁之战》
第六周	《走麦城》《水淹七军》
第七周	《七擒孟获》《失街亭》
第八周	《空城计》《火烧连营》
第九周	《〈红楼梦〉及其创作特点》《林黛玉进贾府》

续表

	内容：《三国演义》《红楼梦》
第十周	《葫芦僧判断葫芦案》《梦游太虚幻境》
第十一周	《元妃省亲》《熙凤弄权》
第十二周	《晴雯撕扇》《刘姥姥进大观园》
第十三周	《宝玉摔玉》《黛玉葬花》
第十四周	《探春理家》《香菱学诗》
第十五周	《宝玉挨打》《木石前盟》
第十六周	《探春结社》《黛玉焚稿》

视频课程实施方案（四年上）

	内容：文化遗产
第一周	《中国书法五千年》《中国文房四宝（第一集博采）》
第二周	《舌尖上的中国（上）》《舌尖上的中国（下）》
第三周	《泥人张》《千年紫砂》
第四周	《莫高窟（上）》《莫高窟（下）》
第五周	《长城（上）》《长城（下）》
第六周	《明清故宫（上）》《明清故宫（下）》
第七周	《国脉·中国国家博物馆》《圆明园》
第八周	《丽江古城》《平遥古城》
第九周	《泰山》《曲阜孔庙、孔林、孔府》
第十周	《新丝绸之路》《玄奘之路》
第十一周	《本草中华》《功夫少林》
第十二周	《聆听中国（第一集轮回）》《戏梦关东——东北二人转民间老艺人档案》
第十三周	《手造中国》《年画》
第十四周	《茶·一片树叶的故事》《大时代小人物·瓷艺大师》
第十五周	《唐之韵》《宋之韵》
第十六周	《京剧·八答仓》《古琴》

视频课程实施方案（四年下）

	内容：文化遗产
第一周	《中国服饰文化》《家具里的中国》
第二周	《中国古建筑》《镇馆之宝》
第三周	《京剧》《古代养生》
第四周	《手艺·手串珠语》《手艺·龚扇细语》
第五周	《苏州古典园林》《庐山》
第六周	《青城山与都江堰》《峨眉山与乐山大佛》
第七周	《糖艺》《遗·艺之剪纸篇》
第八周	《了不起的匠人·拜见师傅大人》《瞬间》
第九周	《中国酒文化》《中国玉文化》
第十周	《棋》《昆曲》
第十一周	《我在故宫修文物（书画）》《China·瓷》
第十二周	《金漆木雕》《苏绣》
第十三周	《汉字五千年（上）》《汉字五千年（下）》
第十四周	《春节进行时（回家）》《春节进行时（欢庆）》
第十五周	《香港经典的舞狮表演》《潍坊风筝》
第十六周	《书迷（上）》《书迷（下）》

视频课程实施方案（五年上）

	内容：中国传统文化的发展历程 ——前文明期、雏形期、定型期
第一周	《中华先祖》《农业起源》
第二周	《文明起源》《春秋争霸》
第三周	《孔子》《战国七雄》
第四周	《秦始皇统一中国》《楚汉战争》

续表

	内容：中国传统文化的发展历程 ——前文明期、雏形期、定型期
第五周	《文景之治》《汉武帝》
第六周	《光武中兴》《丝绸之路》
第七周	《三国鼎立》《诸葛亮治蜀》
第八周	《炀帝功过》《贞观之治》
第九周	《武则天》《开元盛世》
第十周	《安史之乱》《世界都会长安》

视频课程实施方案（五年下）

	内容：中国传统文化的发展历程 ——融合期、强化期、转型期
第一周	《敦煌》《唐朝的对外关系》
第二周	《宋太祖》《王安石变法》
第三周	《靖康之难》《宋金和战》
第四周	《东京梦华》《宋代文化》
第五周	《忽必烈大帝》《海上丝绸之路》
第六周	《马可波罗与中国》《明太祖朱元璋》
第七周	《郑和下西洋》《王朝的稳固》
第八周	《收复台湾》《鸦片战争》
第九周	《太平天国》《甲午战争》
第十周	《维新与革命》《帝制的终结》

（二）校本形式——传统文化古诗文诵读课程

东北育才实验学校小学部传统文化每日诵读课程

一年级上学期，将《千字文》作为每日诵读内容，按计划16周内完成整本书的诵读任务。

一年级下学期，将《百家姓》作为每日诵读内容，16周内完成整本书的诵读。

二年级上学期，将《弟子规》作为每日诵读内容，16周内完成整本书的诵读。

二年级下学期，将《三字经》作为每日诵读内容，16周内完成整本书的诵读。

三年级整个一学年，都将以《千家诗》作为每日诵读内容，周一至周四每日诵读一首诗，每周五进行复习巩固。预计32周内完成整本书的诵读任务。

四年上《小古文》	
第一周	《放风筝》《乡村》《芦花》《荷》
第二周	《菊》《雨》《雪》《日月星》
第三周	《日时》《猫捕鱼》《猫斗》
第四周	《龟兔竞走》《五官争功》《松》
第五周	《桂》《莲》《杨柳》
第六周	《岁寒三友》《读书》《读书有三到》
第七周	《读书须有疑》《铁杵磨针》《曹冲称象》
第八周	《道边李苦》《破瓮救友》《孔融让梨》
第九周	《守株待兔》《揠苗助长》《狐假虎威》
第十周	《南辕北辙》《盘古开天地》《夸父逐日》

续表

四年上《小古文》	
第十一周	《共工触山》《刑天舞干戚》《舜耕历山》
第十二周	《推敲》《怀素写字》《欧阳苦读》
第十三周	《王冕好学》《宋濂嗜学》《母鸡》
第十四周	《义鹊》《鹦鹉灭火》《义犬救主》
第十五周	《郑人买履》《叶公好龙》《已死的母熊》
第十六周	《买椟还珠》《自相矛盾》《滥竽充数》

四年下《小古文》	
第一周	《山川之美》《春日寻芳》《苏堤杂花》《浙江之湖》
第二周	《湖心亭看雪》《大禹治水》《女娲补天》《精卫填海》
第三周	《牛郎织女》《后羿射日》《性缓》
第四周	《性急》《性刚》《北人不识菱》
第五周	《刺猬与橡斗》《李广射虎》《卧薪尝胆》
第六周	《祁黄羊举荐》《公仪休拒收鱼》《曾参教子》
第七周	《学而时习之》《上善若水》《北冥有鱼》
第八周	《国之器用》《得道者多助》《狐与葡萄》
第九周	《鸦狐》《豺烹羊》《鹿照水》
第十周	《杉苇刚柔》《春》《夏》
第十一周	《秋》《冬》《雪》
第十二周	《晏子使楚》《破釜沉舟》《惊弓之鸟》
第十三周	《塞翁失马》《扁鹊见蔡桓公》《活见鬼》
第十四周	《鬼见鬼》《鬼误》《荆人畏鬼》
第十五周	《宋定伯捉鬼》《学弈》《纪昌学射》
第十六周	《蜀鄙二僧》《师旷论学》《教学相长》

五年上《论语》	
第一周	学而时习之 孝悌为仁之本 吾日三省吾身 入则孝，出则悌 故事·孔子一生乐学
第二周	言而有信 过则勿惮改 温、良、恭、俭、让 敏于事而慎于言 故事·千古良朋
第三周	贫而乐，富有礼 患不知人 孟懿子问孝 孟武伯问孝 故事·王播“饭后钟”
第四周	子游问孝 子夏问孝 人焉廋哉 温故而知新 故事·彩衣娱亲
第五周	学与思 知之为知之 人无信不知其可 见义勇为 故事·悬梁刺股
第六周	礼之本 每事问 里仁为美 仁者安仁 故事·季札守信挂剑

续表

五年上《论语》	
第七周	以其道得之 朝闻夕死 士志于道 求为可知 故事·让他三尺又何妨
第八周	夫子之道，忠恕而已 君子喻于义 见贤思齐 父母在，不远游 故事·苏武牧羊
第九周	父母之年，不可不知 德不孤 朽木不可雕 听其言而观其行 故事：表万古情
第十周	多欲焉得刚 不耻下问 左丘明耻之 老者安之，朋友信之，少者怀之 故事·强项令
第十一周	不迁怒，不贰过 不改其乐 文质彬彬 故事·孔子请教采桑娘
第十二周	好之不如乐之 己欲立而立人 学而不厌，诲人不倦 不愤不启，不悱不发 故事·司马光的“警枕”

续表

五年上《论语》	
第十三周	乐在其中 不知老之将至 敏以求之 三人行必有我师 故事·庄子的快乐
第十四周	钓而不纲 我欲仁，至斯仁 奢则不孙 君子坦荡荡 故事：志在千里
第十五周	犯而不校 临大节而不可夺 士不可以不弘毅 兴于《诗》，利于礼，成于乐 故事：为中华之崛起而读书
第十六周	学如不及 大哉，尧之为君也 禹，吾无间然矣 故事：住草屋的部落首领

五年下《论语》	
第一周	毋意，毋必，毋固，毋我 多能鄙事 吾有知乎哉 循循然善诱人 故事·少年苦读的欧阳修

续表

五年下《论语》	
第二周	君子居之，何陋之有 逝者如斯夫 进，吾往也 苗而不秀者有矣夫 故事·凿壁借光的匡衡
第三周	后生可畏 匹夫不可夺志 松柏后凋 知、仁、勇 故事·司马迁忍辱负重写《史记》
第四周	孝哉闵子骞 过犹不及 鸣鼓而攻之 进之与退之 故事·芦衣顺母
第五周	克己复礼 己所不欲，勿施于人 四海之内皆兄弟 民无信不立 故事·范仲淹捐地兴学
第六周	百姓足，君孰与不足 居之无倦，行之以忠 君子成人之美 君子之德风 故事·朱元璋讨元
第七周	仁者爱人 以友辅仁 先之劳之 赦小过，举贤才 故事·宋湘勤政爱民

续表

五年下《论语》	
第八周	好礼，好义，好信 身正不令而行 欲速则不达 居处恭，执事敬，与人忠 故事·上梁不正下梁歪
第九周	善者好之，不善者恶之 君子泰而不骄 刚毅木讷近仁 朋友切切偲偲 故事·韩信受胯下之辱
第十周	士不怀居 仁者必有勇 爱之，能勿劳乎 贫而无怨，富而无骄 故事·陶渊明不为五斗米折腰
第十 周	事君勿欺 耻其言，过其行 君子道者三 骥不称其力 故事·狄仁杰犯颜直谏
第十二周	以直报怨，以德报德 君子固穷 言忠信，行笃敬 杀身成仁 故事·嵇康与《广陵散》
第十三周	远虑和近忧 躬自厚而薄责于人 不以言举人 小忍与大谋 故事·文天祥浩然正气

续表

五年下《论语》	
第十四周	众好之，必察焉 君子忧道不忧贫 当仁不让 修文德以来之 故事·康熙忍耐，诛杀奸臣鳌拜
第十五周	益者三友，损者三友 益者三乐，损者三乐 君子有九思 性相近，习相远 故事·伯牙与钟子期
第十六周	恭、宽、信、敏、惠 何莫学夫《诗》 患得患失 君子义以为上 故事·汉文帝的故事

（三）活动形式——传统文化纪念活动

中华传统节日凝结着中华民族的民族精神和民族情感，承载着中华民族的文化血脉和思想精华。传统节日的生活化特征及其丰富的民俗活动，对学生而言是极其亲近可感的传统文化载体。基于此，我们以沈阳市教育研究院编辑的《传承节日文化，培养美德少年》一书作为蓝本，以“春节”“清明节”“端午节”“中秋节”“重阳节”五大节日作为主要内容，在各学段开展不同的学习内容及民俗活动，让学生们传承中华经典，争做美德少年。

四、升华篇

（一）面向学校开设明德讲堂

明德讲堂是明明德工作室激发全校师生对于国学产生兴趣的重要形式之一。从2016年起，开设了明德讲堂。利用中午的午休时间，面向不同年级的学生，介绍有趣、有意义的国学知识，传承经典文化。让学生发现国学中的乐趣，发现经典就在我们的生活中，就在我们的身边，是我们创办明德讲堂的初衷。

明德讲堂第一讲：中华姓氏之谜

第一讲的主题为“中华姓氏之谜”，讲堂互动围绕“姓与氏的关系”“中国最古老的姓”“氏是如何产生形成的”“有趣的姓氏”等一系列问题展开。

随着活动的继续，一个个谜团也迎刃而解，原来中华的“华”和一个人物有关，原来商人和商朝相对应，原来鲁班其实不姓鲁，屈原不姓屈，孟姜女也不姓孟，甚至司马迁的儿子竟然不姓司马。咳！历史上还真有“第五”这个姓……

孩子们交流着，讨论着，感受着，快乐着。

主讲人康凯老师送给每个参会的孩子一棵中华姓氏树，告诉孩子们，其实我们在远古时代同属一个姓氏，只不过是随着时间的流逝和地点的变迁，现在成了不同的姓氏，但是大家同根同源，要互敬互爱。

在同学们迫不及待地在姓氏树上找寻自己的姓氏中，明德讲堂的第一讲落下了帷幕。

明德讲堂第二讲：丝绸之路

胡海艳老师结合我校当年运动会入场式的主题——“一带一路手拉手，一班一国看世界”，来为学生们深入地讲解中国丝绸之路的历史，一起穿越千年，来重现那漫天黄沙下掩埋的文明之路。

首先，胡老师请一个同学为大家讲了张骞出使西域的故事并肯定了张骞出使西域的历史价值和意义。并结合大屏幕上的地图，为学生们展示了当时的“西域”指的是哪里，匈奴在什么地方，讲解了汉代的地域。由图片的展示可以让学生联想到古诗王维的《送元二使安西》和王之涣的《凉州词》中有“玉门关”和“阳关”。

接着，胡老师声情并茂地讲述了张骞主动请命以及出使过程中的种种艰难险阻，这当中包括了自然环境的艰难、匈奴的抓捕审问软禁等。历经13年，张骞带着搜集到的重要信息回来了，这是何等的不易。为了加深这种印象，胡老师播放了视频，让学生身临其境。

张骞打开了新世界的大门，逐渐形成了丝绸之路。那么“丝绸之路”是谁命名的呢？为什么被称作“丝绸之路”？除了丝绸，在这条路上，还会出现哪些物品？这些问题将同学们的思考引向深入。

胡海艳老师讲“丝绸之路”

最后，胡老师联系现今，联系实事，将“一带一路”倡议的现实意义解释给学生们听，这个由中国提出的倡议已经变成了全球共识。“一带一路”给沿线的国家和地区带来了巨大的商机和利益，“中国创造”正在走向世界。在同学们对于祖国强烈的自豪感和浓浓的热爱中，这次的明德讲堂结束了。

明德讲堂第三讲：初遇文言文，恋上文言文

王美婷老师为三年级的全体学生介绍了文言文的知识。她先给刚升入中年段的孩子们介绍了何为国学，何为文言文，从而激发了学生想学习文言文的兴趣。

王美婷老师讲“初遇文言文，恋上文言文”

接着，王老师将《鹬蚌相争》的现代文和文言文两篇文章让学生对比，归纳出文言文相对比于现代文的特点。一是文言文用字极其精练，篇幅短小。二是文言文中大多是单音词，现代汉语一般是双音节词。那么如何来学习文言文呢？王老师又教给了学生们学习的方法。一是熟读，读准断句。二是借助注释理解全文，注意一字多义的现象。三是背诵积累。其中关于一字多义的现象，鉴于学生不是很好理解，所以王老师列举了“爱”这个字在不同语句中的意思来认识什么叫“一字多义”。

最后，王老师带着300多名学生一起学习了一篇文言文《学弈》。全体师生按照刚才学到的三步方法，先是熟读，反复读。然后结合重点字的字义，理解整篇文章和每句话的意思，再来理解文章要表达的中心思想。最后在全年级师生一起共读《学弈》的琅琅读书声中，明德讲堂的第三讲结束了。

（二）面向社会进行公开课及讲座

工作室成员多次进行公开课及相关讲座，对社会辐射育才教育资源。

2017年，东北育才实验学校小学部的康凯老师来到抚顺市拉古小学和学生们一起完成了古诗吟诵课《示儿》，这吟诵的声音时隔千年，依然让人感动。他把中国最古老的声音埋进学生的心底，短短的40分钟，学生了解了一首不一样的古诗，认识了一个多情的陆游，学会了一种全新的读诗方式。

课后康凯老师做了题为“我毕竟走过”的经验交流，他以“路”为轴，从“我走的是一条什么路”“我为什么要走这条路”“我如何走这条路”以及“一路上的美景”四条主线，将自己的成长与多年来积攒下来的教育教学经验与资料毫无保留地与老师们分享，拉古学校郑恩宏书记会后感慨地说：“康老师给我们学校带来了一股新鲜的血液。”

五、畅想篇

在未来，明明德工作室将依托统编教材重新构建课内课外传统文化课程体系。

明年全国将统一改用部编版语文教材。所以，我们将重新梳理并整合统编教材中关于传统文化的部分，我们会将每本书中关于国学的部分先提取出来，罗列顺序，结合教参中需要拓展的部分，对其内容进行适当的扩充，最终形成小学1—6年级国学专项部分的序列，并努力将这个序列做细做实。细化到每一部分需要扩充什么、扩充到什么程度等。希望这份资料的研究能对语文教师有所启发和帮助。

其次，我们希望将传统文化活动以学年段为依托，扎实有效地开展。想让传统文化扎根落地，必须依托实实在在的活动来促进。活动的形式一定是多样的，但对于经典的诵读一定是根，这是不可动摇的。所以，从低年级起，就应该开始对于国学的诵读和积累。像《弟子规》《笠翁对韵》《幼学琼林》《论语》《千家诗》《大学》等国学经典，应该有计划、分步骤地引入到学生每天的日常学习中去。然而这种阅读也可以是有区别的：

1—2学年段：重点在于积累，多诵读国学内容是重点，可进行经典诵读比赛。

3—4学年段：重点在于理解，可进行读书交流或辩论会等。

5—6学年段：重点在于运用，对寓意深刻的或故事性的古文学习是重点。可进行现代文和古文的变换写作比赛。

另外，对于中高年级的学生，每学年初，师生可共读一本国学经典，并定期展开讨论与研究，可以读书交流会的形式，可以合作课题的形式等各种方式进行互动式学习。

对于老师，他们能真正地用教材教，而不仅仅是教教材，希望他们可以结合课本和百花园中的古诗内容，进行拓展古诗的学习，将由单首诗的零散学习变成一类诗的整合性学习。举个例子，比如语文书中讲了一首描写春的古诗，那么我们建议老师可将此诗人其他跟春的题材有关的古诗筛选出来，进行对比学习，通过几首诗的对比研究，最终能更全面地理解关于一类题材的诗的内容或者更全面地去研究某一位诗人。

对于家长，我们将继续以家长课堂、家长讲座的形式向社会传递国学的力量，并且，我们会采用微课、微视频这种更方便快捷的方式作为传播的主要形式。

此外，我们将建立传统文化课程详细的评价细则。对于传统文化课程的评价，不要仅仅局限于知识的传授，而应该把眼光放宽放远。传统文化的教学目的，是要帮助学生认识、了解传统文化，学习、继承并发扬传统文化，做一个具有传统文化素养的中国人。为此，我们认为对于传统文化课程的评价应该具有三个维度：

1. 文化知识：有较丰富的传统文化知识的积累，能诵读古诗文，对中华历史人物、经典、名胜古迹、艺术有一定的了解。

2. 文化情感：能积极主动地品味经典之韵，领略山水之美，感悟艺术之乐，对传统文化积累能持之以恒。

3. 文化素养：注重良好的人文素养的养成，具有初步的诚信向上的民族气节和正确的人生信念。

总之，我们不仅要培养有传统文化知识的人，还要培养真正具有传统文化情感与素养的人，这才是知识、能力、精神俱备的龙的传人。这也是明明德工作室中所有成员的奋斗目标！我们将继续努力前行……

玩转数学工作室

一、工作室介绍

（一）工作室简介

数学是什么？从小学到中学再到大学，为什么花这么长的时间学数学？《数学课程标准》明确指出，数学是研究数量关系和空间形式的科学。数学是什么？长久以来，在孩子的眼里，可能是一摞摞算式，一个个几何图，一道道应用题；在孩子的心里，可能已是困难、枯燥、乏味的同义词。数学家陈省身送给少年儿童四个字——“数学好玩”，这是老先生近九十年在至美至纯的数学世界里感悟所得，这是呼喊，更是期盼：让每一个孩子感受到数学的好玩，这是数学教育的担当。结合学校的实际情况，我们有一个梦想在心中萌发：成立“玩转数学”工作室，开辟另一番美妙的数学天地！玩转数学工作室成立于2015年，工作室发起人是孙宇老师，工作室的成立得到了小学部领导的大力支持，一批对于数学教育颇有追求的老师也积极地加入。经过成员间的多番思量、研讨最终确立了工作室的目标方向，以2011版《义务教育数学课程标准》为准绳，分析标准中的总目标和学段目标，合理把握“综合与实践”的实施。组织全校开展数学综合实践活动，提升学生的数学应用能力，提升学生数学核心素养。通过教研，造就一批业务精湛的研究型教师，提升教师课堂教学能力，开创东北育才实验学校小学部数学教学的新篇章。

（二）Logo解读

工作室Logo

为了给 “玩转数学工作室”创设一个有意义的Logo，工作室教师面向全体学生进行了Logo征集活动，最终在100多幅作品中，选出这幅作为工作室的Logo。其中“+、-、×、÷、=”是小学常见的数学符号，富有学科特色。中间的螺旋线代表数学学习是螺旋上升，玩的动感、转的特点也体现出来。外圈的汉字呈现工作室名称，NEYCSY代表东北育才实验学校。从整个Logo看，既能体现学段特点、学科特色，又能体现学校特色。

（三）成员介绍

1. 工作室主持人：孙宇老师，中学一级教师，省优秀课一等奖获得者，市优秀教师，沈阳市骨干教师。

教育格言：儿童有好玩的天性，他们对世界充满了好奇心和强烈的探索欲望，我们在教学中要利用好他们好玩的天性，勾起他们的好奇心并激发起他们强烈的探索欲望。

2. 工作室成员：郝莹　宋洁　王丽娜　宋艳婷　高鸽　宋佳　何星　杨琳。

工作室全体成员合影

二、工作室探索足迹

著名教育家苏霍姆林斯基曾经说过："在人的大脑里有一些特殊的、最积极的、最富有创造性的区域，依靠抽象思维与双手精细的、灵巧的动作结合起来，就能激起这些区域积极活动起来。"学生只有通过自主探究，亲身参与动手实践活动才能将数学知识转化为自己的东西，也有利于创新精神的培养。在小学阶段开展数学综合实践活动就是要把学习的主动权交还给学生，努力地为学生创设出一个宽松自主探究的学习空间，以便于学生根据自己不同的活动体验，运用自己的思维形式，主动地、大胆地发现问题、探索问题，并获得相关的学科知识。

玩可以丰富孩子的想象力，提高他们的发散思维能力，让他们学会从不同的角度来思考问题。华盛顿斯密森研究院主办了一次会议，主题是"探讨游戏在发明过程中的作用”，会议展示了“发明家、科学家和艺术家的创造过程，包括在游戏中洞穿物质世界的过程，是如何惊人的相似”。发散思维能力在解决问题的过程中非常重要，在当今这个瞬息万变的高科技时代更是宝贵。而传统的课程内容虽然提出培养学生发散思维的目标，但是由于课程内容的大部分还是以聚合思维为主，这就导致锻炼学生发散思维的资源还不够丰富。因此工作室成员力图通过研讨，开发出适合不同学年孩子玩的数学活动来弥补这种不足。不论是在研发活动、组织活动的过程中，还是活动后的总结与推广，工作室都特别重视教师的研讨和培训，引领小学部数学学科教学方式的变革。

工作室的探索足迹主要围绕三个方面展开，一是教师研，二是课堂变，三是学生玩，这三方面互相依托、互相促进。

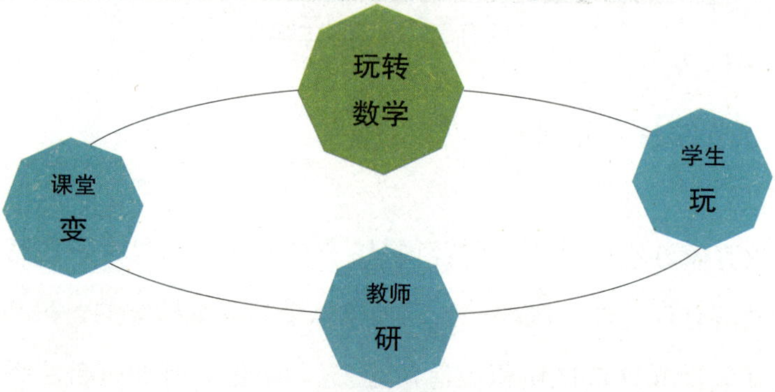

工作室框架

（一）教师研

工作室依据课程标准，主要开展了如下研究工作：

1. 明确玩转数学课的教学目标：从学生的爱好和需要出发，通过开展多种形式的活动，为学生提供丰富多彩的学习空间，激发学生的潜在智能，促进学生个性特长的发展，培养学生的兴趣和爱好，扩大数学视野，拓宽认知领域，培养良好的思维品质和合理的思维习惯。

2. 体现玩转数学课的教学特点：应以体现教育性、科学性、实践性、思考性、趣味性、自主性、开放性，渗透竞争意识、民主意识、合作意识，培养思维能力、操作能力、创造能力、应变能力、交往能力、组织能力来实现教学目标。

3. 研究玩转数学课的课型：根据活动课的特点，结合不同年级学生认知结构和思维水平可分为如下课型：数学史话课、游戏数学课、思维训练、实践应用课、数学竞赛课。从全体学生的能力、爱好出发，适当组织专题讲座，使学生进一步加深对数学知识的理解，提高灵活运用数学的能力，更加熟练地掌握数学的方法与技巧。

附

教师优秀论文展示：

怎样能将“趣”“实”“活”应用于数学活动课中

高 鸽

说到如何上数学活动课，首先要先弄懂什么是数学活动课。

数学活动课是超越传统课堂的束缚，使学生置身于活生生的学习环境之中，整体地通过学习得到现实社会以及未来社会所需要的知识、能力、态度和价值观的一种课型。

其次我们需要弄清楚数学活动课的类型，通过网上查阅资料，结合我们育才的具体实际，我认为可以将数学活动课分为如下课型：

低年段活动课型为：

1. 游戏型数学课。运用数学游戏，让学生在轻松愉快和谐的游戏活动中，领悟一些简单的数学思想和方法，享受成功的喜悦，激发学好数学的兴趣，一年级下册的“填数游戏”就属于这一类活动课，还有如数学谜语、趣题讨论、数学展望等均属这类课型。

2. 实践性操作课：操作是智力的起源、思维的起点，是培养学生实践能力的重要环节。因此，尽可能多地让学生动手、动脑、动口，通过拼、摆、折、量、画、剪、说等活动，调动学生多种感官协同发挥作用，促进学生对数学知识的理解。一年级下册中的“分扣子”就属于这一类实践性操作课。

3. 问题性探索课：学习任何知识的最佳途径都是由学生自己去发现，因为只有学生本人发现或创造出来的知识，理解最深，掌握最牢。放手让学生去观察、合作、交流，主动去探究旧知，进而培养学生的研究性学习能力。三年级下册的《一起去游园》就属于这一类的课型。

高年段活动课型为：

1. 数学史话课。介绍古今中外数学家刻苦学习、数学对社会发展进步的故事及简单的数学史等，激发学生热爱祖国、热爱数学，从小树立远大理想，培养勤奋学习、克服困难的品质。如数学故事会、数学名家事迹介绍、数学读书会等。

2. 思维训练课。在学生已有的认知结构和能力的基础上，有计划地培养学生分析、综合、比较、抽象、概括、判断、推理等思维方式方法，培养思维的敏捷性、灵活性、深刻性、批判性等品质，不断提高学生思维发展的水平。如简算技巧、一题多解、一题多变、数列规律、图形变换、智力竞赛等。

3. 竞赛辅导课。从全体学生的能力、爱好出发，适当组织专题讲座，使学生进一步加深对数学知识的理解，提高灵活运用数学的能力，更加熟练地掌握数学的方法与技巧。

一旦我们确立了想要上的活动课的类型，首当其冲的就是教学设计，教学设计方面和其他数学类型课又有什么不同呢？

一、数学活动课是以兴趣为“内核”、以数学知识为载体的一种自主性实践活动学生运用课堂上学来的数学知识，经过观察、操作、实验、调查、推理等活动，在合作与交流的过程中，获得良好的情感体验，解决实践中遇到的问题，激发学习数学知识的热情。有了兴趣，枯燥的数学变得趣味盎然，变被动的接受为主动的探索，兴趣贯穿于数学实践活动的始终。

教师和学生既是活动方案的开发者，又是活动方案的实施者。教师需要客观地分析学生的身心发展规律和现有的数学认知水平，尊重、理解、宽容每一个学生，以“趣”引路，以情导航。

二、拥有“兴趣”的内核，还需配备“实用”的外壳

学生有了参与数学实践活动的兴趣，作为指导者、领航员的教师应该依据一定的课题设计相应的活动方案。课题确立、方案设计的好坏，直接影响学生参与的积极性。因此，从学生的实际出发，这就是“三三课堂”中的“实”的部分，以教材为基础设计最能引发学生兴趣的活动入手，方案设计要有童趣，富有儿童化，以小组为单位，由学生自己出谋划策，尽量发挥集体的聪明才智。方案的设计应具有一定的可操作性，同时体现一定的开放性，在他们的内心深处萌动着“我爱参加，我爱研究”的心理氛围。如在一年级下学期时我上的“分扣子”一课，在导入部分用一些美丽的纽扣画来吸引学生注意力，激发学生学习的兴趣，同时根据将图片分类复习巩固旧知，为学习新知做好铺垫。活动的设计上以教材为基础，同时根据一年级学生的已有学习经验，融入一个紧密相关的分图形的活动二，这样活动一是根据“扣眼个数”和“形状”两个标准进行二次分类，活动二是在巩固活动一的基础上，按照“颜色”和“形状”两个标准进行分类，显然学生在活动一、二的基础上，又进行了按照“颜色”“形状”“扣眼个数”这三个标准的三次分类，这样的设计，既体现了由浅入深、层层递进，也避免了活动一、活动三的连续分扣子活动，让学生失去新鲜感。同时最后利用所学知识将导入部分的纽扣图片进行二次分类，做到了首尾呼应，使整节课更加完整。

三、活跃的课堂气氛，活跃的师生活动、生生互动是数学活动课的第三个关键点

课题确立好，方案设计好，接下来便是让学生进入数学实践活动的角色。实践活动就像演电影，好的剧本需要好的导演，更需要好的演员，课程设计如剧本，老师如导演，学生便是那必不可少的演员，导演“导”的水平高低影响“演员”的最佳发挥，而导的水平则体现在是否为“演员”创设一定的情境，激发他们的兴趣，活跃的课堂气氛，融洽的师生关系，使他们如临其境地进入角色，忘记一切，尽情地徜徉在数学实践活动的乐趣中。

四、探究发现，体验成功

随着活动的不断深入，学生在活动中形成了“知识经验—解决问题—知识经验”良性循环。已有的数学知识在活动中不断应用，并与新的知识不断结合，他们在解决问题的过程中不断思考，在思考中探究发现，在探究发现中获得乐趣，体验成功。倡导团体协作精神，发挥集体的力量，加强小组间的合作与交流，提高活动成功的概率。如“分扣子”一课就是两人一组，合作交流如何将扣子或者图形分得更细致、更清楚。让他们各显神通，各展其能，每人都能体验成功。

小学数学活动课还处于新的类型课的探索之中，我们还将不断研究、不断改进、逐步完善，使实践活动能真正促进学生的发展，使学生真正在实践中学有价值的数学，人人都能获得必需的数学，不同的人在数学上得到不同的发展，为学生可持续发展打下坚实的基础。

（二）课堂变

玩转数学的理念不仅局限在课下活动中，同时我们还聚焦课堂，将玩中学的理念渗透在课堂教学当中。

1. 在课堂上，尊重与呵护小学生“爱玩”的天性。整合课程资源的时候

就必须遵循“生活化、趣味化、儿童化”的原则；选取教学内容时以“激发兴趣，锻炼能力，挑战自我”为指针；制订计划时精心设计，合理安排，严密组织，全程指导，正面评价，及时反馈。只有这样，才能够确保“爱玩”之教育目标的顺利完成。

2. 要培养学生“会做”的能力，培养学生的团队意识，帮助他们形成“分工合作”机制。只要我们做到了这一切，学生就一定能够大胆尝试，不断挑战，不断地从“爱玩”走向“会做”。

3. 要发展学生的问题意识，锻炼与提高学生综合运用各种知识解决问题的实践能力。必须强调学生的“自主性”“自发性”，将学生的“独立思考”“自主判断”和“自我实现”放在首位，重视通过学生的“自主探究”形成问题，在“猜测与尝试”中形成“发现问题、提出问题、分析问题、解决问题”的品质与能力。

工作室积极进行“数学好玩”课程的研发与推进。张晓有老师执教的“填数游戏”、杨庆云老师执教的“我们一起去游园”、宋佳老师执教的“分扣子”、高鸽老师执教的“摆图形”和王丽娜老师执教的“百变七巧板”，其研究形式和研究成果都得到了校领导的高度肯定。

附

玩转数学优秀活动课例

“填数游戏”教学案例展示

上课教师：张晓有

教学内容：北师大版一年级下册数学好玩中的“填数游戏”。

教学目标：

1. 经历填数游戏活动，初步提高观察能力和分析推理能力。

张晓有老师执教“填数游戏”一课

2. 经历数学知识的应用过程，提高解决实际问题的能力，了解同一问题可以用不同的方法解决，初步获得数学的活动经验。

3. 在探索、尝试、交流等活动中，体会填数游戏的乐趣，激发学习兴趣。

教学准备：课件、数字卡片。

学具准备：根据教材内容准备纸质扣子，每组3份。

教学过程：

一、谈话导入

师：张老师最近去参观了一所动物学校，老师发现一年级的小动物都在玩一种填数游戏，你们想玩吗？

师：既然大家这么踊跃，那我们就一起来试试吧。

板书课题：填数游戏

二、活动探索

（一）活动一

1. 第一关：合作闯关

学生和乐乐猫一起玩第一关游戏。学生首先讨论如何理解游戏规则的。

2. 小组合作，把答案写在题单上，教师指导。

3. 学生汇报填数结果。

（1）请小组中的一个同学在黑板上演示填数游戏的过程，边汇报边说填数字的理由。

（2）再请一组同学用不同的方法在黑板上演示，边分边说是按照什么原则填的。

第一关：合作闯关

（二）第二关：更上一层楼

1. 学生和哈哈兔一起玩第二关，学生先猜猜游戏规则，之后教师再给出游戏规则。

2. 小组合作，把答案写在题单上，教师指导。

3. 学生汇报填数结果，教师纠正学生的汇报语言，重点探讨有两个空的行或列的填数方法。

4. 师生得出结论。

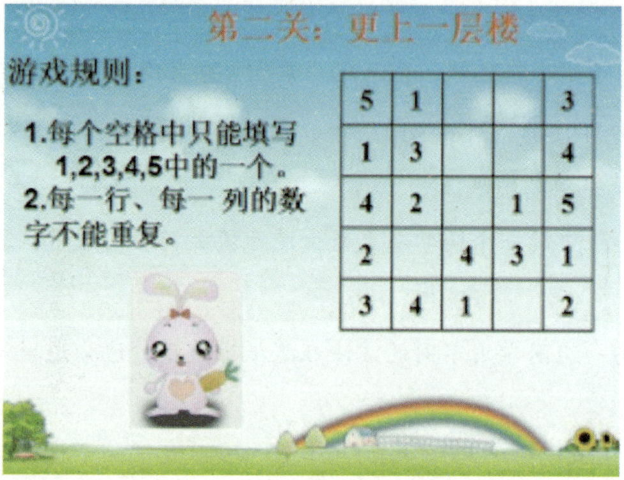

三、巩固提高

第三关：终极挑战

1. 学生在机灵猴的鼓励下，对终极关卡发出挑战。

2. 小组合作，开始填数，教师指导。

3. 学生汇报填数结果，熟练地运用前两关总结的方法，教师指导。

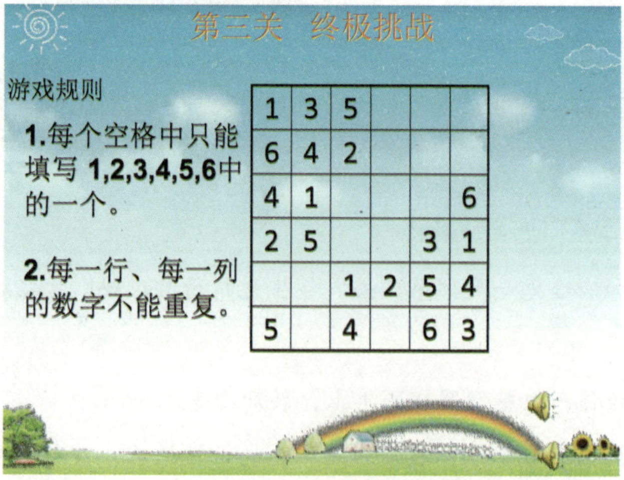

四、观看视频，激发学生的学习兴趣，不断挑战

五、课堂小结：这节课你有哪些收获

（三）学生玩

我国教育家陈鹤琴曾经说过：“游戏是儿童的心理特征，是儿童的工作，是儿童的生命。”在游戏中儿童能够掌握社会道德行为规范与社会行为技能，发展想象力和创造力，获得快乐的情感体验，逐步形成健全的人格。数学游戏对数学教学具有极大的促进作用，对此，马丁·加德纳曾经做了相当正确的评价：“唤醒学生的最好办法是向他们提供有吸引力的数学游戏、智力题、魔术、笑话、悖论、打油诗或那些呆板的教师认为无意义而避开的其他东西。”为了让学生能够体验到数学学习的乐趣、了解数学学科的魅力，更是为了架起教师乐教与学生乐学之间的桥梁，工作室每学期都会开展丰富多彩的数学活动，如学科实践活动、数学小论文评选、数学知识竞赛和数学魔术等活动。这些活动在设计上既互相衔接，在目标上又各自有所侧重，有的是为了提升学生的动手能力和空间想象能力，有的是为了提升学生的

研究意识，有的是为了拓宽学生的视野，了解数学史的相关知识。

小学部每学期的第4个教学月都会举行为期一个月的“数学学科实践活动”。在这个月的前3个星期中，全校学生总动员，学生会经历丰富多彩的数学活动，如搭立体图形、拼七巧板、玩魔方、巧算24点、数独游戏等活动。学生在活动中提升空间观念、动手能力，同时提升学习数学学习的乐趣和学好数学的自信心。

数学活动月的第4周学生们会结合自己参加的活动进行反思和总结，形成小论文，小论文中会呈现学生在实践中的收获（如学到了哪些知识，对数学又有了哪些了解），活动中好的表现有哪些，不足之处有哪些，写论文时上网搜索了哪些问题、查找了哪些资料？当然学生在写论文时老师会适当地进行指导。最后学校会评选出优秀的论文在不同年级传阅。

数学知识竞赛是深受五六年级同学欢迎的活动形式，活动会经历两个阶段：一是海选，海选之后采取导师制进行组队，导师对本组队员进行培训。二是“育才最强大脑”知识竞赛。竞答选手由师生共同组成，共有6个小组，每个小组1名导师和2名学生。知识竞赛的现场观众由五六年级组成，观众被分成6个团队，分别是6个智囊团，场上选手可以向自己的智囊团求助。孩子们通过这种形式的学习，了解了很多数学文化、数学思想和数学方法，竞赛成了开启同学们深入探究数学未知空间的“金钥匙”。

数学魔术也是深受学生喜爱的活动之一，每个学期会开展4次数学魔术活动。开学初会下发征集令，孩子们有一个月的准备时间，好的魔术上报给自己的数学老师，最后工作室成员利用教研时间进行研讨，筛选出符合孩子认知水平、能够提升学生数学思维和能够激发学生探究数学规律的小魔术，并在每一个月最后一周如期开展现场表演。经过几年的积累，受欢迎的魔术有“读心术”“猜扑克牌”“预言牌”等。

附

各年级玩转数学系列活动方案

二年级“奇思妙想七巧板”活动方案

策划人：高鸽

一、确定主题的依据

“奇思妙想七巧板”由七块不同形状的几何图板组成，巧妙地应用排列组合和线形规划原理，可以拼出两千多种形象生动活泼的图案，还可用多副七巧板创造出无数自然景观、生态环境、体育活动、寓言故事、古诗情景等。该活动通过学生动脑思考，动手操作，让孩子尽情地玩，愉快地学。给学生创造广阔的想象空间，对学生综合素质的提高具有很大的促进作用。

无论在现代或古代，七巧板都是用以启发幼儿智力的良好伙伴。能够把幼儿对实物与形态之间的桥梁连接起来，在培养幼儿的观察力、想象力、形状分析及创意逻辑上都有巨大的发展空间。七巧板可以帮助孩子认识各种几何图形、数字、认识周长和面积的意义，了解毕氏定理。还可以教导小朋友辨认颜色，引导小朋友领悟图形的分割与合成，进而增强小朋友的手部智能、耐性和观察力。亦可用以说故事，将数十幅七巧板图片连成一幅幅连贯的图画，即可当漫画般说故给小朋友听。培养学生之间的互相合作能力，培养学生动手能力、创造能力和空间想象能力，促进学生综合素质的全面发展。

二、活动目标

1. 了解与七巧板有关的数学文化。

2. 在活动中，学生的观察能力、动手操作能力、创造能力和空间想象力得到提升。

3. 提高学校的科技氛围，促进学校素质教育开展和校本课程的开发。

三、活动时间、地点、对象及规模

活动时间：

预赛：2018年9月12日。

决赛：2018年9月19日。

活动地点：二楼报告厅。

参赛对象：二年级全体学生，决赛二年级每班10名代表。

带队老师：各班班主任。

比赛器材准备：计时器、七巧板（学生自备）。

四、活动内容

1. 任教老师利用数学特色课程玩“趣味七巧板”游戏，锻炼学生的动手动脑能力，开发学生的智力。通过班级的预赛，每班选出10名学生参加比赛。

2. 比赛要求

（1）各参赛选手自带七巧板参加预赛

七巧板拼图比赛。以班级为单位将邻班的七巧板打乱，教师出题（拼数字、字母、动物、图案），在规定的时间内完成者，过关，进入决赛。

（2）决赛

第一场：教师出题（拼数字、字母、动物、图案），按完成的时间先后决定名次。

第二场：根据故事、古诗意境拼图，团队比赛。按照完成的时间、美观及画面的完整程度进行评分。

五、方法指导——七巧板的拼图技巧

拼图口诀：拼图先找特殊处，直接连线没问题。

基本图形一刀切，面积边长是依据。

先用大块拼小图，用过板块不再用。

最后再来看整体，不合适处细调整。

（一）拼图先找特殊处，直接连线没问题

在七巧板图形中，最明显也是最好判断的地方主要包括三类：边角相连（或角角相连）的地方、与七巧板边长关系明显不符的地方以及明显能看出所用板块的地方。例如下面三个图形中画圈的地方。

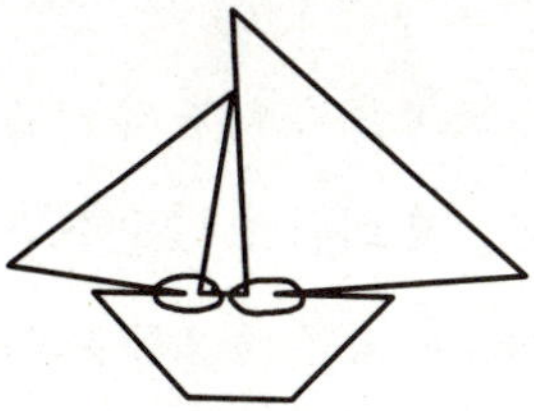
图1

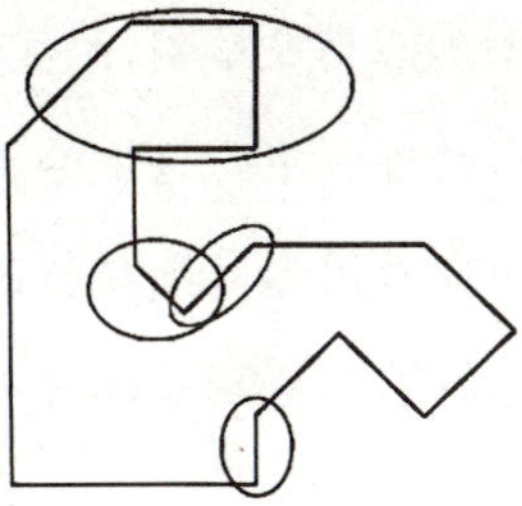
图2

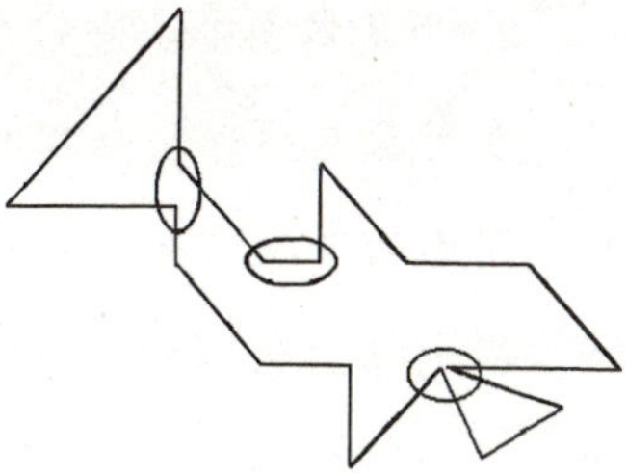
图3

1. 在图1中，两个画圈的地方都属于“边角相连的地方”，或者说是图形中的节点。

2. 在图2中，共有5处可以入手进行分析的地方，我们先来看图形上方圈出的地方，这明显是一个正方形，在拼图时要本着“先用大块拼小图”的原则，图形中其余三个画圈的地方都属于“与七巧板边长关系明显不符的地方”。

3. 在图3中，最右边画圈的地方是“边角相连的地方”。

（二）基本图形一刀切，面积边长是依据

因为七巧板有7个板块，“基本图形”就是由不超过三块七巧板组成的规则图形，包括正方形、长方形、平行四边形、三角形、直角梯形、等腰梯形等简单多边形。

1. 用不超过三块七巧板拼出的基本图形（图4）

图4

2. 用基本图形法进行分割的原则及举例

在用基本图形法分割图形的过程中，每次分割时，只考虑分割后得到的基本图形的形状、大小以及组成该图形的七巧板的种类，直到将图形完全分解，得到正确的答案。下面3组图形分别是刚才所举的3个例子的具体分割过程。

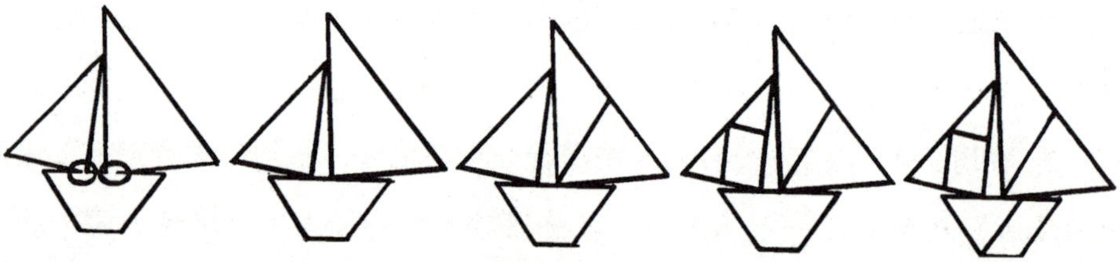

图5

在图5中，对于初步分割后得到的3个部分，我们可以根据其面积大小，初步判断出图形左上方的三角形是七巧板中的一个大三角形，而右上方较大的三角形则可以用七巧板中的两个大三角形拼成。但是，一副七巧板中只有两个大三角形，那么多出来的一个必然是由其他的板块组合而成的。经过分析，我们就可以用基本图形法来对这个图形进行逐步分割了。

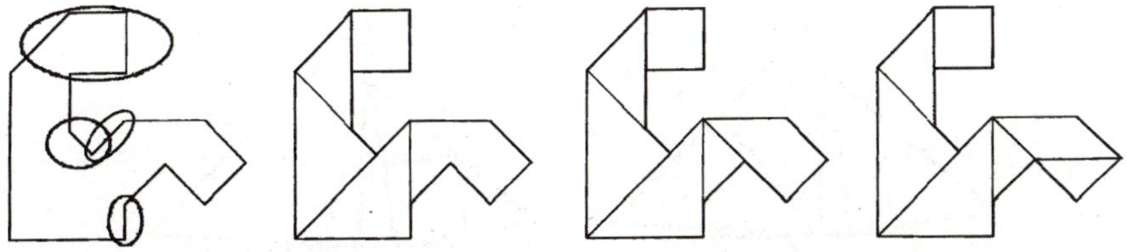

图6

在图6中，经初步分割，七巧板中只剩下平行四边形和两个小三角形没有用到了，而整个图形中也只有右侧的凹六边形没有确定拼法。这时有两种思考方式：一种是严格按照基本图法进行分割图形，例如图6中的分割步骤；另一种是优先找寻平行四边形的位置，因为平行四边形在这个图形中只有一种摆法，因此就可以直接得到整个图形的拼法。

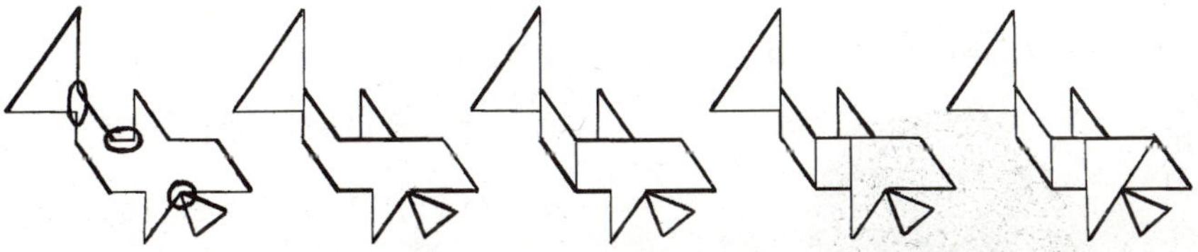

图7

在图7中，既可以按照图中的顺序，严格按照基本图法进行分析，也可以优先判断出大三角形的位置，然后再按照基本图法分割图形，最终得到的结果都是一样的。

（三）先用大块拼小图，用过板块不再用

（四）最后再来看整体，不合适处细调整

最后一句口诀有两个含义。一个含义是将七巧板图形分割完成后，还要从整体上对图形的拼法进行检查；另一个含义则是从图形拼法美观的角度来考虑的。例如下面的两个图形（图8），虽然拼法都是正确的，但左侧的拼法显得比较凌乱，没有右侧的拼法美观。

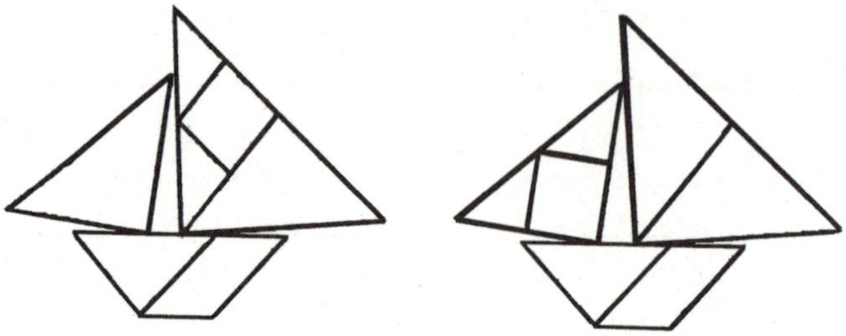

图8

六、奖项设置

现场赛统一标准，评选一、二、三等奖若干名。

决赛第一场获胜者评为“玩转七巧板小达人”。

决赛第二场获胜者评为“七巧板创意高手”。

活动负责人：由学校领导、各年级组组长负责担任比赛裁判。

七、活动小结

学生拼摆三角板

通过本次活动，我们给学生创造一个适合他们自己去寻找知识的情境，在辅导过程中，按书中的“按样拼图”—“按图分解”—“按题拼图”—“创意拼图”这几个阶段进行。课余时间感兴趣的同学还带回家进行练习，积极性很高，通过练习引发了学生对生活活动的联想，促进了观察能力和想象能力的提高，培养了创新意识，有利于养成做事认真细致的好习惯。

1. 本次活动结合实际，提高抽象思维能力。我们结合数学书中的“数学好玩”专题设计和观察创造方面内容进行了创造能力的提高。

2. 本次活动发掘潜能，培养学生创新能力。七巧板创造性题材非常广，多副组合的设计与创作为学生开拓了广阔的天地。

三年级活动方案“魔方总动员”活动方案

策划人：王丽娜

一、确定主题的依据

1. 背景

魔方与中国人发明的“华容道”、法国人发明的“独立钻石”一起被称为智力游戏界的三大不可思议。而魔方受欢迎的程度更是智力游戏界的奇迹。

魔方，Rubik’s Cube又叫魔术方块，也称鲁比克方块。是匈牙利布达佩斯建筑学院厄尔诺·鲁比克教授在1974年发明的。当初他发明魔方仅仅是作为一种帮助学生增强空间思维能力的教学工具。但要使那些小方块可以随意转动而不散开，不仅是个机械难题，这牵涉木制的轴心、座和榫头等。他将魔方转了几下后，发现如何把混乱的颜色方块复原竟是个有趣而且困难的问题。鲁比克决定大量生产这种玩具。魔方发明后不久就风靡世界，人们发现这个小方块组成的玩意儿实在是奥妙无穷。

魔方广为大众喜爱是在20世纪80年代。从1980年到1982年，总共售出了将近200万只魔方。据估计，20世纪80年代中期，全世界有五分之一的人在玩魔方。魔方在中国的发展起源于20世纪80年代，真正发展到如火如荼的地步还是要到迈入21世纪后。2013年，在美国拉斯维加斯举办的第七届魔方世界锦标赛sq的决赛中，中国选手叶儒臻不负众望，以13.62秒的成绩获得冠军，中国选手第一次站在了世锦赛的冠军奖台上！时至今日，在中国举办的魔方比赛越来越多，供魔友们互相交流的平台也愈发宽广，魔方这个智力玩具，还将会在中国风靡许久。

2. 活动设计理念

苏霍姆林斯基曾说过：“在人的心灵深处，都有一种根深蒂固的需要，这就是希望自己是一个发现者、研究者 、探索者。而这种需要在孩子的精神世界中尤为重要。”我们设计的“魔方总动员”系列数学活动，以游戏为载体，采取进阶培训模式，让学生在玩中学，学中玩，在学习各种魔方的玩法中，探索数学之妙，发现数学之美，体验数学之趣，享受数学之乐。

本次活动分为三个阶段推进：第一模块“魔力相册”讲述魔方的发展史，让学生从历史的角度认识魔方，探索魔方里隐藏的科学奥秘，感受魔方里蕴含的精神力量。第二模块“魔法空间”，建立5个魔法工作室，分阶段向魔方爱好者传授魔方技巧。魔方种类很多，用“轴数+形状”不能完全表达一个魔方的特性，因此归类魔方时又加了“阶”的概念。就是因为魔方上有的块由多个旋转层共有，所以魔方才能产生复杂的变化，这也是魔方的魅力所在。“阶”数越高的魔方难度越大。根据三年级学生的发展水平，我们采取分级授课制，二阶入门，五阶封顶。第三模块“魔方大赛”是三阶魔方速拧擂台赛，同时为四阶和五阶及单手魔方的学员提供展示的平台。

二、活动目的

1. 在数学游戏中，学习二阶至五阶魔方的技巧，熟练掌握三阶魔方速拧方法。

2. 探索魔方的科学原理，经历从不会到会、从生疏到熟练的学习过程，积累学习经验。

3. 通过数学游戏，培养良好的思维方式，发展观察、记忆、想象等思维能力，最终形成良好的思维习惯。

4. 领悟魔方的精神内涵，培养合作意识，增强自信心。

三、活动时间、地点、对象及规模

活动时间：2018年10月8日—10月31日

活动地点：二楼报告厅

活动对象：三年级学生

四、活动内容

第一模块：魔力相册。

数学知识讲座——《第一个魔方的故事》。

第二模块：魔法空间。

玩中学，分阶段学习魔方技巧。

第三模块：魔方大赛。

三阶至五阶魔方速拧大赛。

五、方法指导

（一）魔方的最流行的配色

上黄—下白；前蓝—后绿；左橙—右红。

（二）三阶魔方初步还原步骤

1. 还原第一层

（1）底层十字

心块的固定性，这一性质，在魔方上实质起着定位的作用，简单地说就是中心块的颜色就代表它所在的面的颜色。在拼第一层十字时，可以以黄色中心块为中心先拼白色十字（小花），棱块可以不和中心块颜色一致的，只需旋转一致后再旋转180°，即可还原一个颜色。

（2）还原角块（上顺下逆）

2. 还原第二层

（1）不一样时的公式：上顺上顺上逆下逆下。

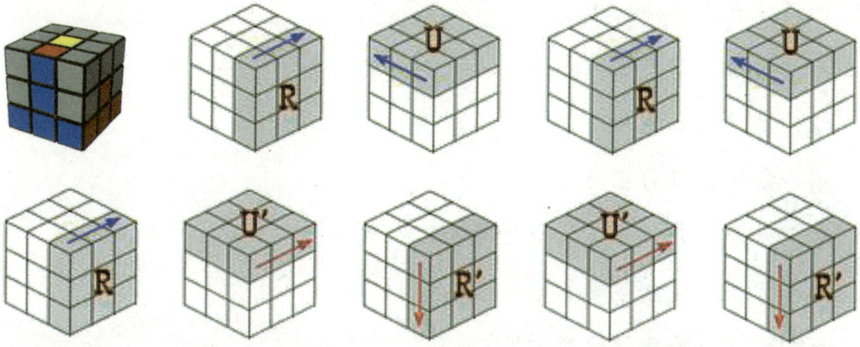

（2）一样时的公式：下逆下逆下顺上顺上。

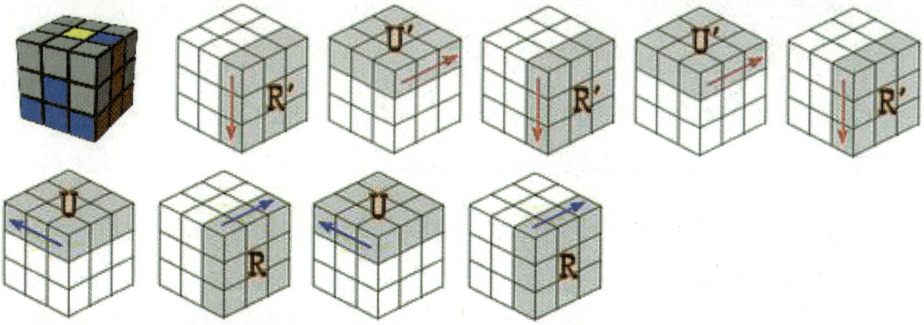

（3）特殊情况

还有的情况就是位置正确但颜色没对好，或者已经在第二层但位置不对，（如下图）把顶层随变一个换下来，然后就和正常的一样了。

3. 还原第三层

(1) 顶层十字（前右公式+上顺下逆+前左）

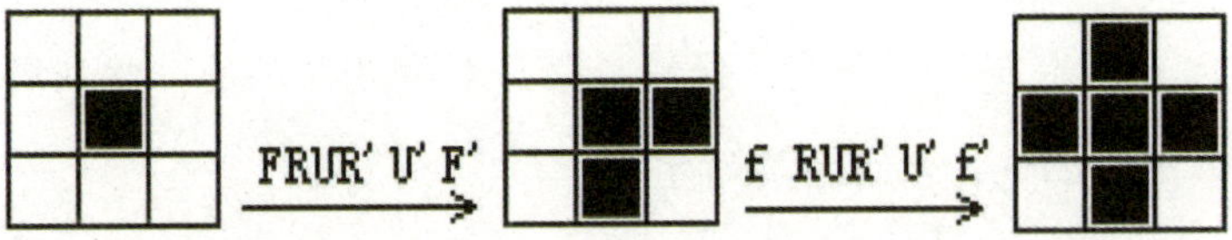

(2) 顶层颜色（右手公式：下逆上逆下逆逆上；左手公式：下顺上顺下顺顺上）

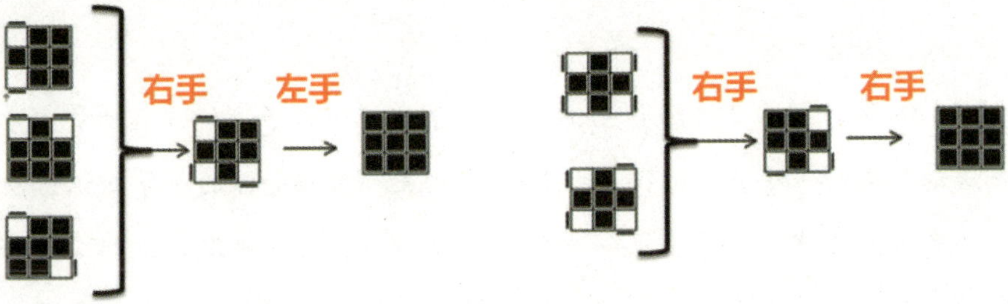

六、活动的准备

1.《第一个魔方》数学知识讲座PPT。

2. 魔方世界锦标赛的视频。

3. 各种各样的魔方。

4. “鲁比克俱乐部”会员申请表。

5. 二阶、三阶、四阶、五阶魔方的教学视频。

6. 魔方大赛使用的计时器和记分牌。

7. 奖品奖状。

七、活动过程

第一周：举办数学知识讲座活动，由三年数学组白鹤老师主讲“第一个魔方”。讲座共分为“第一个魔方”“魔方的演变”“魔方世界锦标赛”“魔方表演”四个部分内容，讲述魔方的过去、现在和未来。讲座结束后分发“鲁比克俱乐部”会员申报表。

第二周：创办“鲁比克俱乐部”，成立五个“魔方工作室”，招募魔方爱好者成为“鲁比克俱乐部”的会员。传授二阶、三阶魔方玩法，学期满举行二阶、三节魔方速拧测试，记录学员的学分。

第三周：传授四阶、五阶魔方玩法，重点研究单手速拧三阶魔方技巧。学期满举行四阶、五阶速拧测试，记录学员的学分。

第四周：五个“魔方工作室”选派代表参加“三阶魔方速拧大赛”，颁发获奖证书和学员结业证书。

八、活动总结

2018年10月8日—10月31日，三年数学组举行了“魔方总动员”学科实践活动。历时一个月，取得了非常好的效果。白鹤老师的数学知识讲座《第一个魔方》分享了世界上第一个魔方的故事，从第一个魔方讲到二阶和四阶魔方，又讲到镜面魔方、金字塔魔方等异形魔方，把孩子们带入了奇妙的魔方世界。魔方世界锦标赛将讲座推向了高潮，历届锦标赛冠军的精彩表演令同学们惊叹不已。学校的魔方小达人表现也不错，他们的精彩表演赢得全场阵阵掌声。

学生拼魔方比赛

数学知识讲座后，“鲁比克俱乐部”火爆招募会员，三年组的学生积极踊跃报名。通过选拔，75人成功入选，组成5个“魔方工作室”。“魔方工作室”的老师认真负责，和学员共同研究魔方玩法，师生互动，团结合作，营造了良好的学习氛围。工作室的老师根据学员的学习表现和学习成果作出阶段性评价，学员凭借学分取得“合格”或“优秀”两个级别的结业证。

三阶魔方速拧大赛展示了各个工作室的学习成果，赛出了友谊，赛出了水平。颁奖典礼充满了浓浓的学术气息，白鹤老师的颁奖词《数学好玩》指出了数学学习的本质，并向三年级学生提出了数学学习的新要求和新希望。

九、活动反馈

本次活动设计思路合理，过程实施真实有效，寓教于乐，达到了预期的效果。此次活动参与面广，在一定程度上激发了学生学习数学的热情，受到广大师生的关注，得到校领导和家长的一致好评。

四年级“巧算24点”活动方案

策划人：宋佳

一、确定主题的依据

1. 背景

数学是思维的体操，许多数学问题都是通过游戏这一形式呈现，让我们感受到数学的神奇所在。“巧算24点”正是这样一种数学游戏，正如其他棋牌类游戏一样深受人们的喜爱。它以自己独特的数学魅力和丰富的内涵正逐渐被越来越多的人所接受，这种游戏方式简单易学，而且健脑益智，是一项极为有益的活动。 实验研究表明24点能够提高人的记忆力和头脑灵活性，因此一些科学家建议将24点游戏推广到日常生活中。

2. 活动设计理念

一副扑克牌（54张）中，任意抽取4张可有1820种不同组合，其中有458个牌组算不出24点。巧算24点能极大地调动人体多种感官的配合，锻炼人体手、眼、脑的配合度，对于培养学生的心算能力和反应能力有很大的帮助。而对于开发少年儿童的发散性思维，提高小学生的口算能力都有好处，然而现在在我们的周围，玩24点游戏的人少之又少，所以我们教师不仅要向学生推荐这个有益游戏，使伙伴之间、孩子之间能随时随地进行游戏，还要向家庭发出倡议，让父母和孩子一同游戏，也是促进亲子关系的一种方式。

二、活动目的

1. 在活动中学生学习“巧算24点”的基本玩法，探索基本技巧，归纳总结基本策略。

2. 为学生提供展示自我的平台，鼓励学生参与到数学活动中来，培养学习数学的兴趣。

3. 在不断尝试的过程中体验成功的乐趣，增强学习数学的信心。

三、活动时间、地点、对象及规模

活动时间：2018年4月20日。

活动地点：二楼报告厅。

活动对象：四年级学生。

四、活动内容

在1—9这9个数字中任选4个数字组成一道结果是24的算式，算式中可以包括“+、−、×、÷”等运算，但是数字不能重复，此活动为“巧算24点”。

五、方法指导

“巧算24点”作为一种扑克牌智力游戏，还应注意计算中的技巧问题。计算时，我们不可能把牌面上4个数的不同组合形式一一去试，更不能瞎碰乱凑。这里向大家介绍几种常用的、便于学习掌握的方法：

1. 最常见的算法是3×8，4×6，2×12，所以最先考虑的应该是上述3种算法。一般情况在已有其中一个因子的情况下，应该用其他3个数去凑出另一个因子。

2. 先乘后加。常见的有2×7+10，3×5+9，2×9+6，3×7+3等。

3. 先乘后减。常见的有3×9−3，4×7−4，5×6−6。这种类型里较难的是减数是由两个数相加而得，例如：2，5，7，9。

4. 消去法。有时候，3个数就可以算出24，多出来一个数，用消去法，可将多余的数除去。如3，5，9，10，3×5+9=24，多一个10，可将10−5=5，将10消去。用乘法的分配律消去，如2，5，8，8，（5−2）×8=24，多一个8，可以将算式改为5×8−2×8，将多余的8消去。

六、活动准备

1. 制作宣传海报。

2. 预赛：班级内每名学生准备一副扑克牌，在班级进行预赛的活动。

3. 决赛：三关赛题设计、PPT制作、标语及会场布置，各组队抢答器、记分牌、白纸（一组4张），第一关题卡（每组12题），奖品。

七、活动过程

预热阶段：

通过班级微信向全班同学发出通知，动员全体同学通过网络下载“巧算24点”游戏软件，在软件上进行操作，同学之间也可以互相比拼。

初赛阶段：

1. 教师讲解游戏规则。

2. 学生利用扑克牌进行小组活动。

3. 各班级开展“巧算24点”数学竞赛，每班选出4名成绩优异者代表班级在年组参加总决赛。

决赛阶段：

1. 活动规则

“巧算24点”的游戏规则如下：一副牌中抽去大小王剩下52张，（如果初练也可只用1—10这40张牌）任意抽取4张牌（称牌组，如抽出的牌是3，

8，8，9，那么算式为（9−8）×8×3或3×8÷（9−8）或（9−8÷8）×3等。

2. 活动要求

（1）各班级要求有“队名”“口号”，选好队长，队长起到分工合作和引领带头的作用。

（2）在比赛过程中文明比赛，观众评委文明观赛，不得提醒。

3. 活动流程

（1）第一关——急速出击！速度大考验

规则：在规定的一分钟内每队合作完成12道题，每题一种方法即可，每题10分，答对几题就得几分。

（2）第二关——谁与争锋！算法大比拼

规则：本轮总共有三题，每一题的答题时间是2分钟，在规定时间里，每个参赛队要尽可能多地想出一道题算24点的不同方法，由一个人统一写在答题纸上，每算出一种方法加10分。若是4×6+5−5与5+4×6−5属于同一种方法。

（3）第三关——牛气冲天！争抢答题王

规则：在老师说“开始”以后按抢答器，违规者倒扣10分。答对一题加10分，但如果答错了或者在规定时间内答不上来倒扣10分。

（4）分享经验

由玩转数学工作室教师与同学们一起总结方法，由获奖者分享经验。

（5）颁奖典礼

评选出团体一、二、三等奖，并对获奖者颁奖、合影留念。

八、活动总结

活动开展得十分热烈，预热阶段，学生利用互联网的方式在线上进行游戏，充分调动了学生的积极性和参与活动的热情。班级初选的过程中，教师先是向学生介绍了“巧算24点”的方法，在学习过程中学生就掌握了游戏的技巧，而不是盲目地尝试，在班级初选过程中能够做到公平公正，成功地将优胜者选出。最后的决赛过程，学生们的积极性达到了最高，全场比赛的热情被点燃，各组队能够有效地合作，观众们也热情高涨，这次活动为整个年组的学生都提供了一个展示自我的舞台，提供了一个爱上数学的契机，历时一个月的活动圆满落幕，效果非常好。

九、活动反馈

在三年级可以先用简单的游戏，对学生进行启蒙教育。在四、五、六年级，我们把数字变到1—13，也可以利用网络24点游戏软件进行操作，既快又方便，什么无解的、难解的题目都能分辨出来。巧算24点游戏，能为学生创设生动、直观的活动情境，充分调动学生的兴趣和积极性，同时在活动中充分体现学生自主、合作、探究的学习方式。整个活动，让学生人人参与、人人学数学、人人体验成功的快乐。活动结束后通过课堂教学和课后测评发现，类似的练习题学生错误率大大降低，对于教学也起到了辅助的作用。更有同学表示通过这次活动，喜欢上了“巧算24点”的游戏，有时在家里能在线上坚持通关，从而锻炼自己的思维能力，丰富课余生活，缓解学习压力。

五年组“乐数独乐”数独活动方案

策划人：何星

一、确定主题的依据

1. 背景

数独是一种逻辑推理游戏。需要根据9×9盘面上的已知数字，推理出所有剩余空格的数字，并满足每一行、每一列、每个区块（3×3）内的数字均含1—9这九个数字。数独起源于18世纪初瑞士数学家欧拉等人研究的拉丁方阵，即从六个不同的军团各选六名军阶不同的军官，令此三十六人排成一个6行6列的方阵，使得每行每列的军官恰好来自不同军团且军阶各不相同，这样的排列方式是否存在。直到20世纪初，这样的方阵才被证明是排不出来的，而相应的满足条件的方阵被称为n阶欧拉方。直到1960年，数学家们彻底解决了这个问题，证明了$n=4t+2$（$t \geq 2$）阶欧拉方都是存在的。19世纪80年代，一位美国的退休建筑师格昂斯根据拉丁方阵发明了一种填数趣味游戏，这就是数独的雏形。20世纪70年代，人们在美国纽约的一本益智杂志《Math Puzzles and Logic Problems》上发现了这种安放数字的游戏，这也是目前公认的数独最早的见报版本。

2. 设计理念

数独游戏是一项不受时间、地点、语言的限制，十分容易普及的益智游戏。它简单、易学、便携而且有各个年龄阶层的人和自己同享，它可以增进玩者的逻辑能力，开发智力。学生在课后，一般是跳绳、踢毽、丢沙包和悠悠球，游戏活动种类比较单一，且益智类的游戏基本没有。此次活动的创办理念是“乐数独乐”——让孩子乐于数独，在数独中找到乐趣，引导学生开展更丰富的课余生活。通过多种游戏，让学生的“玩”有更多选择，促进学生智力因素和非智力因素的全面发展。

二、活动目的

1. 丰富学生课余生活，提高交往能力，培养学生的集体主义精神，促进学生身心健康发展。

2. 认识“数独”游戏的规则，掌握用推导、排除、假设验证、有序思考等方法玩转数独。发展学生的观察力、想象力、逻辑推理能力以及创新思维，培养学习数学的信心和兴趣。

3. 感悟成功与失败就在一线间，培养学生全局观念和克服困难、持之以恒的精神，懂得用解“数独”的思想指导生活。

三、活动时间、地点、对象及规模

活动时间：2018年12月1日—2018年12月10日。

活动地点：二楼报告厅。

活动对象：五年级学生。

四、方法指导

标准数独游戏就是一个9阶方阵（9行9列的行列式），也叫九宫数独，共81个小格。游戏的设计者在这个大正方形内预先填入一些数字，我们的任务就是用上1至9的九个自然数，将其余的空格填满。

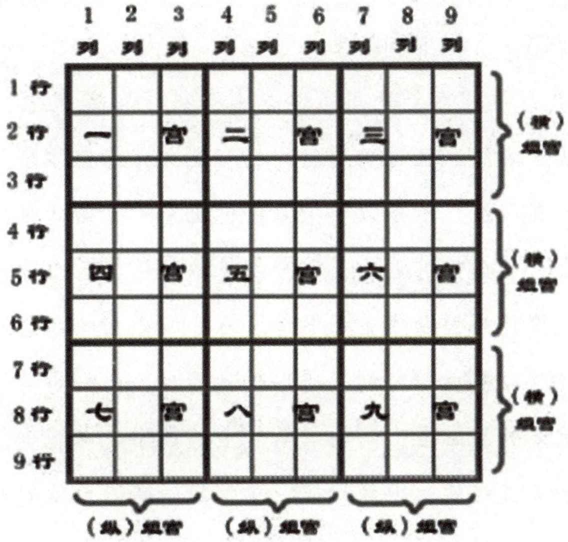

大九宫图结构图

在9阶方阵中，包含了81个小格（九行九列），其中又再分成九个小正方形（称为宫），每宫有九小格。游戏刚开始时，盘面上有些小格已经填了数字（称为初盘），游戏者要在空白的小格中填入1到9的数字，使得最后每行、每列、每宫都不出现重复的数字，而且每一个游戏都只有唯一的解答（称为终盘）。

五、活动准备

1.《走进数独》数学知识讲座PPT。

2. 数独比赛视频。

3. 数独教学视频。

4. 计时器、记分牌、抢答器。

5. 奖品奖状。

六、活动过程

第一周：举办数学知识讲座活动，由五年级数学组高薇老师主讲《走进魔方》。讲座共分为“数独的演变”“数独规则”“数独比赛”三个部分内容，讲述数独的过去、现在和未来。

第二周：学生利用业余时间通过查阅资料、实战演练、请教老师等手段，掌握基本解题方法。经过两周时间的沉淀，大部分学生都能掌握数独的常规技巧。例如直观法，不在方阵中做任何记号，直接从数独的盘势观察线索，推理出答案。再如候选数法，即删减等位群格位已出现的数字，将剩余可填数字填入空格作为解题线索的参考。有些学生在此之前就对数独有一定认识以及活动经验，甚至研究到了变形数独游戏，比如对角线数独，在每行每列每宫不能重复的基础上，两条对角线上的数字也不能重复等。课余时间数独高手们相互交流经验，出题切磋，学生的创新能力及创新意识有了极大提高。

第三周：实战演练，汇报成果。比赛共分为初赛和决赛两个阶段。第一阶段的初赛，全年级各班级统一时间进行数独答题，每班选出三人组建各班数独比赛代表队。第二阶段的决赛，九个代表队不仅在比拼数独能力，更是全队合作能力以及临场应变能力的比拼。五年组学生做观众，五年组老师做裁判，比赛分为必答题、抢答题和选答题，优胜代表队当场颁发证书。

七、活动评价

记录每组得分情况，选取前三组颁发奖状。

八、活动总结

数独能培养学生的逻辑思维能力，推理、演绎、归纳，这些能力对孩子的学习十分重要，学生玩数独的过程，就是学习逻辑推理的过程；数独能培养学生对数学的兴趣，很多学生稍稍入门后就会玩得乐此不疲，它可以代替网游，简单的纸和笔，却能让孩子沉下心来仔细钻研；数独可锻炼学生的意志品质，因为玩家有时会因填错一个数字而“全盘皆输”，只能从头填起，这些都是对学生非常好的挫折教育。明看山重水复疑无路，却始终相信柳暗花明又一村，其实人生何尝不是如此，只要我们拥有坚定的信念，明确的目标，任何困难都不能阻挡我们前进的方向。

九、活动反馈

本次活动组织有序，目的明确，锻炼了学生的眼力、反应速度。经过练习，学生普遍感觉自己对数字更加敏感，学生家长普遍反映孩子的注意力更容易集中了。在一定程度上激发了学生学习数学的热情，受到广大师生的关注，得到校领导和家长的一致好评。

三、工作室的收获

工作室开展的系列数学实践活动不仅让学生主动地获取知识，还促使学生去发现和研究问题；不仅让学生积累了知识，还增强了学生运用数学的意识；不仅让学生运用知识来解决实际问题，还激发每个学生的创造潜能，培养学生的创新精神。这体现了现代的主体性教育思想。通过实践活动的教学，拓宽现行小学数学教学的空间，增强数学学习的意义。在活动中，教师不再是传授者，而是促进者。促使学生自己去感知体验、实验观察、探究研讨，教师成为学生最可信赖的心理支持源。在综合实践活动中，学生不再是一个被动的接受者，而是一个充满主动精神的探索主体，一个提出问题并尝试解决问题的研究者。师生之间是合作的关系，共同投身于问题的研究过程，共同享受成功的喜悦。经过几年的发展，孩子们学习数学兴趣盎然，学习氛围浓郁。历届学生在校内外各种数学竞赛中屡获佳绩：

2008级3班　郭志博　荣获第四届世界数学团体锦标赛儿童组金牌。

2009级4班　张浩楠　荣获第五届世界数学团体锦标赛个人赛金牌。

2010级4班　徐一涵　荣获第五届世界数学团体锦标赛个人赛银牌。

2010级2班　李新钰　荣获第十三届希望杯全国数学邀请赛辽宁赛区一等奖；第二届辽宁省青少年数学创新应用大赛省级一等奖。

2011级1班　李殊帆　荣获第三届辽宁青少年创新应用大赛一等奖。

2011级7班　薛博文　荣获第14届WMO世界奥林匹克数学竞赛总决赛金奖。

2011级7班　黄辽中　荣获第14届希望杯全国数学邀请赛辽宁赛区省级

获奖学生和周绍强校长在比赛现场

一等奖。

2011级7班　张子诚　荣获2016年WMO世界奥林匹克数学竞赛全球赛区金奖。

2011级8班　石宇哲　荣获第15届希望杯全国数学邀请赛辽宁赛区省级一等奖，全国二等奖。

2012级6班　张宴溥　荣获世界数学团体锦标赛金牌。

2012级6班　邓茗　荣获世界数学团体锦标赛金牌。

2014级8班　龚笑洋　荣获辽宁省科技创新大赛一等奖。

……

还有多名学生在“走进美妙的数学花园”“美国大联盟”等比赛中荣获佳绩。

工作室的各位教师在不断的研究学习中，与学生共同成长，也取得了丰硕的成果。工作室负责人孙宇老师2015年参加优秀课评选，荣获辽宁省优秀课一等奖，2018年获评“沈阳市骨干教师”。工作室成员王丽娜老师荣获“走进美妙的数学花园”中国青少年数学论坛优秀教练员称号，论文《让数学趣味无穷》获辽宁省教育随笔二等奖。高鸽老师的论文《怎样将“趣”“实”“活”应用于数学活动课中》，经“十二五”国家教育规划与教育理论组委会教育教学研究编审部审核后，同意2015年7月在“十二五”国家教育规划组委会官方网站（教育理论网）上收录并展示。高鸽老师在由辽宁省数学会举办的全国教师优秀论文评选活中《如何才能使低年段的小学生轻松愉快地学好数学》一文，荣获一等奖。

四、工作室展望

经过几年的积累，工作室已经取得了一定的工作成果，开展的活动初具规模，在学生中间具有一定影响力。为了更好地让“玩中学”的理念落到实处，让学生更深入体会数学的学习乐趣，体会数学来源于生活、服务于生活，未来工作室将从以下几个方面进行拓展和挖掘。

（一）继续完善“玩转数学”系列活动课程

结合教材继续挖掘活动内容，如开展“购物”和“幸运抽奖”系列活动，2到6年级均可参与，内容螺旋上升。2年级从兑换人民币和付款角度开展；3年级可以开展“小小摄影师活动”，让学生在玩中积累观察物体的经验，体会物体之间的遮挡关系和近大远小等规律。3到5年级同学在“凑单抽奖”中应用多位数加减法和巧算、估算等知识。6年级是商场负责人的角色，可以设计抽奖用的转盘、计算奖品的价格，在此活动中会应用到利润的知识。

（二）积极开展家校合作，拓展教育资源

1. 依托家庭开发数学绘本阅读

数学绘本中没有直接的数学概念，但蕴含着丰富的数学思想。工作室会给1到3年级的家长推荐数学绘本的书单，并结合孩子们的认知水平和在校学习内容，把这些绘本进行分类，明确标注哪个时间段应该看哪本书。

一年级《汪汪的生日派对》《我的一天》《世界上最帅的猪》《真正的魔法师》《都陵村168号》《都到我这里来》《燕子，你还记得吗?》《有想除掉的东西》《鼓鼓和蛋蛋的梦想》《一起一起分类病》。

二年级《美术馆里遇到的数学》《鸟儿鸟儿飞进来》《我家的漂亮尺子》《寻找消失的爸爸》《过去的人们是怎么数数的呢?》《各国的早餐》《和邻居亲密相处》《面包公主三姐妹》《很特别的音乐故事》《时间的故事》《最棒的蔬菜》《阿锤和阿蛋愉快的一天》《我和爷爷的建筑之旅》《吃了魔法药的哈

哈阿姨》。

三年级《猜猜看》《奶奶的红裙子》《小熊一家和吵吵闹闹的怪物们》《公主殿下来的那天》《点和线相遇》《避开恶猫的方法》《乱七八糟的魔女之城》《让谁先吃好呢?》《成为好爸爸》《蜘蛛和糖果店》《双胞胎兄弟》。

2. 建议家长在生活中积累学生活动的经验

如购物时付款、凑单、抽奖、调查商品活动前价格、活动中折扣，外出旅游时带孩子一起制订旅游计划等。

（三）关注细节，提升活动品质；重视合作，提升工作室影响力

在未来的工作中，工作室内部还应该合理分工，将每一项工作细致化，具体活动时间、场地、所需材料的准备等计划得更详细。

以数学教研组为依托，扩大工作室的辐射范围。“玩中学”“生活中处处有数学”的理念应该深入每个数学老师的心。工作室成员在每一项活动后，总结活动成果并在教研时间进行展示。同时利用教研时间反思总结，集思广益，向数学组老师征集改进意见，最后活动设计方案重新编写，形成一个可以借鉴的成型方案，为下一学年开展活动提供素材。

李大潜先生曾说：学生时代所学的大堆数学知识可能在今后的工作生活中派不上实际的用场，甚至会忘记。但是所受的数学训练，领会的数学思想，获得的数学教养无时无刻不在发挥着积极的作用。玩转数学工作室将继续开展多种多样的活动，带领全校孩子“认识数学、亲近数学、玩转数学”。借游戏让学生熟练地进行运算；用阅读，使学生迅捷地提取信息；以活动，令学生正确地测量作图。一项一项技能的培养承载于多样的活动中，渐渐娴熟、内化。

英语语用工作室

一、工作室整体介绍

（一）工作室简介

英语语用工作室成立于2014年12月，工作室以“提升英语学习兴趣，拓展提升英语语言综合运用能力”为目标，以语用教材为基础途径，以学科活动和特色英语活动为载体，以提升和发展学生的跨文化交际能力和英语学科素养为宗旨。

工作室从成立最初的三位成员，到如今的十位老师，从最初的语用俱乐部，到今天的语用工作室，教师参与的范围更广泛，资源积累更全面，学生活动更加丰富，更加注重语言运用能力的提升。语用工作室旨在通过教师的教学研究和教学研讨，全面提升学生的英语语言运用能力和学科素养，同时提升教师的教学研究能力，达到师生共促进、共发展的目标。

（二）Logo设计与解读

语用工作室个性化Logo

该Logo将学生的语言学习与运用，结合抽象的英语学习文化精神、国际化理念和指导方向，通过色彩的平衡，结合几何图形固定下来，使人们自然地产生联想，具有标志性和识别性的作用。

中间的黄色字体鲜明而活泼，代表了学生学习英语的高昂热情，白色的椭圆环形象征着学习的过程是螺旋上升的，整个球形的设计代表了环球的国际化理念和文化融合，语用工作室的英文字体环绕在四周，表示工作室成员为提升学生的语言应用能力而团结协作。NEYC是东北育才学校的字母缩写，表示我们在育才的大家庭中，教学相长，共同进步。

（三）成员组成与简介

语用工作室现由十名教师组成，包括低、中、高三个年段的英语教师，各位英语教师追求卓越，勇于探索与创新，在各自的教学中既有整体的共同

语用工作室成员合影

理念，又具有各自的教学和研究特色，大家相互融合，共同切磋，不断进步。

1. 工作室主持人

王丽，2004年毕业于沈阳师范大学英语教育专业，专业英语八级，中学一级教师，校骨干教师。具有一至六年完整的教学经验，多年承担英语毕业班的教学和命题工作。工作踏实认真，有责任心。秉承“不抛弃不放弃，为每个学生负责的教育理念”。论文和微课在各级评选中多次获奖，所授课程《Cities》在一师一优课评比活动中荣获“部级优秀课”。

2. 工作室成员

刘爽、王一茗、马贺娜、田甜、王丹、陆滢、步睿、杨佳、周佳媛。

二、工作室的整体规划

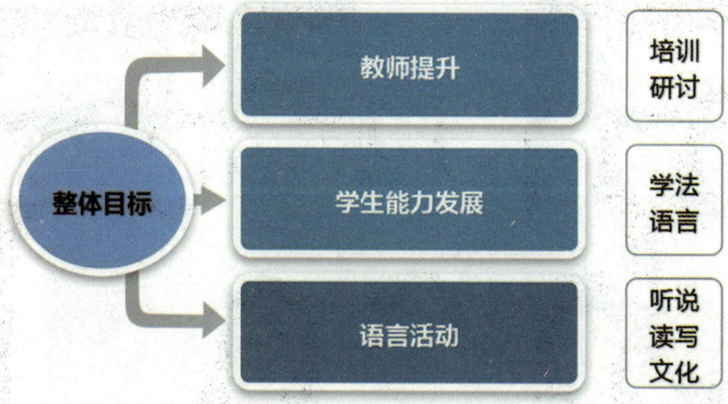

整体目标

（一）语用工作室的研究目标——学生能力发展

1. 学生发展总体目标

培养学生的综合语言运用能力，使学生对英语学习有持续的兴趣和爱好。能用英语互致问候、交换有关个人、家庭和朋友、运动、爱好、动物、校园等常见话题的信息。能够阅读中级水平的英语文章，获取并理解有用的信息。能够听懂日常话题的对话和短文，并能够对常见话题进行文段的写作。同时，乐于了解异国文化、习俗，增强对国际文化的理解力，提升学生的国际视野，取长补短，增强民族情怀。

2. 学生发展具体目标描述

（1）语言技能

语言技能是构成语言交际能力的重要组成部分，包括听、说、读、写四个方面。听和读是理解的技能，说和写是表达的技能，这四种技能在语言学习和交际中相辅相成、相互促进。学生应通过大量的专项和综合性语言实践活动，形成综合语言运用能力，为真实语言交际打基础。语言技能目标以学生在某个级别“能做什么”为主要内容，这不仅有利于调动学生的学习积极性，促进学生语言运用能力的提高，也有利于科学、合理地评价学生的学习成果。

（2）语言知识

基础教育阶段学生应该学习和掌握的英语语言基础知识包括语音、词汇、语法、功能和话题等五方面的内容。知识是语言能力的有机组成部分，是发展语言技能的重要基础。

（3）情感态度

情感态度指兴趣、动机、自信、意志和合作精神等影响学生学习过程和学习效果的相关因素以及在学习过程中逐渐形成的祖国意识和国际视野。保持积极的学习态度是英语学习成功的关键。教师应在教学中，不断激发并强化学生的学习兴趣，并引导他们逐渐将兴趣转化为稳定的学习动机，使他们树立自信心，锻炼克服困难的意志，认识自己学习的优势与不足，乐于与他人合作，养成和谐和健康向上的品格。通过英语课程，增强祖国意识，拓展国际视野。

（4）学习策略

学习策略指学生为了有效地学习和发展而采取的各种行动和步骤。英语学习的策略包括认知策略、调控策略、交际策略和资源策略等。教师应在教学中帮助学生形成适合自己的学习策略。认知策略是指学生为了完成具体学习任务而采取的步骤和方法；调控策略是指学生对学习进行计划、实施、反思、评价和调整的策略；交际策略是学生为了争取更多的交际机会、维持交际以及提高交际效果而采取的各种策略；资源策略是学生合理并有效利用多种媒体进行学习和运用英语的策略。

学习策略是灵活多样的，策略的使用因人、因时、因事而异。在英语教学中，教师要有意识地帮助学生形成适合自己的学习策略，并具有不断调整自己的学习策略的能力。在英语课程实施中，帮助学生有效地使用学习策略，不仅有利于他们把握学习的方向、采用科学的途径、提高学习效率，还有助于他们形成自主学习的能力，为终身学习奠定基础。

（5）文化意识

语言有丰富的文化内涵。在外语教学中，文化是指所学语言国家的历史地理、风土人情、传统习俗、生活方式、文学艺术、行为规范、价值观念等。接触和了解英语国家文化有利于对英语的理解和使用，有利于加深对本国文化的理解与认识，有利于培养世界意识。在教学中，教师应根据学生的年龄特点和认知能力，逐步扩展文化知识的内容和范围。在起始阶段应使学生对英语国家文化及中外文化的异同有粗略的了解，教学中涉及的英语国家文化知识，应与学生身边的日常生活密切相关并能激发学生学习英语的兴趣。在英语学习的较高阶段，要通过扩大学生接触异国文化的范围，帮助学生拓展视野，使他们提高对中外文化异同的敏感性和鉴别能力，进而提高跨文化交际能力。

（二）语用工作室的研究目标

1. 教师提升

语用工作室，旨在通过教师的提升，为学生能力发展打下坚实的基础，达到教学相长的目的。通过教师的公开课、教研活动、外出听课、教师培训等多途径进行研究和探讨，不断更新教师的语言教学理念，提升教师的教学方法。

2. 学生活动的丰富

语用工作室，注重理论与实践相结合，在平时的教学和学科实践活动中，为学生创造更多使用英文的机会，不断丰富和提升学生的综合能力。常规活动有：英语单词王竞赛、英语知识竞赛、英美文化学习、英语书法作文展示大赛、沉浸班英语特色节日活动、英语短剧表演、英语歌曲大赛、英语朗读者、英语角。在未来的工作中，我们将会继续坚持效果良好的语言活动，设计更贴合学生兴趣和生活实际的活动。

三、工作室探索足迹

（一）教师的提升

语用工作室，在研究过程中使用多种研究方法，如调查研究法、分析法、文献研究法、观察法等。通过调查学生在语言学习过程中存在的问题，结合平时教师的教学进行观察和分析，发现和总结学生在语言运用中存在的困难，如学生词汇量过少，导致在开口进行交流和表达时存在胆怯、不流畅、言语不达意、交流存在误解等情况，针对问题进行解决。同时，通过查阅相关的资料和文献，丰富教师的理论基础，掌握更多的科学的教学方法，从而提升语言教学能力，从根本上提升学生的语言运用能力。经过组内的讨论研究，总结出以下科学的教学方法。

1. 充分利用学校的网络资源，并采用IPAD进课堂的形式加强英语语言环境的创设

小学生的年龄决定小学生在这一阶段具有直观性和灵活性的特点。所以在为小学生创设外语环境的时候关键是要具有较强的直观性。我校语用工作室的教师成员一直以来都很关注语言环境对外语学习的影响，但是现有的外语学习中没有完整的语境供学生练习英语，所以我们的组员充分利用学校的网络资源，并采用IPAD进课堂的形式尽量给学生创设贴近主题的真实有效的学习环境，给学生营造良好的外语学习氛围，教师在教学中充分地运用多媒体设备开展教学。教师运用情境短剧的形式给学生播放并且把学生分成几个小组，每个小组根据刚才看见的情境加入自己理解和学过的知识，表演给全班学生，可以在原文的基础上加入新的内容，这样不但充实教学内容，活跃教学气氛，生动真实的语言环境也在此创设，学生的兴趣和求知欲都得到激发和培养。真实的语言交流设计，让学生在语言使用中灵活地掌握语言的运用方法。

2. 充分利用学校外籍教师资源，创设英语教学环境，激发学生学习兴趣

英语是学生的第二外语，充分的英语语言环境对学生的英语学习将起到至关重要的作用，所以在教学时，教师要创设一个英语教学的环境，让大家都尽量说英语，让学生学以致用。在课堂中，教师还可以带领学生做些小游戏或者针对课本的插图和课文进行对话练习，这样不仅可以加强学生对单词、短语的记忆，而且还能锻炼学生的口语能力，毕竟英语是一门语言，英语的学习不能只靠机械记忆，更要灵活运用。

3. 充分利用外出学习和听课的机会，注重教师自身道德素养的提高

近几年来，素质教育和新课改进行得如火如荼，对教师自身的素质要求也有了新的内容，我们语用工作室的全体成员也要不断地进行培训，提升自己从而更好地为人师表。小学生的模仿能力非常强，而且也正处于世界观形成的时期，因此教师要时刻关注学生的一举一动，发现问题，及时纠正。在小学英语教学过程中，教师作为教学目标的设计者、教学活动的组织者、学生学习的引导者，在整个教学活动中地位十分重要，因此，为使教学目标更加科学合理、准确完整，教师应该从自身做起，优化英语知识结构，适应新时代对小学英语课程教学的要求。（1）准确把握小学英语课程的教学目标、内容和理念，运用心理学与教育学的原理，研究英语语言的教学规律，根据小学生的心理特点与具体情况，随时调整教学策略，提升课堂教学驾驭能力，灵活运用多种教学方法与技巧。（2）掌握现代化教学技术，并且根据实际情况运用到具体教学活动中。（3）加强英语文化修养，拓展知识视野。（4）根据教学目标、学生的学习需求，积极探究新型教学模式。（5）针对自己的教学行为进行总结和反思，促使自己成为一个创新能力较强的小学英语教师。

4. 培养学习策略，重视文化交际

英语学科作为一门语言类课程，在学习过程中应该尊重语言学习规律，小学英语教师在设计教学目标时，需要帮助学生掌握英语知识的学习策略，同时培养其文化交际能力与意识。让小学生掌握一定的学习策略是教师实现教学目标的有效途径之一，教师应该有目的性和有针对性地指导学生掌握学习策略，让其在英语知识学习和运用中掌握学习技巧，并且引导他们使用发现、归纳、总结与实践等方式，学习英语知识，不断调整学习策略与学习目标，提升自主学习能力。在教学实践中，教师应该创造有利的学习条件，引导小学生与语境结合，体会到英语语言的魅力。另外，语言作为文化的载体，教师应该注重培养小学生的跨文化意识，在学习英语知识过程中了解英语国家的文化背景，以此提升英语知识的理解和运用能力。

5. 活跃氛围，巧设任务

高品质的英语课堂，要求以学生为主，让课堂灵动起来。一节好课的标准不仅仅是机械地完成了教学目标以及相关的教学内容，更重要的是学生可以在愉悦、放松的状态下汲取知识，贯穿于整节课堂更需要一种“精气神”。轻松愉悦的课堂气氛有利于师生间更好地交流。教师在备课的时候，更重要的是去“备学生”。在教学活动中穿插着“有的放矢”的任务，可以有效地为教学服务。根据不同学习情况，设置独具匠心的任务，加之轻松、活跃的学习氛围，定会大大提升英语课堂教学效果。

6. 强化图片运用，开展生活化语用教学

对于小学英语教学来说，学生仅仅是初步接触英语，因此，对于词汇的认识很难，学习起来也十分枯燥无味，这导致了学生在上课时注意力不集中，经常会出现溜号的情况，而教师生硬的教学，也仅仅让学生有一个暂时的记忆，时间久了，也会逐渐忘却。所以为了能够避免这种现象的出现，教师在教学中，可以利用图片的方式来直观地将知识展现在学生眼前，并且能够加深学生对词汇知识的理解，这样也有助于学生对词汇的长久记忆。在日常的教学中，对于一些新的知识点的教学，教师要利用图片展示，以此来激发学生的兴趣，从而促进学生主动学习。例如：在进行课程“Fruit”的教学时，对单词apple，banana，peach等进行教学，那么展示相关的水果图片，之后让学生根据图片进行单词的阅读以及拼写，以此来加深学生的印象，这样有效地提升了教学的效率。

教学源于生活，因此在小学英语教学中，有很多的内容都是与生活实际相互联系的，教师在教学时，要找到生活的模型，设置相关的情境，以此来促进对学生的英语教学。小学英语教学，是对实际生活的一种简化，所以，教师必须要结合教材内容以及生活实际来对学生进行教学，让学生在具体的感知中理解知识，为学生营造一个和谐的教学氛围。由于课堂的空间和时间有限，教师无法将真实的生活情境引入教学中，但是教师可以针对其内容进行生活情境的模拟，让学生融入其中，能够触景生情，去感受身边的事物，提升对英语学习的兴趣。举个简单的例子：在进行“Happy birthday”的教学时，教师可以对学生进行分组，让一个学生代表过生日的同学，其他小组同学与其交流，对其进行祝贺，“How old are you?”“When is your birthday?”等，这样学生通过问答的方式来完成教学任务，学生之间进行交流，会更有效地提升学生的口语交际能力，促进学生的全面发展。

（二）丰富的语言活动

英语语用工作室，目标是在教学实践中提升学生的英语语言运用能力，包括听说读写等方面的能力。工作室成立期间，我们进行了丰富的实践活动，具体介绍如下：

1.“单词王”大赛活动

单词是英语学习的基础，为了改变单词背诵的枯燥状况，提升学生英语学习的兴趣，帮助学生养成良好的记忆单词的习惯和掌握科学的记忆方法，小学部将“英语单词王”活动作为每学期的常规活动。全校学生积极准备，全员参与。学生们通过准备阶段、竞赛比拼、趣味记忆法等活动过程，提升了英语学习的兴趣，将原本枯燥的单词背诵变成了一种乐趣，提升了学习的能力，这项活动对于他们今后的英语学习产生了积极而重要的影响。

2. 英语学科实践活动月

为了营造学校英语学习氛围，丰富学生课余生活，激发学生学习英语的兴趣，让学生有实践英语、展示才能的机会，2017年5月23日上午，我校举行了英语学科实践活动月启动仪式。启动现场同时迎来了来校参观的400余名幼儿园小朋友及其家长。仪式上，一年九班的解第媛小朋友给我们带来了英文歌曲演唱，操场上的所有一年级小同学更是情不自禁地与她合唱，孩子们悠扬的歌声感染着现场所有的同学家长。五年级的杨亦婷同学给我们带来了精彩的英语趣配音，流利的表达、纯正的语音语调带给我们美的享受。最后Rochelle与孩子们热情互动，她代表全体英语老师发出邀请和倡议，希望孩子们在接下来的活动中多参与、多交流、多收获。本次学科实践活动将历时一个月，在各个年级分别开展英语朗读比赛、英文歌曲大赛、英语知识竞赛、英语趣配音等丰富多彩的活动。学校通过搭建英语交流平台，使同学们在各种活动中喜欢英语、享受英语。相信同学们会在实践中越来越多地发现英语的魅力，提高自己的英语运用能力，并发自内心地爱上这门学科。

3.“英语角”活动

为丰富学生们的英语学习生活，提高学生们的英语口语表达能力，东北育才实验学校小学部充分利用外教的资源优势，周二中午都会在中外教师的共同策划下，举办英语角活动，让孩子们不出校门进行纯正的外语交流。

趣味的英语角活动

近期，各年级都分别组织了形式多样的英语角活动。二年级和四年级主题分别为：Time 和 Travel。三、五年级主题为：Countries and Culture。其中，二年级的孩子在外教带领下，领着同学们做了“悄悄话”的游戏，练习了时间的表达法，配合丰富的肢体语言，活跃有趣。四年级的孩子和外教一起讨论旅行的准备、交通工具的选择、美食、风俗文化等。三、五年级的学生在外教老师讲解文化知识后，通过接龙游戏，听描述猜国家。还增添了看图猜单词游戏，同学们被分成了两组，一组配合一个外教，让外教背向屏幕，同学们用英语进行提示，最后答案由外教猜出，用时短的队伍获胜，孩子们争先恐后地说出自己的想法和见解，在轻松的氛围中习得词汇、语法和句式，并且感受到浓郁的地域文化和英语语言的魅力。

周二的英语角活动为学生们提供良好的英语沟通环境，在交流互动中，孩子们学习到了纯正的语音语调，并以游戏的形式，让学生们积极参与，每一名学生都得到了学习、参与和展示的机会。当学生表达上出现困难时，可随时向中国教师询问，英语角真正为孩子们营造了浓厚的全英文交流气氛，促进学生们英语水平的提升，老师更为英语角中孩子们的优秀表现点赞！

4. 沉浸班万圣节Party

沉浸英语班万圣节Party

在万圣节来临之际，学生们穿着各式各样的礼服，参加万圣节聚会。外教设计了丰富多彩的活动，有描述万圣节由来的小短剧，有惊悚的“鬼屋”真人秀，有刺激紧张的游戏，有温馨浪漫的时装连拍，有各类万圣歌曲的演唱。学生们沉浸其中，感受万圣节的奇妙与乐趣。

万圣节活动开阔了学生的视野，是小学部“沉浸式”英语实验班特色课程模式的一个缩影，国际化的课程校本化实施，深入推进国际理解教育，让学生受益，让我校品牌教育提升。同时中教老师通过对比，让同学们想到中国的传统节日“清明节”，学会缅怀先人，不忘祖先，增强学生的家国情怀。

5. 教研活动

板书设计是课堂教学的重要组成部分，更是教师基本功的体现。优秀的板书高度浓缩了教学内容，可使学生见微知著，帮助教师实现教学目标。因此，关注课堂教学实际需求，放大教学研究，让教研真正促进教学的提升变得尤为重要。2017年11月7日下午，小学部进行校本研训——公开教研活动，本次进行展示的是英语组。实验校区及小学部领导和外教老师共同参加

中外英语教师共同教研交流

了此次活动。

本次教研主题为“板书设计”，集中展示了英语组基本功大赛中获评“优秀板书设计”的8位教师的作品：王琳老师的《StoryTime》板书设计以学生情感生成为线索，将形近词的发音和拼写融入其中；于海娇老师把思维导图引入板书，思路清晰，线索明确，培养孩子的思维能力；张少博老师根据低年级学生认知特点，增强趣味性，利用图片、符号、线条、简表、颜色差异等独特的吸引力，使学生对所学知识产生浓厚的兴趣；韩月老师利用简笔画，让学生猜测，适当给思维“留白”，妙趣横生……各位老师都从教学目标、设计理念、生成效果等方面阐述了自己的板书设计，不同课型、不同学段都有所涉及。公开教研结束后，学校领导做了点评，中外教师也针对板书设计和教学策略进行了深入的探讨和交流。本次活动，让教师从另一个角度审视了团队的教研，整个教研的过程，在思想交锋碰撞中进入研究状态，互相切磋、互相启迪、挖掘相互的教学智慧，形成教学合力，是一种将集体智慧和个人特长有机地结合起来的研究方式，也是对教学工作进行全程优化的教研活动，使教师在教学认知、行为上向科学合理的方向转化。

6. **博雅讲坛：《走进感恩节》**

2017年11月23日在感恩节的当天，“博雅讲坛”第二期《走进感恩节》和师生们相约报告厅，本次讲坛由英语学科田甜老师为在场的师生们介绍了“感恩节”，和孩子们一起欢度感恩节。田老师首先介绍感恩节的历史由来，并在现场带孩子们举行并扒玉米活动。孩子们很兴奋，他们在老师的带领下了解、体验、感受，在活动中感知文化，产生情感共鸣，引导孩子们心存感恩，把感恩的话语写下来送给想要感谢的人，孩子们心里暖暖的。感恩节的活动为孩子们打开一扇窗，开阔视野，带领孩子们体会不同的文明，加深国际理解教育，培养未来世界公民。小小的感恩节让孩子们用感恩的心去面对生活，会陪伴孩子们走得更远……

7. 英文报纸设计集锦

英语手抄报设计展示

英文在于学以致用，通过设计特色的英文板报活动，学生们可以充分发挥他们的想象力，学生在设计、搜集、制作的过程中提升了英文的写作、阅读能力，同时丰富了英文知识面，体会了设计的美感，达到了英文的美育教育目标。

8. 活泼生动的英文短剧表演

戏剧表演总是能带给学生学习的热情，英文短剧表演是学生非常喜爱的形式和活动。同学们在设计台词、选拔演员、角色分配、排练、服装与道具准备、舞台呈现的整个过程中，学会了分工合作，提升了创意能力，真正做到学以致用。

（三）工作室的成果与收获

从语用工作室成立以来，工作室成员号召全体英语老师加入到语用手册的编写之中。教师们根据教材的内容，制定与其相关联的语言知识点和文化切入点，同时将文化和语言的语用联系起来，将文化渗透到语言之中。形成了从一年级到六年级完整的教学体系，由浅入深。教材中收集一些西方国家风土人情的内容，增长学生的见识。除了教材的听说内容训练外，在选教材的单元话题时，教师尽量选一些与英、美等西方国家的文化生活习惯有关的内容，这样既能使学生了解英语国家人民的生活情况及风俗习惯，又能使学生开阔眼界，增长知识，为将来的英语正常交际打好基础。 编写教材时，图文并茂，采用学生喜欢的形式，激发学生的学习兴趣，使学生集中注意力，保持良好的状态。

1. 教材内容与话题（部分展示）：

一年级上

Unit1 School	Unit2 Face
Unit3 Animals	Unit4 Numbers
Unit5 Colours	Unit6 Fruit

二年级上

Unit1 My family	Unit2 Boys and girls
Unit3 My friends	Unit4 In the community
Unit5 In the park	Unit6 Happy Holidays

三年级上

Unit1 Myself	Unit2 My body
Unit3 Food	Unit4 Pets
Unit5 Clothes	Unit6 Birthday

四年级上

Unit1 Sports and Games	Unit2 On the Weekend
Unit3 Transportation	Unit4 Asking for help
Unit5 Safety	Unit6 Jobs

2. 教材作用

教材分为听、说、读、写四个部分，目的是为了提高学生听说读写的能力。听的方面，听力教学就是培养学生获得和理解信息的能力。教材注重生活中能真实听到的英语句子。如机场里播报飞机时间，或者原声的动画片、电影片段。说的方面，教材重视创设真实的情境。教师尽量用英语组织教学，培养学生良好的听说习惯，用英语组织教学可以烘托英语课堂气氛，增强学生的求知欲，提高学生的听说能力。教材中插入很多彩色的图画，目的是为学生创造一种逼真的运用英语进行教学的情景，让学生置身于真实的语言环境中，从而更自觉、更有兴趣地参加课堂的交际活动，最大限度地发挥学生说英语的主动性和积极性。在做表演对话时，要求学生根据情景用英语恰当地进行表达，听者根据实际情况作出合理的反应，说英语的时候语音、语调、轻重音要基本正确，要带有感情色彩。加强语言实践，根据教材内容，更适合英语教师开展课外兴趣活动，培养学生的听说能力，教师要从课内到课外尽可能为学生创造语言实践机会。教材的编写有助于教师组织语言游戏，竞赛，开辟英语角，举办英语兴趣小组，排演英语文娱节目。在教学中通过美文背诵，提升学生的语言表达能力与写作能力。

3. 补充资料

补充常见的生活词汇和句子，例如：机场词汇大全、旅游英语——世界著名游览胜地英文名称、交通运输英语词汇、特色中餐英文词汇、用餐和酒吧词汇、旅行中常用标识语和提示语、关于生活那点小事、英语购物常用语集锦。

4. 教师的收获与成长

通过语用工作室的研究与讨论，教师们以课堂为阵地，深入实践形成教学方法，在各自的教学中形成了各自的教学特色，在各项公开课评比和沈阳市的“一师一优”课评比中，获奖不断，成果喜人。在研究的过程中，真正达到了师生共进的目的。

5. 学生的进步与变化

通过对文化和语用知识的学习，学生们分别在听说读写方面得到了提升。

听说：一至六年级晨读质量提升，学生的语音语调进步很大，许多同学在英语口语竞赛中获奖。

读写：通过英文绘本和英文故事的朗读，学生英语的阅读能力有了质的飞跃，在英文写作方面，书写更加规范，字迹优美，各个年段的学生能够做到根据自己的学习层次写出符合这个层级的英语短文。

四、工作室的未来发展展望

语用工作室成立至今，已经初具规模，在教师的理论学习以及资源的整合方面已经取得了一定的成绩。在教学与语言运用的培养方面也进行了初步的尝试，并取得了教师与学生的同步提升。在学科活动方面，内容比以前更丰富。但我们深知，在学生的参与面和后续的持续发展与活动设置方面，还存在着一些不足，这些将在今后的工作中进一步完善。根据工作室的目标，对未来发展有如下的思考与展望：

（一）继续丰富语用手册在课堂教学中的使用

课堂教学是一线教师的教学主阵地。语用能力的培养需要教师做到：教学设计能让学生“可言可语”，教学方法能让学生“能言能语”，教学过程能让学生“又言又语”。而语用手册的第一部分内容就是基本对话与必备词汇。在实际的教学过程中，语用应该贯穿在每一个教学环节中，包括教师的每一句课堂用语，学生的每一次课堂活动参与，师生的每一次互动交流等。

语用手册为每节课上课开始提供free talk的素材，我们需要在实际上课过程中细化出每一个free talk的话题应该具体在哪个学期出现。上课开始时free talk对活跃课堂气氛、激发同学们学习热情是很有用的，但如果形式单一，仅仅是师生简单的问答，学生的学习积极性和兴趣就不大容易保持。在这个过程中教师应该把话语权交给学生，为生生之间的言语交际搭建平台，才能激活学生的思维，激发学生用英语表达的欲望，满足学生展示自我的内在需求。

低年段：为了给学生积累更多“说”的素材，可采用学生问老师答、老师问学生答、学生问学生答三种方式。如语用手册中的打招呼，表达祝愿的方式都可以在free talk环节进行渗透，培养学生们英语运用能力。

中高年段：话题式的free talk。教师先从最简单的日常用语入手，谈论当天的日期、天气、星期、出勤、班级人数、家庭情况介绍等，随着教学内容的增多，谈论的话题也逐渐加深。

报告式的语言练习，duty report在课伊始，要求学生将相关话题串联说一段话。

表演式的“课前五分钟”。教师可事先安排小组或个人轮流进行，内容有“情景剧表演”“幽默笑话”“智力竞赛”“英语小故事”“我来说新闻”“大家一起猜”等。要求轮到的学生准备充分，选材适中，脱稿报告，特别要注意语音语调、音量、语速以及恰当的手势和姿势，教师给予一定的星级评价，引入竞争机制。学生对这种活动很有兴趣，他们的成就感又进一步激发了学习兴趣和自信心。

（二）加大班级和校园英语环境创设的辅助工作

校园英语文化的创设。

校园英语文化的创设有助于提高学生的英语学习兴趣。因此，我们应该在校园已有的英语单词王活动展板的基础上进一步完善校园英语文化环境。

❖创建英语文化走廊：有效利用校园楼道墙面，制作并张贴精美英语词卡，让学生在教师的带领下博览英语词汇并在潜意识中逐步习得语言。

❖开设英语导读岗位：精美的导读制作加上学生导读员的悉心指导，使晨间的英语朗读氛围更绘声绘色，在增加学生英语语言输入的同时更让学生逐步养成大声朗读的习惯。

❖增设英语文化标语：巧妙利用学校各角落，包括操场、草坪等场地，张贴中英文结合式标语，让学生在养成文明礼仪的同时更掌握英语习惯用语，同时引导学生注意观察生活中的常用英语语言并积累总结，达到语言的生活化。

❖强化英语教室氛围：增设教室英语板块，为学生提供展示英语作品的有效平台。同时，卡通英文字母、单词的张贴也在美化教室视觉效果的同时增强了学生英语学习氛围。

（三）丰富学科实践活动的内容与形式，让更多学生受益

丰富多彩的校园英语文化活动是提高学生综合素质的重要途径。语用工作室已经从学校自身发展的特点出发，开展了各项英语活动，如英语节、英语导读、英语口语竞赛等，为学生提供运用语言、实践语言的机会，为英语活动增色添彩。在语用手册已经逐步成型的过程中，还可以深入开展有助于提高语言运用能力的活动，如话题式英语演讲比赛，英语辩论赛，布置实际生活中运用的作业：如购物、点餐、收集超市内英文名称等。

（四）利用网络资源，提高学生英语语言运用能力，促进网络资源与教材的整合

在语用工作室未来的发展规划中，要和IPAD教学、微工作室进行研究和合作，促进学生多角度提高语言运用能力。

（五）英语语言运用指导实际教学的发展方向

在小学英语教学中，教师一定要本着“让英语融入到生活中”的态度，这样才能激发学生们的学习兴趣，摆脱枯燥的教学方法，把“生活化”教学运用到小学英语课堂中，学生在该种教学情境中能够理解英语语言的实际应

用价值，最终提升学生的语言综合应用能力。在教学内容的安排上，以语言运用能力提升为中心，开展教学活动。

1. 以话题为第一要素

落实研究教学目标，分析解读教材，统筹话题，每册教材中的内容都是围绕着几个话题开展，如动物、人物、职业、爱好等。如人教版四年级下册的第四单元话题就是“Asking for help”，这在实际生活中是很常见的话题。接下来的课程安排就应该围绕这一话题展开，拆解教材，整合资源，帮助学生们形成一个话题语篇，从词到句，从句到篇，从篇章到运用，逐步提升。

2. 听说为主导，培养交际意识

要学会一种语言，听是重中之重，有足够的输入才能有足够的输出。只有身临其境，置身于语言环境之中，才能收到良好的学习效果。所以，在英语课堂上，教师应最大限度地给学生以听的训练，使其不但听见，而且听懂。在课上做到：尽量用英语组织课堂教学，同时用肢体以及面部表情，以及身边所有可用的事物来帮助学生理解教师的意图。学生口语能力的训练在学习外语的第一天就须进行。因为只有能听能说，才能与人交流，才能体会到学以致用的乐趣。而要做到说的英语别人能听懂，必须首先注意语音、语调的准确。在小学英语的教学中，将所学的知识以生动的实物或者情境形式出现，学生们会更加感兴趣。

英语是一种优美的语言，是国际交往的有力工具，未来的工作中语用工作室将以人为本，充分发挥工作室全体成员的智慧和教学研究能力，发扬开拓创新精神和团队合作精神，潜心研究、精心总结，促进工作室成员迅速成长，充分发挥工作室的辐射和引领作用，努力扩大工作室在小学英语教研工作中的引领力。结合学校实际，学生实际，探索出小学英语教学的新理念、新思路、新方法。为学生语言运用能力的提升和学科素养的养成目标而不断探索和完善。

STEM工作室

一、工作室介绍

随着科学技术的发展，社会对科技人才的需求越来越大。为了培养学生的创新意识、团队意识、提升解决实际问题的能力，能够让学生学习到科学、技术、工程、数学四大学科的综合知识，从应用到运用融会贯通，小学部于2016年10月成立STEM工作室。

STAM

工作室Logo

（一）Logo解读

STEM分别是科学（Science）、技术（Technology）、工程（Engineering）、数学（Mathematics）四门学科英文首字母的缩写。为了更好地体现四大学科领域的相互依存、相互关联，Logo主题由四部分组成，分别对应科学、技术、工程、数学四大领域，四个图形围成圆环形状，体现STEM课程的融合性。整体图案又像两个正在合作商议的人，体现学生以团队合作的形式进行项目学习。

（二）教师团队介绍

工作室成员

1. 工作室负责人

杨庆云：数学教师，在科学、计算机领域均有一定的研究与经验。负责工作室的日常工作规划与实施。

2. 工作室教师成员

周绍强、张旭东、李韦、吕爽、张楠、桑震宇、张希娇。

（三）工作室主要职能

STEM课程强调四门学科的教学紧密相连，以整合的方式培养学生掌握知识和技能，并能灵活迁移应用，解决现实世界的问题。STEM教育本质上是理科、工科、数学等领域综合素质的培养。为此小学部STEM工作室结合各个年段学生特点和知识储备情况开展了相应的项目学习，通过特色活动这一载体打造具有育才特色的STEM课程，增强学生多学科知识储备，培养学生学科融合思维，打造科技创新型育才学子。

（四）工作室的发展

经过两年多的探索与学习，STEM课程愈发成熟，STEM课程已在小学部生根发芽，得到了学生们的喜爱，硕果累累。2016年11月，在全国的超长教育年会上，杨庆云老师主讲的“汽车的设计与制作”一课得到参会教育专家的一致认可。多名教师荣获省市级大奖，学生团队在省市级比赛中崭露锋芒，屡获殊荣。

二、工作室工作概述

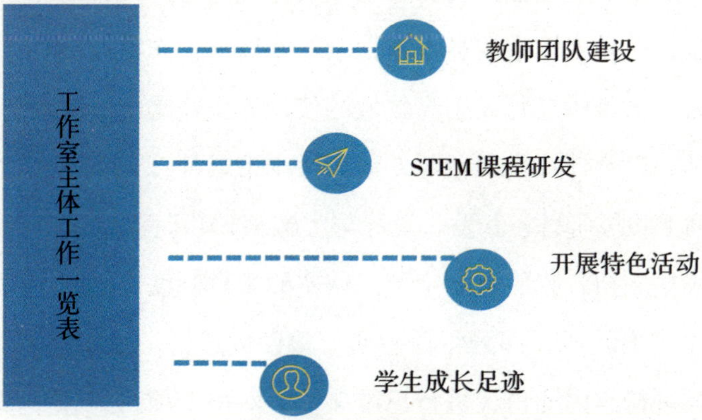

主体工作图示

为了更好地在小学部开展STEM课程，让教师和学生均能在此领域得到成长，让STEM课程在小学部继续发光发热，工作室始终不忘成立的初心，不遗余力地细心打磨项目的课程设计，增强教师团队建设。通过特色活动这一载体，让学生感受STEM课程的魅力，在学习中掌握知识和技能，为此工作室特此制定四大工作方向，即主体工作为加强教师团队建设、STEM课程研发、开展特色活动、关注学生成长足迹，围绕这四个方面开展工作室的日常工作。

三、工作室工作具体内容

（一）打造一流的教师团队

工作室从成立到现在一直注重教师团队的建设，正所谓授之以鱼不如授之以渔，只有教师具备较强的知识储备和专业素质，才能让STEM课程在小学部落地生根，学生才能在课程学习中成长与发展，为此工作室一直注重教师团队建设，历时两年多的时间，教师日趋成熟。

1. 以组内教研为媒介，促进教师共同成长

工作室由小学部周绍强校长和张旭东主任统筹安排，为工作室的发展给予指导和规划，引领工作室成员不断探索与发展。工作室成员有：主攻数学领域的杨庆云、张希娇老师，乐高领域的佼佼者张楠老师，玩转科学的吕爽和桑震宇老师，以及计算机领域的专业人才李韦老师，工作室成员在校领导的指导和帮助下积极研讨、开发、设计与实施STEM课程。

工作室成立之初，我们就制定了工作室的规章制度。制度中规定每个星期进行一次小组内教研，即分年段教研。每两周进行一次工作室集体教研，以教研的形式进行组内商讨，进行思维碰撞，每一个项目的开发都要通过多次的教研研讨确定与实施。每一次特色活动的开展均制订详细的计划，正因为如此，工作室的活动才能如火如荼地开展，并得到校区领导的一致好评。2016—2018年期间工作室的全体成员在科学实验室开展了多次“做中学，学中做”为主题的公开教研活动，全校老师共同观看，获得一致好评。通过教研活动，工作室的教师团队得以成长与锻炼，对STEM课程的了解与认识更加深入。

2. **以外出培训为学习增长点，掌握当下先进理念**

为了更好地了解当下STEM课程的开展情况，开阔视野，避免故步自封，小学部领导为工作室教师提供了多次外出学习的机会。教师团队曾远赴上海、杭州等城市参加高端科技宣讲大会，张楠老师参加了辽宁省中小学人工智能STEAM实践教育培训，培训会主旨探索STEAM教学模式，提高中小学教师的创新实践能力，深化信息技术课程改革，积极探索和推进我省中小学人工智能教育。东南大学周建中研究员的《STEAM教育模式与创新人才培训策略》紧扣“科技”和“创新”关键词，详细介绍了STEAM教育的模式和思路；省基教中心中小学技术教育研训部主任高国军的《开启中小学人工智

培训现场

能教育的若干思考》理论联系实际，缜密思考我省人工智能教育行动的若干问题，引发了大家共鸣；省基教中心中小学技术教育研训部教研员张晖的《人工智能项目制作》在做中学，寓教于乐；大连教育学院初中信息技术教研员赵书阳的《Scratch程序设计》教学思路清晰，体现了信息技术学科核心素养。

我校李韦老师于2018年11月7日到2018年11月9日参加了辽宁省中小学信息技术STEM优秀教学教研展评。本次活动是由辽宁省基础教育教研中心主办，通过展评优秀课例的形式，集中将本省内各个市区通过STEM技术的应用将科学、工程、技术、艺术、数学进行有机结合的优秀成果进行呈现。在本次活动中，通过现场说课和实际编程操作两大环节，教师们进行了现场展示与评比，彼此互通有无，在参观与展示中交流探讨，进一步了解STEM课程中信息技术学科的方向与定位，加强了教师自身技术修养的提升。

3. 众志成城，教师团队的成长迅速

经过多年来的校内培训、教研以及校外的学习观摩，现在的STEM工作室教师均对STEM这一新兴领域有所了解，掌握了STEM课程的精髓，共同打造出具有育才特色的STEM课程，小学部已开展了多年的STEM课程，教师的成长显著，学生参与的热情越来越高，效果突出。团队教师在省市级比赛中屡获殊荣，就是最好的证明。

杨庆云老师2016年11月代表小学部在辽宁省超常教育年会上做STEM课程的公开展示，获得与会专家的一致好评；2017年所任教的“叶脉书签的设计与制作”一课荣获沈阳市优秀课；2017年荣获全国希望杯数学邀请赛辽宁赛区优秀指导教师。

桑振宇老师的课件“数不尽的家乡产物”在全国教师教科研评比活动中被“十三五”国家教育规划与教育理论组委会评为一等奖，获得“国家二级心理咨询师”资质。李韦老师2016年参与省级课题“大数据时代课堂教学方

教师风采

东北育才实验小学STEM工作室成立于2016年9月，由优秀的师资团队引领。在校领导的指导和帮助下，工作室现在人员壮大，课题开展广泛，建立了较为完整的课程体系。工作室力求在实践社区、活动设计、教育经验、学习空间、学习测量、社会文化环境等方面促进STEM 教育的发展，以确保各年龄阶段以及各类型的学习者都能享有优质的STEM 学习体验。

经过1年多的探索和研讨，工作室完成了《汽车模型的设计与制作》、《轮船模型的设计与制作》、《叶脉书签》等多个项目的开发，并在各个年级广泛开展。工作室的目标是让我们育才的学生能够深层次的学习、理解性学习，培养儿童各个方面的技能和认识，让每一个孩子都能在STEM课程中学有所获，提升技能。

我校STEM工作室，带领学生进行项目化设计的学习，观察化设计的实施，让所有学生都能参与，都具备科学和工程学素养。

本学期计划将现有的《叶脉书签》、《环保汽车的设计与开发》、《轮船的设计与制作》三个资料包进行推广与完善；此外，再研发《纸桥承重》和《垃圾分类》两个项目，让更多的孩子在活动中启迪思维，挖掘潜能。同学们，来吧，和我们一起认识世界，综合创新，改造世界！

知识链接：

STEM教育是什么？

STEM是Science学科、Technology技术、Engineering工程、Math数学，这4个词的开头字母的组合。所以STEM教育就是结合科学、技术、工程、数学的跨领域综合素质教育。

STEM教育的起源是哪里？

STEM这个概念源于美国，是美国科学教育学者最早于20世纪50年代提出的科学素养概念，并得到了其他国家科学教育学者的普遍认同。提高国民科学素养被公认为是提升国家综合实力的关键。

STEM教育在中国发展如何？

2007 年，美国国会提出“针对STEM教育的活动计划”，STEM教育被提升为国家级的教育改革举措，对全球各国产生了更大的影响。

中国教育部在今年，也就是2017年1月颁布的新《小学科学课程标准》被认为是“首次定义了中国版的STEM”。

“新课标”对STEM的解释为：科学（science)、技术(technology)、工程（engineering）与数学（mathemetics)即STEM是一种以项目学习、问题解决为导向的课程组织方式，它将科学、技术、工程、数学有机地融为一体，有利于学生创新能力的培养。

工作室在学部校报上一展风采

式变革的实践研究——以东北育才学校为例”的研究并结题。“我是邮件小能手”一课在“一师一优课”中获得省级最高奖项——二等奖；《浅谈信息技术课堂任务驱动有效应用》一文，被辽宁省教育学会评为学术论文二等奖、获东北育才实验学校小学部2015—2016年度上学期“百花课”一等奖、获东北育才实验学校小学部2015—2016学年度上学期微课二等奖；2017年完成教育部——乐高“创新人才培养计划”学科教师培训；获第26届中国儿童青少年计算机表演赛辽宁赛区优秀指导教师。《细致入“微”——浅谈如何用好微课做好微课》一文被辽宁省教育学会评为学术论文二等奖；在2017年沈阳市课堂教学评优活动中，被聘为小学信息技术学科评委；“初识Sratch软件”在沈阳市中小学教师教育技术应用大赛中荣获微课组二等奖。其他教师在科学、数学、综合实践以及校内STEM课程评比中均取得了优异的成绩。教师团队的成长为东北育才实验学校小学部STEM课程的开展奠定了基础。

在工作室成员的通力合作下，STEM课程的影响力越来越大，工作室得到领导、老师、学生及家长的认可度也越来越高。STEM课程及特色活动的新闻报道多次在实验校区官方微信平台推送，也在小学部校报上多次刊登。

（二）STEM课程研发

1. 课程实施总纲领

为了充分调动学生的积极性，让学生在STEM课程中利用现有经验，结合多学科领域知识解决实际问题，STEM工作室制定了课程实施的总规划。

第一阶段的学习主要是提出项目学习的主题，学生自由组队，选出项目负责人，制定明确的责任分工。对项目进行初步的探究和猜想。结合小学部寄宿制的特点，学生根据现有经验猜想，利用周末时间查找资料，初步探究，准备项目的学习用品，返校时带回学校。

第二阶段进行小组内的资料汇总，根据周末的思考与探究，利用组内准备的用品进行初步的尝试与设计。根据实验结果进行方案修改，不断地调整设计方案，记录实验过程中的问题，在组内进行商讨寻找解决方案，必要时可以在全班讨论。教师在此过程中起到一个协调者的角色，可以适当帮助各个团队，但不要参与过多，应该让学生多参与，激发学生对项目学习的思考，失败也是学习的一部分，在失败中积累活动经验，是为后续的学习做准备。若在此过程中需要进行物理、化学实验，教师需要正确的讲授操作方法，保证学生安全，渗透实验的方法、原理等知识。

第三阶段主要是根据第二阶段的实验，制订更加准确的方案设计，并利用第三阶段的学习时间，初步完成成品的制作或找到问题解决的方案，为最终的项目学习和报告总结做最后的准备。

第四阶段主要是进行成果展示或方案可行性报告。若有成品制作，如制作汽车模型、轮船模型、编程等内容，可以增设一场成品展示与比拼的环节，此环节的设置可以较好地调动学生学习的积极性，也可在比赛中看到各组团队设计作品的特点，便于学生更加深入地对项目进行研究。团队间互相介绍成功经验，总结自身设计存在的不足，是最后对项目学习的升华。若是问题的研究，如土壤酸碱度的测试需要团队书写一份项目报告，总结活动过程及发现，建立发现问题、分析问题、解决问题、总结经验的项目学习过程，增强学生发现问题、解决问题的能力。

2. 分年段教学的课程设置

小学阶段时间周期较长，且学生从一年到六年，年级跨度较大，认知水平相差较大。为此工作室根据学生年段特点，设置不同的项目学习，让学生根据现有经验均可以参与到小学部STEM课程的学习。经过三年多来的研究与探索，目前已经建立了将近20项项目学习，以下为各个年段部分的项目主题：

低年级（1—2年级）

1. 玩转乐高。
2. 变废为宝。
3. 提线木偶。
4. 3D打印。
5. 纸飞机。

中年级（3—4年级）

1. 降落伞的奥秘。
2. 神奇的滑翔机。
3. 轮船模型的设计与制作。
4. 汽车模型的设计与制作。
5. 会变色的舞台灯。
6. 玩转乐高。

高年级（5—6年级）

1. 叶脉书签的设计与制作。
2. 智能摇篮——电脑编程。
3. 纸桥承重。
4. 桥梁模型设计。
5. 土壤酸碱度测试。
6. 桃花朵朵开（酸碱性）。
7. 遥控飞机。
8. 机器人工厂。
9. 遥控飞机。

3. 课例展示

《汽车设计与制作》课例展示。

（1）课程开展的背景及意义

随着社会的发展、城市规模的扩大，机动汽车与我们的生活越来越紧密地联系在一起。机动汽车在生活中频繁地出现必然会引起学生对它的好奇。为了满足学生们的好奇心并能让学生们深度了解小汽车的发展历史、制作原理以及制作过程，“汽车设计与制作”应运而生。这堂课融合了科技、数学、美术等学科知识，全方位地调动起孩子们的参与积极性，激发了孩子们整合学科的思维并在实践制作的过程中培养了学生团队合作、协调的能力，为学生以后的综合发展打下一个坚实的基础。

（2）项目学习总计划

此项目的学习共分为四个阶段，每一个阶段都有一定的学习任务和教学目的，具体计划如下表：

阶段学习	阶段学习目标	评价方式
第一阶段	问题提出，寻找合作伙伴并组建合作团队。	是否初步形成解决方案，团队间分工是否明确，配合的默契度等。
第二阶段	根据整理后的资料，进行猜想和尝试制作小汽车。	是否初步掌握制作小汽车的方法，在实践操作的过程中是否注重团队配合，是否根据实验结果提出改进方案。
第三阶段	根据上一次实验情况，修改设计方案，并再一次进行实验探究。	是否根据上一次实验结果进行优化设计，是否形成较为合理的设计方案。
第四阶段	根据多次实验结果设计最终制作方案，并现场制作，总结归纳设计和制作中出现的问题，根据成品进行综合评价。	根据科学、美术、化学等多领域知识对学生作品进行评选，同时对每一小组的成员配合度进行评价。

（3）项目学习各个阶段学习计划

项目学习第一阶段

教学目标：

1. 了解汽车的历史、结构以及驱动原理。

2. 通过团队合作，明确探究对象，制定责任分工及解决策略。

3. 通过观察、探索、交流等多种形式的活动，获得小组合作经验，培养设计作品和实践操作的能力。

具体过程：

一、问题提出

1. 提出问题及了解制作小汽车的意义。

2. 观看视频，了解小汽车的历史、结构及驱动原理。

3. 出示若干张优秀的小汽车制作图片，明确最终达成的效果。

二、现场组建学习小组

1. 责任分工

每个团队选出总设计师1名，实验操作师、材料准备负责人、项目实施记录人等若干个负责人。

2. 初步提出解决方案并进行商讨。

3. 明确周末任务

三、搜集资料

加深对小汽车的了解，探究制作小汽车的基本方法，准备实验用品，为第二阶段的项目学习做准备。

四、项目学习的总规划

教师阐述四个阶段学习目标及具体实施时间。

五、学习评价

由教师和学生根据是否初步形成解决方案、团队间分工是否明确、配合的默契度等方面进行第一阶段学习的评价。

六、课堂小结

教师提出注意事项，明确项目学习的要求及具体的学习规划。

项目学习第二阶段

教学目标：

1. 根据学生了解到的知识初步制作小汽车。

2. 记录实验中出现的问题，商讨解决办法，提出改进方案。

3. 设计小汽车的图纸。

具体过程：

一、明确学习任务

1. 了解实验目的。

2. 怎样将制作好的小汽车进行创意性的设计。

3. 整理和归纳实验和设计过程中的注意事项。

二、实验操作讲解

如果团队中有选择用发动机、电池盒、齿轮驱动或者选择利用气球进行反冲力驱动，教师需要负责讲解以下内容

1. 电池盒两个导线的正负极（红色为正极，黑色为负极）。

2. 如何将发动机、电池盒进行导线连接。

3. 如何将发动机的动力传递给齿轮进行驱动。

4. 强调实验时的注意事项（尤其是用电的注意事项），确保学生的安全。

三、整理和归纳实验中出现的问题

1. 选择什么样的驱动方式比较合理？

2. 如何将发动机的动力最大化地传递给小汽车，让小汽车快速前行?

3. 如何将发动机与电池盒摆放才能使汽车进行直线运行?

问题还有更多，需要学生一一记下，必要时可以全班讨论，教师给予指导。

四、提出改进方案

根据实验的情况，提出改进方案，为下一次的实验做准备。

五、团队商议制作成品的设计手稿

六、课堂评价

评价的依据为是否初步掌握制作小汽车的方法，在实践操作的过程中是否注重团队配合，是否根据实验结果提出改进方案。

项目学习第三阶段

教学目标：

1. 根据上一节课活动经验制作小汽车。

2. 根据设计图纸进行成品制作的初步尝试。

3. 修改设计图纸、提出改进方案。

具体过程：

一、明确阶段学习任务

1. 没完成初级作品的团队利用本阶段进行现场制作。

2. 完成初级作品的团队，根据设计图纸进行个性化设计。

3. 根据实验结果，修改设计方案。

二、记录发现的问题

1. 如何制作车身上的挡风玻璃、车座等。

2. 如何将发动机上的齿轮与轮轴上的齿轮卡紧。

3. 在车身上进行个性化设计时需要注意哪些问题。

三、解决问题

可以团队间交流，必要时全班共同商议，找到解决问题的策略。

四、修改设计图纸

五、项目第三阶段的评价

六、公布下一阶段学习计划及课堂总结

项目学习第四阶段

教学目标：

1. 明确制作小汽车的方法，设计小汽车。

2. 根据小汽车的设计图纸，现场制作。

3. 通过观察、操作、探索、交流等多种形式的活动，获得小组合作经验，培养设计作品和实践操作的能力。

4. 进行项目学习的最终评价。

具体过程：

一、明确阶段学习任务

1. 复习回顾制作小汽车的步骤。

2. 简单了解小汽车的结构以及驱动原理。

3. 反复探讨，优化设计图纸。

4. 小组合作，明确最终合作要求：阐述设计理念、确定任务分工。在6分钟时间内完成既定任务。

5. 汇报设计方案。

二、现场制作

根据设计图纸制作小汽车作品。

三、作品展示与点评

四、评价与反思

结合这四个阶段的学习，填写评价单，组内评价、组间评价、教师评价。

（4）项目总结

“汽车的设计与制作”这一个项目的学习让学生了解了多个领域的知识，增强了学生发现问题和解决问题的能力。同时同学们学会自我组建团队，对于团队的任务进行明确分工；对于自己在团队中的位置进行了明确的定位和执行；在团队制作小汽车的过程中，学生们的合作、沟通、交流、协调能力均得到了有效的提升。

《轮船的设计与制作》课例展示

（1）课程开展的背景及意义

STEM研发小组结合科学、数学、技术和工程等领域的知识开设了“轮船的设计与制作”主题项目。轮船的设计与制作贴近学生生活，学生参与度较高，且适合小学中高年段的学生结合所学知识进行探索与设计。课程的设计有助于让学生充分感受物理力学在实际生活中的广泛应用。利用数学知识进行船身的设计和性能测试，了解当下轮船等领域发展现状，对未来的轮船等制造业进行合理展望，培养科学研究的意识和创新思维。以下是轮船设计与制作的教学计划。

（2）项目学习总计划

此项目的学习共分为四个阶段，每一个阶段都有明确的学习任务和教学目的，具体计划如下表：

阶段学习	阶段学习目标	评价方式
第一阶段	问题提出，组建合作团队。	是否初步形成解决方案，团队间分工是否明确，配合的默契度等。
第二阶段	根据整理的资料，猜想和尝试制作轮船设计图。	是否初步掌握制作轮船的方法，在实践操作的过程中是否注重团队配合。

续表

阶段学习	阶段学习目标	评价方式
第三阶段	根据上一次图纸的设计，学生修改设计方案，并进行实验探究。	是否形成较为合理的设计方案。
第四阶段	学生根据多次实验结果设计最终制作方案，并现场改进，总结归纳设计和制作中出现的问题，根据成品进行综合评价。	学生是否根据上一次实验结果进行优化设计，教师根据科学、数学、技术和工程等多领域知识对学生作品进行评选，同时对每一小组的成员配合度进行评价。

（3）项目学习各个阶段学习计划

轮船的设计与制作（第一阶段）

一、导入

1. 介绍轮船的发展史。

2. 了解轮船的基本构造以及动力原理。

二、现场组建学习小组

1. 责任分工

每个团队选出总设计师1名，实验操作师、材料准备负责人、项目实施记录人等若干个负责人。

2. 初步提出解决方案。

3. 明确周末任务。

搜集资料，加深对轮船基本结构的了解，探究制作轮船的基本方法，学生利用周末时间查阅资料及思考、初步构思、准备实验用品，为第二阶段的项目学习做准备。

三、项目学习的总规划

教师阐述四个阶段学习目标及具体实施时间。

四、学习评价

教师和学生根据是否初步形成解决方案、团队间分工是否明确、配合的默契度等方面进行第一阶段学习的评价。

五、课堂小结

教师提出注意事项，明确项目学习的要求及具体的学习规划。

轮船的设计与制作（第二阶段）

教学目标：

1. 学生根据了解到的知识初步设计轮船图纸。

2. 增强发现问题和解决问题的能力。

3. 通过观察、探索、交流等多种形式的活动，获得小组合作经验，培养设计作品实践的能力。

具体过程：

一、导入

复习轮船的基本结构。

二、项目学习具体内容

1. 了解实验目的。

2. 学生绘制轮船设计图纸，制订出轮船说明书，说明书中需要学生结合物理中的力学知识阐述轮船的动力来源、浮力等知识的应用。学生结合数学中的比例知识阐述轮船车身的比例，阐述美术中色彩及整体结构设计等知识的应用。学生统计物品准备（填写物品备品清单），为轮船的制作做最后准备。

三、提出改进方案

根据小组成员的建议，学生团队制订更优化的方案，为下一次的制作做准备。

团队商议，制作成品的设计手稿。

四、课堂评价

评价的依据为是否初步掌握制作轮船的方法，在实践操作的过程中是否注重团队配合。

轮船的设计与制作（第三阶段）

教学目标：

1. 根据上一节课的总结，找出不足。

2. 根据设计图纸进行成品制作的初步尝试。

3. 修改设计图纸、提出改进方案。

4. 增强发现问题和解决问题的能力。

具体过程：

一、导入

二、实验操作

学生根据自己的设计图纸，设计初级的轮船。

三、记录发现的问题

学生根据调试，找到设计中的不足。

四、解决问题

可以团队间交流，必要时全班共同商议，找到解决问题的策略。

五、修改设计图纸

六、项目第三阶段评价

七、公布下一阶段学习计划及课堂总结

轮船的设计与制作（第四阶段）

教学目标：

1. 通过调试图纸，最终制作出优品。

2. 通过观察、操作、探索、交流等多种形式的活动，学生获得小组合作经验，培养设计作品和实践操作的能力。

3. 进行项目学习的最终评价。

具体过程：

一、复习导入

二、合作探究

1. 小组合作，明确最终合作要求：阐述设计理念、确定任务分工在10分钟时间内完成既定任务。

2. 汇报设计方案

（1）现场展示：根据设计图纸制作轮船作品。

（2）作品展示与点评。

三、评价与反思

结合这四个阶段的学习，学生填写评价单，进行反思。

四、项目学习精彩瞬间

精彩瞬间

学生讲解设计方案

同学间探讨交流

五、项目总结

“轮船的设计与制作”这个项目的学习让学生了解了多个领域的知识，增强了学生发现问题和解决问题的能力，让学生动手实践的热情愈加浓厚，学生通过对轮船基本结构的了解以及轮船的发展史，对未来的轮船进行了畅想，项目的学习激发了学生们的求知欲，培养了学生的科学思维和创新意识。

（三）工作室特色活动

作为东北育才实验学校小学部特色工作室，STEM工作室致力于打造具有创新精神、团队意识的育才学子。为了丰富学生们的校园文化生活、开阔视野、了解当下社会高端科技，STEM工作室特设以下六大活动，分别为小学部科技文化节、科普园中行、“玩转乐高”主题活动、博雅科技大讲堂、STEM课程实践活动月、特色选修课。这些活动的开展极大程度地拓宽了学生视野，让学生感受到多学科知识整合的魅力，增强了学生的创新能力与解决实际问题能力。

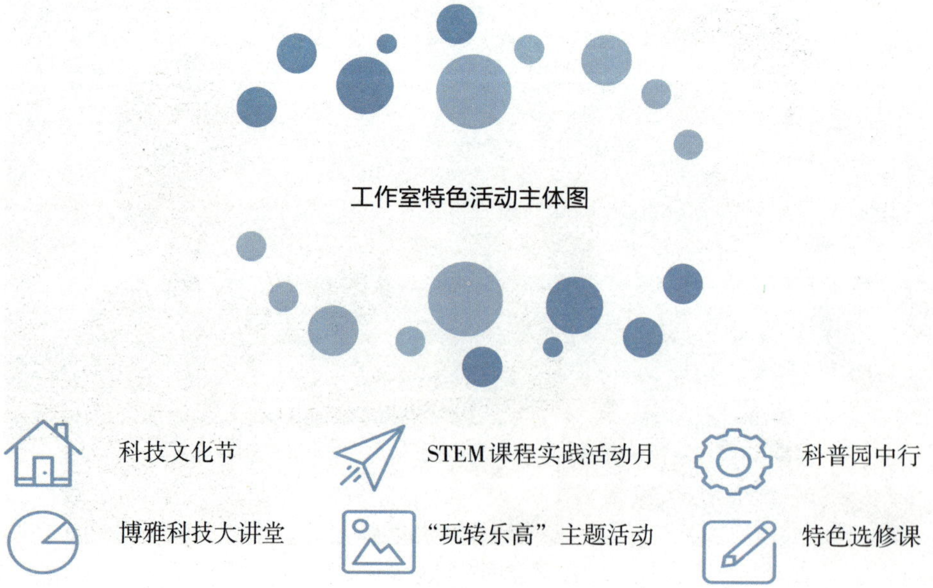

1. **科技文化节**

小学部在每年六一儿童节期间都会举办科技文化节，旨在为具有科技探究精神、爱发明、爱创造的孩子们提供一个大显身手的平台，同时以丰富多彩的活动组织形式调动学生参与的积极性及增加学生思维能力、创新能力和实践能力。科技文化节为学生们在一起学习、交流创造了机会，提高了学生的科技素质，为学生在心中种下发明创造的种子，让科技之光在小学部闪耀光芒。

每年一次的科技文化节已成为学生最为盼望的活动之一，每次科技节开展的形式略有不同，在2017年的6月份，我校小学部举行了“我爱发明”科技小达人的评选活动，学生将自己的发明作品带到参赛地点，向观众和评委阐述自己的设计意图，同学们的精彩演讲赢得了观众们的阵阵掌声，作品得到了评委的一致认可。2018年6月，STEM工作室举行了一次最

机器人赢得了学生们的喜爱

师生互动欢乐多

大规模的科技文化节，活动开设在后楼二楼长廊，孩子们一进入长廊立即被精美的彩陶作品所吸引，那盛开在小碟子里的花儿，屹立在小碟子上的竹子，长在树下茂盛的小草都是那么栩栩如生，一方小小的天地在碟子上显露无遗，还有装饰在小瓶子外的各种图案，在灯光的照射下熠熠生辉。随之展现在孩子面前的3D作品，让学生们恋恋不舍，每看到一件都称赞不已。书法及国画作品则体现了孩子们对祖国优秀传统文化的传承与热爱。在科技作品展区参展作品达30多件，都是孩子们在选修课上亲手制作的，有潜望镜、万花筒、组装台灯、甩干机、斥力小车等。掀起参观高潮的是在机器人展示区，先是由志愿者们操控机器人，再由四年八班龚笑扬同学操纵育才高中学生设计完成并于2018年3月荣获美国机器人大赛冠军的机器人，孩子们惊叫连连，发自内心地欢呼。欣赏完作品，孩子们还积极地参与到自愿答题环节，答对了不仅有精美的礼品还能参与抽奖，奖品就是现场制作喜欢的科技作品，体验制作的过程。

小学部的科技文化节，为学校的未来发展添上了亮丽的一笔，在丰富学生学习生活的同时，进一步推进了学校文化建设的进程，更好地营造了“文化校园，书香校园”的艺术氛围，同时引导同学们树立正确的世界观、人生观和价值观，激发学生关注人类的未来，组织学生们开展科技文化节的活动可以让更多的学生了解更多不曾知道的科技知识，引导他们对科技产生浓厚的兴趣，从而激发探索欲望，使更多的学生投身于科技创新的行列中。

2. STEM课程实践活动月

STEM课程的开展是工作室的核心工作。小学部一直注重培养学生拥有科技理念、大胆创新和团结合作意识，以STEM工作室为引领，根据学生的学习经验，在小学的中、低、高年段开展STEM课程。为此每学期小学部都将选取其中的两个月作为STEM课程实践活动月，此项活动从工作室成立之初到现在从未间断，随着学生年级的升高，会进行多个项目的学习。

以2018—2019学年度上学期为例，低年级开展的是乐高主题活动、3年级进行变废为宝项目学习、四年级开展的是“汽车的设计与制作”，在桑震宇老师的引领下，学生们积极参与STEM课程的学习，形成人人参与、共同研究的学习热潮。五年级学生紧追其后，开展了桥梁模型及纸桥承重比赛，在STEM工作室全体成员的共同精心布置下，本次STEM课程实践活动月圆满完成。每一项目的学习都将经历3—5个阶段。每一个项目的最后阶段都要进行全年级比拼大赛，经过前几阶段的准备与学习，来自1班至10班的参赛选手入围决赛。决赛共分为两大环节，第一环节由12名优秀作品的设计者一一上台，向评委和观众阐述自己的设计，讲解制作的原理，并现场进行展示。在这一学期的“汽车的设计与制作”决赛场上，“牛奶大巴一号”“巨无霸号”“敞篷号”“越野冲锋号”“环保11号”先后登场，孩子们用牛奶盒、矿泉水瓶、纸盒、气球等生活废旧品组装，有的还装饰五角红星，寓意代表中国，每一个设计都是孩子们花了心思动脑动手的杰作。展示完毕后，现场的评委和观众

学生探讨斜拉桥的特点

师生共同研讨

根据设计者的作品进行提问，12名设计者根据科学知识逐一回答，小小年纪懂得的知识非常的多。第二环节为小组PK赛，12名参赛选手被分为3小组，进行现场的测试，每组的获胜者再进行最终的较量。最终根据两个环节的累计得分评选出一等奖1名、二等奖2名、三等奖3名、优秀奖6名。最后由周校长对本次活动进行总结，周校长从更加专业的角度帮助参赛选手分析汽车的设计与制作，提出了许多宝贵的建议。五年级的纸桥承重比赛也是以同样的模式开展，不同的STEM课程，学生们的收获也不同。多样的课程让学生可以获得更多的知识、拥有更广阔的视野。STEM课程的学习极大地调动了学生对科学领域学习的积极性，让孩子们真正地爱上了发明和创造。

3. 博雅科技讲堂

第一期主题为“2017新奇科技”，科学学科的吕爽老师作为主讲。吕老师围绕生活中的衣食住行，为学生们展示了很多新奇的科技发明，诸多热点话题引爆全场。第二期主题为“无人驾驶汽车”，仍然由吕爽老师主讲，吕老师为同学们讲述汽车领域的尖端科技。第三期主题为“电脑编程”，由小学部计算机领域的佼佼者李韦老师向高年段的学生们讲述电脑编程的神奇之处，电脑编程拓宽学生对计算机领域的了解和认识，为今后开展更高端的STEM课程做铺垫。第四期主题为“阿基米德与浮力”，杨庆云老师从故事中引出本期博雅讲坛的主题，介绍浮力的相关知识，在讲堂上结合数学和物理学的知识解决相关的实际问题。第五到第七期的主题为“玩转乐高”活动，张楠老师作为小学部乐高领域的资深讲师向学生们讲述乐高的有趣玩法，生动活泼的语言、有趣的问题设置得到学生的阵阵掌声。第八期的主题为“机器人工厂”，机器人工厂由在此领域经验丰富的张主任主讲，连续两场，场场爆满，足以见得机器人工厂主题的受欢迎程度。此项活动仍在继续，工作室全体教师仍将努力挖掘更多新颖的题材，发扬师资优势，打开学生发展之窗，培养“学识广博，气质高雅”全面发展的人，这也是创新核心素养的校本化表达。保持育人特色，打造精准亮点，不同主题的博雅讲堂在不断地开展着，学生们开心之余也收获了知识。

4. **科普园中行**

育才校园的生态科普基地为育才的学生们提供了一个认识世界、增长见识的绝佳平台。东北育才实验学校的生态科普基地始建于2017年11月，总占地面积1.8万平方米，包括生态饲养区、水生植物观赏区、农作物栽培区、热带雨林生态馆、户外拓展训练营及育才娃娃冒险岛等几大特色功能区，为我们展示了一个个多元化、多角度的世界。每年的9月份入学之后，学校都会组织一年级新生参观生态科普基地。在这里，学生们首先看到的是许多国内著名的建筑造型，设计精美、大气。学生们可以欣赏蒲葵、针葵、剑麻等三十余种热带植物，嘉宝果、杧果、莲雾等十余种热带果树。听着科学老师的介绍，学生们开阔了眼界，丰富了知识。学生们在这些绿色植被之间穿行，都在认真地聆听，小心翼翼地触碰。各种见所未见、闻所未闻的植物都进入

学生们认真观察植物

科普园中收获多

了学生们的视野，都走进了学生们的内心。有些学生则拿出准备好的本和笔开始记录，还时不时地问问题。让学生最感兴趣的是一个大大的地球仪。它立在地面上，体型庞大，很多学生围绕在它身边，身体靠在上面感受着"它"的巨大。还有一些建筑物以及生态植物还在建设当中，在不久的将来，这里一定会更加的迷人，能为学生们带来更多大饱眼福的东西。

每一次参观科普基地，都能为同学们上一堂贴近生活的自然课、一堂收获颇丰的实践课。古人云：纸上得来终觉浅，绝知此事要躬行。小学部正是本着这样的教育目标，重视学生的实践能力、感知能力，多次组织不同的参观活动，让学生在路上不断找寻自己的爱好，发现自己的兴趣。为"开发多元潜能，实现卓越成长"打下更坚实的基础，创造更多的机会。

5. 玩转乐高主题活动

低年级的学生对自我和世界的好奇心最强烈。"玩转乐高"主题活动根据这个年龄段学生身心发展的需要，专门制订符合他们年龄阶段与兴趣爱好的乐高活动。"玩转乐高"主题活动的教育目标就是珍惜儿童的好奇心，助长他们的学习欲望，培养儿童探索的自然天性。科学家说过孩子（特别是7岁以下）的手就是学生的大脑，当学生的手在做一些尝试的时候，大脑其实在积累很多经验。因此，STEM工作室利用每周四下午七、八节课时间为一年级的孩子开展"玩转乐高"主题活动。通过观察每年都参加课程学习的学生，我们发现学生的观察力和专注力大幅提升，例如，有的学生在搭一个车的时候，原来可能只知道车轮是圆的，但是当自己动手搭的时候，他才发现轮子是由轮毂和轮胎组成，通过动手搭建，并与现实进行对照，再去探究原因，学生的观察力得以提升，同时也提升了学生的创造力和问题解决的能力。用乐高玩具玩转数学。在快乐的游戏中对学生进行数学启蒙。分享几种聪明的做法，将乐高玩具直接转化成教具，让学生真正地做到玩中学，这样习得的知识比死记硬背可是要牢固得多。

以下为乐高主题活动实例：

①认识数字：将乐高积木当作实物，让学生更直观地建立数字概念。

奇妙的乐高课堂

②认识20以内的数字：在积木块上写上数字，让学生按顺序搭起来，这样的玩法既生动又有新意。

乐高活动现场图片

③乐高迷宫：很多学生喜欢玩迷宫游戏，那就让他们用乐高自建一个迷宫吧，建议最好在纸上画出想搭建的图案（要留出入口与出口的位置），然后在积木板上进行实施，这样的过程，不仅会提高孩子手部的精细动作能力，而且还有助于提高他们的规划能力及解决问题的能力。这是一件多有成就感的事情。

④闭眼玩乐高：这个很适合家庭或者多个孩子一起来玩，闭上眼睛，能否搭出想象中的样子，这样的玩法够新鲜和刺激吧。

多年来，学校通过“玩转乐高”主题活动的“动手”，对学生进行了包括逻辑思维、创造力等思维方式和解决问题能力的培养，促进儿童肢体发展、自我意识发展、社会性发展和创造性的发展。

6. 特色选修课

工作室结合自身特点，承担了周四下午选修课的部分主题。比如人气爆棚的机器人工厂，机器人工厂的设计旨在让学生了解大热的机器人领域，随着时代的发展，机器人领域会迎来新的变革和突破。从小学开始增强学生对机器人领域的了解和认识，尤为重要，事实证明，学生对此课程热情极高。

由于选修科技的学生较多，所以工作室设置了三个科技选修班，每期一个主题，如制作台灯、3D打印技术的应用等。此外在计算机领域也设置了电脑编程等选修班。以周四下午选修课的形式将STEM工作室的活动扎扎实实地落实，每学年由学生根据自己的兴趣爱好自主地选择选修科目，体现了学生为主体的理念，为学生对多领域学科知识的学习打下基础。

7. 特色活动开展的阶段总结

从工作室成立到现在短短的三年时间，在周校长和张主任的领导、工作室成员的通力合作下，小学部STEM课程从无到有，逐渐形成了课程体系、建立了课程实施的总规划，各个年段的学习已步入正轨。项目的学习从零到现在的二十几个，学生们已爱上了STEM课程，并对项目的学习产生了浓厚的兴趣。特色活动的开展极大程度地丰富了学生的日常学习生活，学生的学习内容不再单一化，更加立体化，特色活动使得学生增长见识，为学生今后多学科知识的融合打下基础，适应时代对复合型人才的需要，通过一个个特色活动的开展既成就了学生也成就了老师。

四、学生的成长足迹

STEM课程打破了学科的界限，综合了科学（Science）、技术（Technology）、工程（Engineering）、数学（Mathematics）几大学科内容，旨在培养学生的综合实践能力、动手能力等。东北育才实验学校小学部一直关注学生的可持续发展。学生通过对不同领域STEM项目的学习研究，经过多种工作室活动的熏陶与锻炼，掌握技能，了解前沿的科学知识，与此同时通过一系列的活动和竞赛，学生们提高了综合素养，在省市各项活动中也取得了较多的可喜成绩。

1. 2018年10月实验小学施俊言、张永瑞两名同学在NOIP中获奖。

在由中国计算机学会（CCF）举办的2018全国青少年信息学奥林匹克联赛（CCF NOIP2018）复赛中，东北育才实验学校小学部四年三班的施俊言同学，在绝大多数参赛选手都是初中生的复赛中，以扎实的基础功底，认真地完成了3个小时的上机复赛，最终取得辽宁省第21名，小学组第4名的好成绩，获得了普及组一等奖。在NOIP初赛中，四年五班的张永瑞同学获得了三等奖。

学生获奖现场图片

2. 2017年6月9日至10日第26届中国儿童青少年计算机表演赛辽宁赛区决赛中，东北育才实验学校小学部三名学生荣获中国儿童青少年计算机表演赛辽宁赛区一等奖。

中国儿童青少年威盛中国芯计算机表演赛是全国规模最大、普及面最广、科技含量最高的儿童青少年科技普及教育活动，其宗旨为“研究、探索、创新、广泛参与”，注重参赛选手的实践操作能力。东北育才实验学校小学部孙澍新、张博为、关博予三名同学参加此次比赛，均荣获网络基础赛一等奖。

3. 2015年4月东北育才实验学校小学部多名学生在省级电脑制作活动中获奖。

在辽宁省第十五届中小学电脑制作活动中，东北育才实验学校小学部多名同学积极参与，并取得了喜人的成绩。其中六年二班任志谋、马贺帷同学创作的作品《小学生健康——眼部保健》、六年三班贺靓、韩惠同同学创作的作品《中英文化差异》、六年四班的李京陶、项意晴同学创作的作品《童年》均获得了由辽宁省教育厅颁发的第十五届中小学电脑制作活动电子板报制作一等奖。

荣誉证书
HONORARY CREDENTIAL
东北育才实验学校
荣获2014年沈阳市中小学电脑制作活动
优秀组织奖
沈阳市教育研究院现代教育技术中心
二〇一四年十月

东北育才实验学校荣获中小学电脑制作活动优秀组织奖

荣誉证书
HONORARY CREDENTIAL
东北育才实验学校小学部
荣获第二十三届中国儿童青少年计算机表演赛市级活动
优秀组织奖
沈阳市教育研究院现代教育技术中心
二〇一四年十月

东北育才实验学校小学部荣获青少年表演赛优秀组织奖

4. 2014年6月第二十三届中国儿童青少年计算机表演赛辽宁赛区决赛，我校三年三班刘祉序同学荣获一等奖。

五、工作室的展望

1. 继续完善STEM课程体系

历时3年的时间STEM课程已步入正轨，但工作室对STEM课程的探索脚步仍未停止，在科技飞速发展的今天，不学习不创新就意味着落后。为了让育才的学生们及时了解当今社会的尖端科技，培养出更多善于创新的育才学子，工作室将在项目学习的过程中不断优化现有的项目学习设计，让每一个项目的学习均能落到实处，让学生真正受益。在项目学习的几个阶段中更加明确项目学习要求，训练教师基本功，把项目的学习按照更加完善的STEM课程体系在各个年段的学生中实施与开展。

2. 开发多元项目学习

目前工作室已在陆水空、计算机、机器人、科学等领域开设相应的项目学习，除此之外还有多个领域可以开发与探究。为此工作室将在周校长和张主任的带领和指导下向更多领域探索。力争将项目的研究无论是从数量还是从覆盖的领域上均能有所突破，为打造更加适应时代发展的育才学子而不懈努力。

青囊工作室

一、工作室简介

中医药是我国传统文化的重要组成部分，让孩子从小奠定中医药常识性的知识结构和文化基础，不仅有利于科学、健康地生活，更是对传统文化的渗透性继承。

（一）工作室成立背景

2014年，教育部印发了《完善中华优秀传统文化教育指导纲要》，提出分学段有序推进中华优秀传统文化教育。2017年，中共中央办公厅、国务院办公厅印发了《关于实施中华优秀传统文化传承发展工程的意见》，提出“把中华优秀传统文化全方位融入思想道德教育、文化知识教育、艺术体育教育、社会实践教育各环节，贯穿于启蒙教育、基础教育、职业教育、高等教育、继续教育各领域”。大力加强对青少年的传统文化教育，已经成为全社会的共识。中医药文化是中华优秀传统文化的重要组成部分，推动中医药文化进校园，对于增进广大青少年对中华优秀传统文化的了解与认同，提升其民族认同感及归属感，有着至关重要的作用。

1. 实施“健康中国”战略的重要组成部分

2016年8月，习近平总书记在全国卫生与健康大会上指出：要重视少年儿童健康，全面加强幼儿园、中小学的卫生与健康工作，加强健康知识宣传力度，提高学生主动防病意识，有针对性地实施贫困地区学生营养餐或营养包行动，保障生长发育。2016年10月，中共中央、国务院印发《“健康中国

2030"规划纲要》，强调"加大学校健康教育力度"，并指出"将健康教育纳入国民教育体系，把健康教育作为所有教育阶段素质教育的重要内容。以中小学为重点，建立学校健康教育推进机制"。中医药学凝聚着深邃的哲学智慧和中华民族几千年的健康养生理念及其实践经验，不仅为中华民族繁荣昌盛做出了卓越贡献，也对世界文明进步产生了积极影响。推动中医药文化进校园，对于提升青少年健康素养，帮助其养成健康的行为方式和生活习惯，提高个人综合素质和能力具有重要意义。

2. 传承发展中医药事业的重要保障

2016年2月，国务院印发《中医药发展战略规划纲要（2016—2030年）》，提出"推动中医药进校园、进社区、进乡村、进家庭，将中医药基础知识纳入中小学传统文化、生理卫生课程，同时充分发挥社会组织作用，形成全社会'信中医、爱中医、用中医'的浓厚氛围和共同发展中医药的良好格局"。推动中医药文化进校园，传递中医药文化核心内涵，积极引导广大青少年认识中医药，对于传承发展中医药事业，努力实现中医药健康养生文化具有长远影响。

为了把中医药这门传统文化更好地传承下去，辽宁中医药大学与东北育才实验学校小学部联合将中医药知识引入课堂，小学部也成为东三省的中医药课程进校园试点学校。

（二）Logo含义

"青囊"来源：相传三国时期的名医华佗被杀前，为报答一位狱吏的照顾之恩，曾将自己平日里使用的医书装满整整一个青囊，并送与他。华佗死后，狱吏也走上了行医的道路，使得华佗的部分医术流传下来。据此，后人称中医为"青囊"。我们将工作室取名"青囊"，也有暗含"倾囊相授"之意，工作室的全体成员都愿将自己掌握的中医知识悉数教给学生们。

青囊工作室
中医药进课堂

工作室Logo

工作室的Logo主体是一个草药香囊，为花草纹饰图案，内有“青囊”二字的小篆书体。香囊两侧流苏处写“本草香飘　育才实验”。

（三）成员构成

1. 工作室主持人

刘岩，中学一级教师。她晋升为宝妈后，对中医药文化有了更深刻的认识，她利用带娃的时间自己研究《儿童经络使用手册》《中国小儿推拿学》《李德修小儿推拿秘笈》等关于小儿推拿的书。

2. 工作室成员

付睿、吕爽、王琳。

（四）工作室宗旨

工作室致力于通过设立中医药课程，丰富学生的认知系统，将中医文化带入学生的生活，普及中医药文化的相关知识，同时发挥中医药文化在教书育人中的重要作用，让孩子从小就了解中医药，相信中医药，运用中医药。

工作室成员集体照

在中医药进校园课程中，小学部不断创新教学方法，积极探索传统文化与现代课堂的融合点，力争为学生搭建一条跨越千年的桥梁，带领学生们走进中医文化的宝库。在教授学生们中医药文化相关知识时，一定要讲解准确且选用适合的形式进行传播，要让孩子在小学阶段对中医药文化有所涉猎，努力培养孩子们成为中医药文化的传承者和践行者。

让中医药进校园，主要目标不是培养出多少个中医药名家，而是培养孩子们的文化自觉、文化自信、文化自强。让中国人礼敬中医药，让中医药永续发展，为人类文明和进步做出更大的贡献。

二、工作室的成长足迹

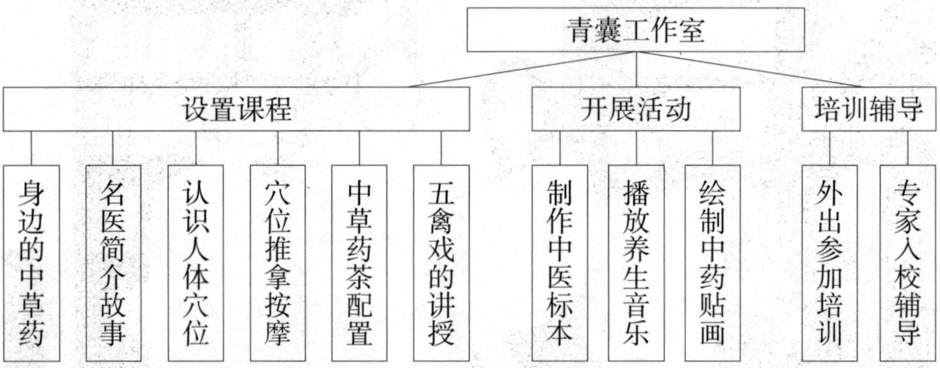

青囊工作室主要通过两种方式向学生们辐射中医药文化知识并进行相关实践活动。一是设置符合孩子们认知能力、接受程度的系列课程。教师们本着重普及、重实践的原则，根据年段特征不同，2017年3月提出了初步的实施方案，将高、中、低年段的课程分别设计为普及性和实践性的教学方向；随后经过两年四个学期的不断修正，让课程方案趋于完善。二是通过开展不同的活动将所学的中医药文化知识运用在生活中，借助生活来了解中医药知识，践行中医药文化。与此同时，为了确保中医药文化在我校更好地传承，保证传授给孩子们相关知识的准确性、专业性，小学部经常安排任课教师参加专业的培训和学习。

（一）身边的中草药

低年段课程以草药种植为主要方式，让学生在动手操作中体会到中草药与中国人的亲近性，保护孩子的童心，让学生认识到中草药与身边的花花草草一样，从而初步体会中医从生活中发现治病之药的理论。同时学生们通过观察日记培养其观察能力，了解到中医中药离我们并不是很遥远，而是从生活中提炼出来的精华。低年段每周安排一节中医药常识课，讲述生活中常见的花草及水果有哪些可以用作中药。

1. **中医药常识课**

认识生活中的中草药

本系列微课在课程实施之初采用的是年组统一播放广播与班主任课件播放相结合的方式，由年组负责教师将课件提前制作完毕并上传到各个教室的教学电脑上。学生们在每周一的中午都可以通过广播和屏幕了解到中草药在生活中的身影。2018年起，广播课改为了落地课，每周10分钟的时间，年级负责老师会走进教室里，为学生们亲身讲授生活中的各种植物。

2. **本草药的种植**

年组负责教师预先查找适合北方天气以及盆栽方式的中医药材植物。由学校拨款，统一购买种子，各个班级分别种植培养。同学们每周填写《我的本草日记》种植记录，书写与中药盆栽相处的点点滴滴。

学生种植的中草药

至今，一、二年级的同学们已经成功培育了包括三七、益母草、石斛、芦荟等常见中药在内的二十余种中药。

3.《我的本草种植日记》记录

让一、二年级的孩子作为各种盆栽中药的护花使者，极大地激发了他们亲近中医药的兴趣，孩子们通过日常对于中草药植物的精心培育，浇水、光照、施肥、防虫等，与这些中草药盆栽日夜相处，孩子们培养出了极其深厚的感情。《我的本草种植日记》作为孩子们与中草药之间的“交谈记录”，其中包括班级、观察时间、观察对象等基本信息，通过书写《我的本草种植日记》养成孩子们的培植习惯，拉近了他们与草药之间的距离。

一年下来，从春播到秋收，孩子们眼见植物的萌发与成长，一直到收获，培养了他们与中草药之间的深厚感情。

（二）名医故事

名医故事系列课程是年级负责教师通过对中国古代名医的研究与学习，筛选出适合学生学习与了解的代表人物，如扁鹊、华佗、张仲景、孙思邈等，每周一位，讲解名医治病的故事、论著及过人之处。学生随堂记忆，期末的时候学校会组织学生们进行名医知识竞赛。为大家介绍的名医如下：

扁鹊（公元前407—前310年），秦氏，名缓，字越人，又号卢医，春秋战国时期名医。由于他的医术高超，被认为是神医，都说他有起死回生的绝技。所以当时的人们借用了上古神话的黄帝时神医“扁鹊”的名号来称呼他。少时学医于长桑君，尽传其医术禁方，擅长各科。扁鹊奠定了中医学的切脉诊断方法，开启了中医学的先河。相传有名的中医典籍《难经》为扁鹊所著。

华佗（约公元145—公元208年），字元化，一名旉，沛国谯县人，东汉末年著名的医学家。少时曾在外行医，游学，他医术全面，尤其擅长外科，精于手术，并精通内、妇、儿、针灸各科。华佗被后人称为“外科圣手”“外科鼻祖”。后人多用神医华佗称呼他，又以“华佗再世”“元化重生”称誉有杰出医术的医师。他发明了麻沸散，开创了世界麻醉药物的先例。欧美全身麻醉外科手术的记录始于18世纪初，比华佗晚1600余年。为了将医学经验留传于后世，华佗晚年精心于医书的撰写，有《青囊经》《枕中灸刺经》等多部著作。

张仲景（约公元150~154年—约公元215~219年），名机，字仲景。东汉末年著名医学家，被后人尊称为医圣。张仲景广泛收集医方，写出了传世巨著《伤寒杂病论》，其所确立的六经辨证的治疗原则，受到历代医学家的推崇。也是中医临床的基本原则，是中医的灵魂所在 。

孙思邈（541—682年），唐代医药学家、道士，被后人尊称为“药王”。他十分重视民间的医疗经验，不断积累走访，及时记录下来，终于完成了他的著作《千金要方》。唐朝建立后，孙思邈接受朝廷的邀请，与政府合作开展医学活动。唐高宗显庆四年（659年），他完成了世界上第一部国家药典《唐新本草》。

（三）认识人体重要穴位

三年级的中医药课程是由吕爽老师负责的，主要利用课堂时间向学生们介绍人体穴位，演示找穴位的方法。上半学期主要讲述眼保健操穴位及关元穴，下半学期主要讲述身体穴位。通过吕爽老师讲述的穴位课程，学生们对于虚幻的穴位有了具象的概念。

1. 人身体上的穴位

众所周知，人的周身布满了很多的穴位，人身体的正常运转也和穴位、经络有着密不可分的关系。穴位按摩实际上就是通过肢体动作产生一种力学刺激，作用于一定穴位之上，而达到治病的目的。在讲解此项内容时，吕老师根据学生的接受程度，选择一些位置容易找的、孩子们更加熟悉的、有特殊功效的穴位和大家分享，同时也为后续的穴位按摩奠定了基础。

（1）肩井穴

症状：头酸痛、头重脚轻、眼睛疲劳、耳鸣、高血压、落枕等。

功效：通络止痛、活血利气。

位置：位于肩上，大椎穴与肩峰端连线的中点。

（2）少商穴

主治：咽喉肿痛、中暑、中风、昏迷、癫狂等症。

功能：清肺利咽，开窍醒神。

位置：位于手指，拇指末端桡侧，指甲根角侧上方0.1寸。

（3）足三里穴

主治：胃肠虚弱、胃肠功能低下、食欲不振等症。

功能：燥化脾湿，生发胃气。

位置：位于小腿前外侧，距胫骨前嵴一横指（中指）处。

（4）内关穴

症状：心痛、心悸、胸痛、胃痛、呕吐、晕车、手臂疼痛。

功效：帮助入眠，可调节自律神经，抒压解除疲劳，改善胸痛、心悸、盗汗，舒缓腹胀感，缓解治疗头晕、心痛、晕车等。

位置：内关穴位于手掌面关节横纹的中央，往上约三指宽的中央凹陷处。

（5）商丘穴

症状：胃、肠炎，消化不良，便秘，痔疮，黄疸，小儿惊厥，百日咳，水肿。

功效：商丘有健脾化湿、清心宁神、通调肠胃的作用。

位置：商丘穴在足内踝前下方凹陷中。

2. 明确眼保健操中的穴位

眼保健操是小学生每天都必须要做的，但是大多数的学生因为在初始阶段没有接受过正规的眼操培训而不能准确地找到相应的穴位，使得自己的眼操发挥不了应有的功效。吕爽老师为学生们亲身示范了每个穴位的具体方位以及传授孩子们找到它们的办法，让孩子们在互动中学习，在乐趣的驱使下学习眼保健操穴位的知识。

（1）攒竹穴

症状：头痛，目眩，目翳，目赤肿痛，迎风流泪，近视，眼睑瞤动，眉棱骨痛等。

功效：吸热生气。

位置：在面部，当眉头陷中，眶上切迹处。

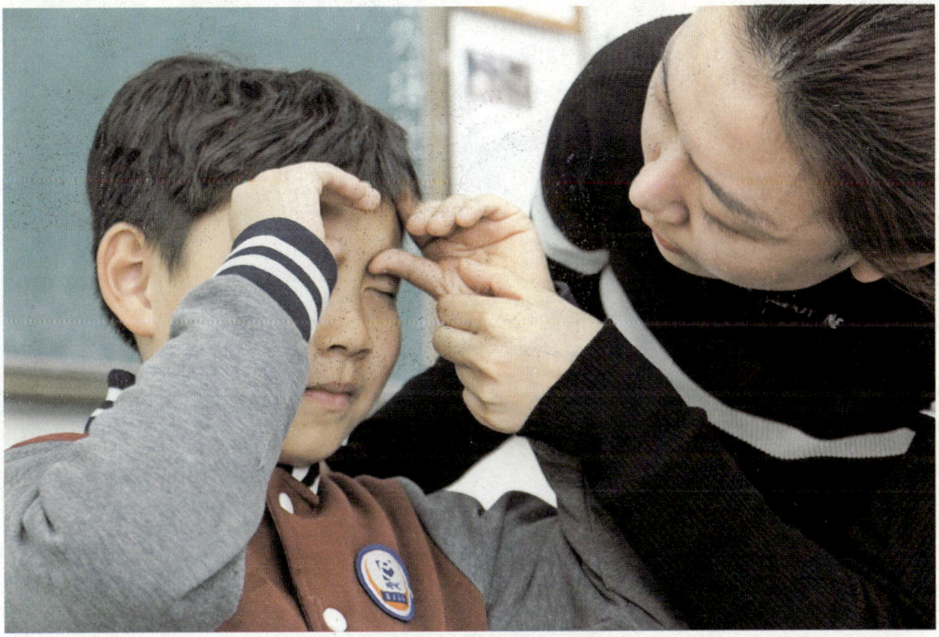

教师在指导孩子寻找攒竹穴

（2）睛明穴

症状：目赤肿痛、目眩、近视等目疾。

功效：降温除浊。

位置：目内眦角稍上方凹陷处。

（3）四白穴：

症状：目赤痛痒，目翳，眼睑瞤动，口眼㖞斜，头痛眩晕。

功效：散发脾热，向天部提供水湿。

位置：四白穴位于人体面部，瞳孔直下，当眶下孔凹陷处。

学生在寻找四白穴

（4）太阳穴

症状：头痛、偏头痛、眼睛疲劳、牙痛等疾病。

功效：能够解除疲劳、振奋精神、止痛醒脑，并且能继续保持注意力的集中。

位置：太阳穴在耳廓前面，前额两侧，外眼角延长线的上方。

（5）风池穴

症状：头痛、头重脚轻、眼睛疲劳、颈部酸痛。

主治：落枕、失眠、宿醉。

功效：壮阳益气。

位置：位于颈部，当枕骨之下，与风府穴相平，胸锁乳突肌与斜方肌上端之间的凹陷处。

（四）小儿轻症穴位推拿按摩

通过接触中医药文化，学习中医药相关知识，找寻身体上的穴位，孩子们已经有了一定的学习基础。所以，经过思考，中年段的学习内容为利用人体上的穴位，给小儿进行推拿，通过作用不同穴位起到减轻病症的功效。

1. 回顾、整理已知穴位

刘老师先为孩子讲解什么是穴位、经络。带着孩子们回忆以前的学习，在明确这两个概念之后再深入教学，了解经络是运行气血、联系脏腑、体表及全身各部的通道，而穴位就是在经络上特殊的点位。小儿推拿就是运用一定手法刺激这些穴位以达到增强健体、预防疾病的一种手法，它是建立在一定中医学的基础上，以脏腑学说等为理论基础的，操作起来很简单易学，在授课时，刘老师选择了一些易于掌握和操作的穴位先介绍给大家。

2. 推拿手法及其相应疗效

在了解穴位的基础上，重点学习小儿推拿这种手法，通过孩子们多种形式的练习、巩固之后再和相应的功效建立联系，还要把治疗各项症状中的相对专业性的词语加以解释和说明，让孩子能理解，有利于加深记忆。如果孩子学过了以后能运用到生活中去改善自己的各种轻症那就再好不过了。课程内容主要介绍孩子们经常容易出现的轻微症状以及推拿手法。

（1）脾经

位置：位于拇指末端螺纹面。

推拿手法：我们可以沿着拇指指面顺时针方向旋转推动，或将拇指伸直由指端向指根方向直线推动，两者统称为推脾经。

功效：治疗腹泻、便秘、食欲不振、消化不良等。

(2) 肝经

位置：位于食指末端螺纹面。

推拿手法：我们可以将食指伸直，由指根向指端方向直线推动称为清肝经，由指端向指根方向直线推动称为补肝经。但肝经多用清法。

功效：主要治疗烦躁不安、目赤、口苦、咽干等。

(3) 心经

位置：位于中指末端螺纹面。

推拿手法：我们将中指伸直，由指根向指端方向直线推动称为清心经。

功效：主要治疗口疮、高热神昏等症状。

(4) 肺经

位置：位于无名指末端螺纹面。

推拿手法：我们将无名指伸直，由指根向指端方向直线推动称为清肺经。

功效：治疗感冒、发热、气喘、咳嗽、冒虚汗等。

(5) 肾经

位置：位于小拇指末端螺纹面。

推拿手法：我们将小拇指伸直，由指端向指根方向直线推动称为补肾经。

功效：主要治疗肾虚、多尿、遗尿、小便淋漓刺痛等。

(6) 大肠经

位置：大肠经位于食指桡侧缘，自指尖至虎口呈一直线。

推拿手法：推拿时大肠经可以用清法，也可以用补法，在不同的病症下方法不同，补之固肠涩便，泻之清脏腑湿热。两者统称推大肠经。

功效：主要治疗便秘、腹泻等。

教师在讲述怎样寻找、推拿大肠经

（7）小肠经

位置：小肠经位于小拇指桡侧缘，自指尖至指根呈一直线。

推拿手法：推拿时适合用补法，即将手指伸直，沿小拇指桡侧缘从指根到指端方向直线推动。大约100—300次。

功效：主要治疗水泻、尿频等。

（8）四横纹

位置：四横纹分别位于食指、中指、无名指、小指掌侧靠近手掌的第一指间关节的四个横纹上，明确四横纹是四个穴位。

推拿手法：一是用拇指指甲逐个掐揉四横纹，掐一次，揉三次，称掐揉四横纹；另一个是将四指并拢，在穴位上横向来回推动，称为直推法。

功效：主要治疗疳积、腹胀、厌食、口唇破裂、腹肚疼痛等。

（9）五指节

位置：五指节即掌背五指第一指间关节，明确五指节是五个穴位，和四横纹相互记忆，增加学习的趣味性。

推拿手法：一手托住孩子手，手背向上，用另一只手拇指指尖依次从孩子拇指掐至小指，掐后揉一揉，称掐五指节；用拇指螺纹面揉，称揉五指节。

功效：主要功效为安神镇惊、祛风痰。

（10）肚脐

位置：位于肚脐中央。

推拿手法：肚脐可以顺时针揉也可以逆时针揉，两者统称为揉脐。

功效：顺时针是为了疏通肠道，起到排便、治疗便秘的作用，而逆时针是治疗腹泻的。

3. 绘制彩色手掌图，标注穴位

讲解完所有的穴位及推拿手法和功效后，老师给孩子们下发一张彩色手掌图片，让孩子结合本节课所学，将所学的穴位在图片上标注出来，给定时间后再展示孩子们的手掌图。为以后的学习留下悬念，也希望孩子的兴趣能得以延伸。

（五）常见中草药茶的配置

高年段学生已经对中医有了比较全面的概念，宜注重在生活中的运用。此时根据中医药食同源的理论，加入中药轻药茶或是药性膳食的配制，让学生能够根据自己身体的实际情况安排自己日常的饮水与饮食，让中药走入每一天的生活之中。

1. 中成药的辨认

五年级学生已经有了一些中医药的医学常识，因此对于中成药的辨认难度会相对降低。教师们在教学过程中的第一步就是教会学生认识各种各样脱离了植物本体的中成药，让学生们将药房中的瓶瓶罐罐与教室中的花花草草之间建立联系。教师在上课的时候应对应好日后要学习的配置草药茶需要的中药品种，让学生有针对性地去认识中药成品。

2. 中草药茶的配制

感冒茶：菊花10克，绿茶3克，用约75℃的开水冲泡，凉后饮。用于风热感冒，头痛目赤，咽喉肿痛。

川贝桑叶饮：川贝母6克，桑叶10克，加水煎煮取汁，加冰糖溶化后代茶饮。用于支气管炎及风热感冒之咳嗽咳痰，或痰少不易咳出。

咽痛茶：白萝卜200克，榨汁，加冰糖，代茶饮。功能：清热利咽，生津止渴。

开胃茶：山楂50克（洗净）加水煎煮，煮沸后加水发银耳25克，稍煮凉后，代茶饮。用于食欲不振、食积不化及冠心病、高血压。

胃痛茶：红枣5枚（洗净去核），陈皮10克，加水煎煮取汁，加白糖，代茶饮。用于脾胃虚寒，胃脘隐痛，恶寒喜暖，呕恶便溏。

清眩茶：泽泻、白术各9克，荷叶蒂5枚，菊花6克，佩兰叶3克，泡煎代茶。有祛痰除湿的作用，用于头目眩晕、呕吐痰涎（痰湿中阻）、身重头重等。

降压茶：苦丁茶、甘菊花、霜桑叶、白茅根、钩藤各9克，煎汤代茶饮。具有清热平眩降血压的作用。可用于高血压、头痛、眩晕、口苦咽干等症；莲子心1.5克，草决明9克，用开水冲泡代茶饮。用于高血压头晕、心烦等症；西瓜皮（干品）15克，草决明9克，煎汤代茶饮。用于防治高血压。

肾炎茶：玉米须、冬瓜皮（干品）、赤小豆各适量，煎汤代茶饮。用于水肿及急、慢性肾炎患者的辅助治疗。

柿叶茶：六七月间采摘的鲜柿叶，洗净后用开水烫约10分钟，捞出放背阴处晾干或放锅内用文火烘干。饮用时加入茶叶，一起冲泡，味微甜、清香。经常饮用，对坏血病、高血压、高脂血症有一定的疗效。还有镇静、利尿、消肿的功效。

3. 中药香包的配制

中药香囊一般采用芳香中药材作为配料，比如丁香、沉香、艾叶、佩兰、肉桂、益智仁、小茴香、菖蒲石、苍术、薄荷、藿香等，有清香、驱虫、避瘟、防病的功能，香囊浓郁的药香在口鼻周围就可形成高浓度的小环境。香囊中的药物并没有直接杀死病毒和细菌的作用，而是药物散发出持续的芳香气味，刺激人体呼吸道黏膜产生了分泌型免疫球蛋白A，这种抗体对病毒和细菌有较强的灭杀作用，使这些微生物在上呼吸道黏膜不能存活，因而起到预防传染病的作用。

用法：香囊佩挂在脖子上，或用别针固定于衣襟，香袋距离鼻孔越近则效果越佳，布袋中药末每10天更换一次，以保持药效。孕妇慎用。

（六）《五禽戏》的讲授和练习

其实，中医当中经常运用华佗在《庄子》“二禽戏”（“熊经鸟伸”）的基础上创编了“五禽戏”。其名称及功效据《后汉书·方术列传·华佗传》记载：“吾有一术，名五禽之戏：一曰虎，二曰鹿，三曰熊，四曰猿，五曰鸟。亦以除疾，兼利蹄足，以当导引。体有不快，起作一禽之戏，恰而汗出，因以著粉，身体轻便而欲食。普施行之，年九十余，耳目聪明，齿牙完坚。”——

南北朝时，陶弘景在其《养性延命录》中有比较详细的记载：“虎戏者，四肢距地，前三掷，却二掷，长引腰，侧脚仰天，即返距行，前、却各七过也。鹿戏者，四肢距地，引项反顾，左三右二，左右伸脚，伸缩亦三亦二也。熊戏者，正仰以两手抱膝下，举头，左擗地七，右亦七，蹲地，以手左右托地。猿戏者，攀物自悬，伸缩身体，上下一七，以脚拘物自悬，左右七，手钩却立，按头各七。鸟戏者，双立手，翘一足，伸两臂，扬眉鼓力，各二七，坐伸脚，手挽足距各七，缩伸二臂各七也。夫五禽戏法，任力为之，以汗出为度，有汗以粉涂身，消谷食，益气力，除百病，能存行之者，必得延年”。

陶弘景在该书中不但对五禽戏的具体操作步骤进行了描绘，而且提出了五禽戏的锻炼原则——“任力为之，以汗出为度”。

小学部体育教师结合理论与实践，选择二十名同学，向孩子们普及五禽戏的动作要领，利用课余时间带领同学们进行练习。经过一学期的实验之后，学生们掌握的情况良好，身体素质得到了明显的改善和提高。

（七）制作中医药标本

由于低年级的学生还不具备教师专业的中药材知识及处理能力，所以等同学们种植的中药长成之后，教师组织学生们将植物的叶子、果实进行采集，做成中药标本。指导教师需要在日常的微课中告诉学生们中药标本制作的过程。因为教室内的植物数量有限，同学们需四人一组，小组协作制作一服中药标本，在制作标本的过程中，需先让同学们分组自行挑选健康、完整、无虫害的药材叶片。然后，让同学们将采集下来的叶片进行风干处理，在教室中准备出专用的风干角，等叶片干透之后，用热熔机进行塑封。如果是叶片较厚的中药材，则不用塑封，直接采摘之后放到玻璃瓶药水中（出于安全需求，溶液需教师提前配置）。最后，当标本制作完成，

学生制作的中医药标本

组织年组同学一起进行标本展示会，大家轮流登场，介绍自己亲手种植、采摘、制作的中药标本。在标本制作的过程中，一、二年级的同学们拉近了自己与中草药之间的距离，真切地感受到草药们存在于自己身边，对此项活动兴趣更加强烈了。

（八）养生音乐曲

中国音乐疗法的历史，可以从遥远的古代回溯到近代。《吕氏春秋·古乐篇》云："昔陶唐之时……民气郁阏而滞着，筋骨瑟缩不达，故作舞以宣导之。"原始歌舞实际就是一种音乐运动疗法，对舒解郁气、畅达筋脉、调理心身确有好处，而且容易普及施行。

随着中华古代文明的全面发展，中国音乐保健治疗意识和方法也得到完善和发展，并以《乐记》音乐理论和《内经》的五音学说为集中代表，形成早期的中医音乐疗法的思想体系。

1. 五音与五脏

先秦时代的《黄帝内经》认为音乐与宇宙天地和人体气机密切相通，把五音引入医学领域，与人体内脏、情志、人格相密切联系。

《素问·阴阳应象大论》《素问·金匮真言论》把五音阶中宫、商、角、徵、羽与人的五脏（脾、肺、肝、心、肾）和五志（思、忧、怒、喜、恐）等生理、心理内容用五行学说有机地联系在一起，详细地提出："肝属木，在音为角，在志为怒；心属火，在音为徵，在志为喜；脾属土，在音为宫，在志为思；肺属金，在音为商，在志为忧；肾属水，在音为羽，在志为恐。"

2. 五音与养生

两千年前，中医的经典著作《黄帝内经》就提出了"五音疗疾"的观点。中医认为，五音，即角、徵、宫、商、羽，对应五行（木、火、土、金、水），并与人的五脏和五种情志相连。

宫调式乐曲，悠扬沉静、淳厚庄重，有如“土”般宽厚结实，根据五音通五脏的理论，宫音入脾，对脾胃系统作用比较明显，促进消化系统，滋补气血，旺盛食欲，同时能够安定情绪，稳定神经系统。代表曲目有：《梅花三弄》《高山》《流水》《阳春》等。

商调式乐曲，高亢悲壮、铿锵雄伟，具有“金”之特性。听商调音乐，可以增强肌体抗御疾病的能力。商音入肺，可以加强呼吸系统的机能，改善卫气不足的状况。代表曲目有：《慨古吟》《长清》《鹤鸣九皋》《白雪》等。

角调式乐曲，朝气蓬勃，生机盎然，象征春天万木皆绿，具有“木”之特性，角音入肝，对诸如胁肋疼痛、胸闷、脘腹不适等肝郁不舒的诸种症状作用尤佳。代表曲目有：《列子御风》《庄周梦蝶》等。

徵调式乐曲，热烈欢快、活泼轻松，具有“火”之特性，可入心；对心血管的功能具有促进作用，对血脉淤阻的各种心血管疾病疗效显著。代表曲目：《山居吟》《文王操》《樵歌》《渔歌》等。

羽调式音乐，凄切哀怨，苍凉柔润，如行云流水，具有“水”之特性，可入肾。故可以增强肾的功能，滋补肾精，有益于阴虚火旺、肾精亏损、心火亢盛而出现的各种症状，如耳鸣、失眠、多梦等。肾精有补髓生脑之功，故羽调式的水乐有益智健脑的作用。代表曲目：《乌夜啼》《稚朝飞》等。

中医的“五音疗疾”就是根据5种调式音乐的特性与五脏五行的关系来选择曲目，以调和情志，调理脏腑，平衡阴阳，达到保持机体气机动态平衡、维护人体健康的目的。

3. 播放养生音乐

音乐能养生、治病，已被中外许多学者公认，尤其是中国古典音乐，曲调温柔，音色平和，旋律优美动听，能使人忘却烦恼，从而开阔胸襟，促进身心健康。

我校的音乐养生主要通过全校广播的形式，在学生晨起、午休、间食、晚饭、睡前几个时间段播放相应的音乐养生曲，以达到用音乐进行养生的目的。下面是我校养生音乐播放的相关内容：

播放曲目	播放时间	功效
《梅花三弄》	早读之前	猝发精气
《紫竹调》	午检时间	平和心绪 安定精神
《阳春白雪》	下午间食时间	平肺
《胡笳十八拍》	晚间食音乐	疏肝
《平湖秋月》	睡前音乐	平和心气 助眠

（九）中药叶贴画及本草插画的绘制

教师带领孩子们寻访校园，采集部分可做中药的叶子制作叶贴画，不同于之前的标本制作，在叶贴画制作的过程中，学生们感受到了中药材的美丽，开发了自己的想象力与创造力，也更加拉近了与中药材和中医文化的距离。

五年级的学生已经具备了一定的美术基础，所以在课程安排上，老师为学生们设计了中药本草卡片绘制教学，把彩色铅笔绘画的对象变成了《本草纲目》中的中药，对于美术基础较好的学生，大家可以在老师的指导下独立完成一幅中药卡片的绘制，美术功底相对薄弱的学生可以通过实现查阅资料，对《本草纲目》中的白描底稿进行上色，从而创造出一片属于自己的“本草花园”，优秀的作品被展出在校园的走廊中，引得同学们竞相观看，更加拉近了中医药与学生们的距离。

（十）教师外出学习

为了让中医药文化落地生根，为了让孩子从小就对这方面知识有所接触，作为非专业人士的我们要想更好地传播中医药文化，除了学习课本知识外还要请教专业人士。

1. 教师们到辽宁中医药大学学习

中医药进校园活动已经确定在小学部开始实施时，工作室老师就与专业的老师——辽宁中医药大学的老师们交流、学习。辽宁中医的老师们都是一边授课一边出诊的，所以既有知识上的讲述，又有经验方面的由来。与工作室老师接洽的正是辽宁中医药大学针灸推拿专业的老师们，工作室每位老师根据自己的喜好及擅长选择不同的专业指导老师，从而初步定下关于中医药的相关课程设置。再与各自的老师具体联系，初步制定适合小学生的教学内容。辽宁中医药大学针灸推拿学院的领导们非常支持工作室老师工作，还为工作室老师联系其他专业的教师，就是为了给工作室老师更专业的指导。专业教师又是赠送工作室老师与中医药相关的书籍，又是详细认真地解答工作室老师提出的问题，通过每位老师自己的研究和专业教师的指导，中医药文化在小学部进行得有声有色，也让这些任课教师意识到祖国的瑰宝中有一些简单、易学的内容是可以传授给孩子们的，从小为孩子奠定良好的中医药文化基础，让孩子们更加热爱祖国的医学。

2. 教师们到东北育才学校北校区学习

我们设置的中医药进校园相关课程中有部分内容为认识人身体上的穴位、通过一系列按摩手法达到缓解身体轻微病症。恰巧2018年9月，东北育才学校北校区有一项关于预防近视、改善视力的一套按摩手法——明目功的培训。此套功法就是在认识穴位的基础上通过不同的按摩手法达到缓解眼睛疲劳、预防近视等功效。小学部领导派负责教师参加培训。此套功法是联合国家体育局成立的一个立项课题。通过选取不同的参与对象，先对对象进行视力的前测，再经过一个月明目功的练习，看一看取得的效果。此套功法共有六个步骤：先是进行按摩前的准备，调整呼吸，准备手法；接下来四步通过嘴巴的发声练习再加以对周身相关穴位进行按摩；最后再进入巩固环节。此套功法让刘岩老师印象最深刻的是手走胸前、后背、双腿、头部等，通过一系列的走穴起到了明目的功效。最后收尾动作是远眺，非常实用，在平时的生活中，当我们连续用眼超过半小时，就可以采用远眺的方式来缓解眼睛的疲劳。

通过两次的外出学习，工作室的教师感叹：中医药文化真是包罗万象，我们了解的只是冰山一角；这门学科真的很神奇，只要运用得当便能减轻人们的痛苦，治愈人们的疾病；而我们要学习的还有很多，要走的路还很长。

（十一）专家进校园

2017年3月，工作室成立之初，来自辽宁中医药大学针灸与推拿学院的马铁明院长、孙兆姝书记、于主任、王老师亲自来到我校进行教师培训，为几位工作室成员教师普及了中医理论知识，推荐了适合北方种植的中草药材，勘正了中医药教学的内容设计，专家们的培训让教师们受益匪浅。

2017年10月，专家们再一次光临校园，观赏了学生们的学习成果展示，对小学部青囊工作室各位教师的工作及学生们的学习成果给予了充分的肯定，并对下一步工作室活动开展提出了建设性意见。

三、青囊工作室学生成果展示

经过青囊工作室成员的努力，中医药文化在育才园里逐渐生根发芽，学生们在校园中就接触了许多关于中医药文化的相关知识，了解了部分中草药的名称、习性以及种植方法；知道了我们身上的许多穴位，明白了一些如经络、推拿、气血、穴位等关于中医药的专业词汇，掌握了一些治疗各种简单、常见轻症的推拿手法；学生们也了解了简单中草药茶的配置材料，及相关作用与疗效，有针对性地认识中药成品。

（一）学生们的成果展示

孩子们通过不同的学习内容，不同的学习方式，经过一段时间的学习，已经熟练地掌握部分中医药知识，学会分辨和种植适合北方生长的中草药，也了解了周身上的许多穴位，并通过不同的手法达到减轻病症的效用，孩子们也会制作相对容易的中草药茶。从而这门活动课程真正落到学生手上，走进了学生心里，教师也在生活中给予学生指导。

1. 同学们所种植的草药

通过老师的讲解及筛选，班主任带领孩子们在班级种植一些常见的、易于北方生长的中草药。通过种植中草药，让孩子们对中草药有更深的了解和体会。

学生们在体验中草药的种植过程

2. 同学们书写的草本日记

在种植中草药的过程中，教师指导孩子们观察草药的生长过程，并及时记录草药的变化及在此过程中孩子们所做的事情。

3. 同学们所制作的本草标本

学生在欣赏制作的本草标本

4. 同学们在做穴位讲解展示

通过教师的讲解，孩子们能够找到身上的常见穴位，并准确地用语言概括它的位置。

5. 穴位推拿

学生练习推拿穴位——四横纹

高年级孩子通过认识穴位与推拿穴位的学习，能够对于一些常见轻微病症有简单处理的能力，孩子们能够找到身上的穴位并能运用正确的手法推拿、按摩，以解决常见的病症：如感冒、咳嗽、发烧、积食、腹胀、口苦等。

6. **辨别中药饮片及做中草药茶的配置笔记**

7. **制作并展示常见中草药展板**

教师们找到常见的中草药，介绍它的样子及功效，把它们制作成展板，张贴到食堂的墙壁上，为师生共同了解、认识、深入学习中草药相关知识提供了基础，创造了氛围。

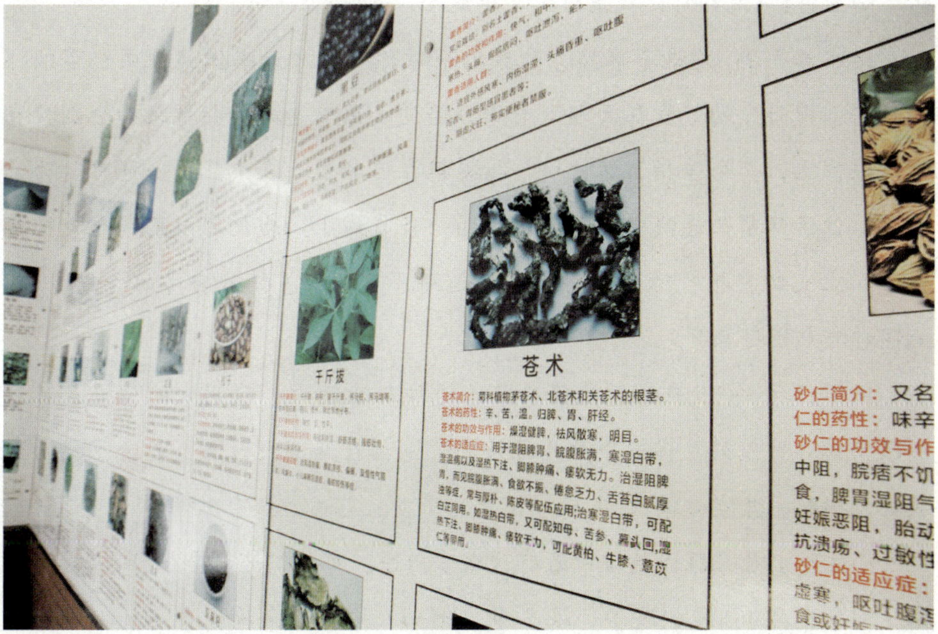

中草药展板

8. **学生们拍摄的视频剧本**

小主持：（操场上）同学们，你们是几年级的？

齐：我们是三年级的！

小主持：你们也上中医药课程了吗？

同学三年1：是啊，我们上学期就学了！

小主持：你们都学习什么了？

同学齐：七嘴八舌……

小主持：别急别急，一个一个来！（同学举手）

三年同学1：我们学习了怎样规范准确地做眼保健操。

小主持：眼保健操谁不会做啊。

同学1：那你告诉我攒竹穴具体在什么地方，睛明穴又在哪？怎么找到它们？

小主持：（做动作，找攒竹穴）是这吧。

同学三年2：你这不准确，让我们来教你吧，比如眼保健操第一节按揉攒竹穴：攒竹穴的位置在面部，眉头凹陷处。用双手大拇指螺纹面分别按在两侧穴位上，其余手指自然放松，指尖抵在前额上。在中医里，也称其为天门穴，位于两眉头连线中点至前发际的一条直线上。我们可以用两个大拇指自下而上交替直推，称开天门。它能起到开窍醒脑、镇静安神的作用。（其他同学渐渐围过来）。

同学三年3：我来告诉你第二节，是按压睛明穴：睛明穴的位置在目内侧眼角前方凹陷处。用双手食指螺纹面分别按在两侧穴位上，其余手指自然放松、握起，呈空心拳状。

小主持：原来眼保健操中还有这么多门道，那你们还学会了什么？

同学三年1：我们还学过很多呢，比如人中是用来抢救昏迷的人的，手上的少商穴是用来解表清热、通利咽喉的，可以用来治疗肺炎、扁桃体炎。

小主持：你们四年级也学习找穴位了吗？

同学四年4：那是我们上学期学的！这学期我们都学会怎么用穴位治病了！

小主持：你们都能治什么病？

随意说：1止头痛、2止肚子疼、3治感冒、4治不爱吃饭、5治疗咽干口苦、6发热咳嗽、7烦躁不安（不按顺序互相补充着说）。

小主持：那怎样止头痛呢？

同学四年1：如果你头疼，就可以揉太阳穴，它还能让眼睛更明亮呢！

同学四年6：我教你！太阳穴位于眉毛末端与眼睛末端的连线中点向后一指宽的凹陷处。我们可以用中指或拇指指端揉，就能止头痛了。

小主持：给我介绍一个最常用的止肚子疼吧。

同学四年2：肚脐，你能找着吧！

小主持：这谁不能（用手指）。

同学四年2：就在这（用手指），我们可以用指端或掌根揉，称为揉脐；也可以用手掌面摩，称为摩脐。它可以治疗腹胀、腹痛、食积、吐泻等。不过你得注意，顺时针揉是促进排泄，逆时针揉是止泻的，你可别揉反了！

小主持：太神奇了！

同学四年3：这有什么！我给你讲一个治疗感冒的。

同学四年2：对呀，先说说你们平时感冒了，你们的妈妈都会怎样做？

齐：打针、吃药，打针吃药。

同学四年5：其实有的药挺苦，打针还挺疼。

同学四年7：让我来教你一招不但治感冒还治发烧、咳嗽的——推肺经。

齐：我们都学过了。

同学5：还有推脾经、推肝经、推心经、推肾经呢。

小主持：那快教教我吧！我可不爱打针。

同学四年7：沿着无名指面顺时针方向旋推动；或将无名指伸直由指端向指根方向直线推动，就是推肺经。而且人体中最主要的五个关键穴位都在五指上，它们分别跟脾、肝、心、肺、肾密切联系，经常推拿5个手指头就可以调理五脏哦。

小主持：你们都太厉害了！

同学四年4：我们学的这些是比较简单的呢！专业的中医都是很多个穴位、很多套手法并用的，讲究还多着呢！

小主持：我看你们都快变成老中医啦！

齐：哈哈，我们是小中医！

（二）参与的社会活动及由此引发的影响

小学部作为东北三省唯一的中医药进校园试点学校，青囊工作室开展的活动及课程，受到了本地媒体的关注并进行了大篇幅报道。

2018年1月20—21日，创新人才教育研究会2018年年会在北京召开。会议上，我校金朝勃主任代表小学部介绍中医药课程推进情况。

四、青囊工作室的发展与展望

作为传承千年的传统文化之一，中医药文化的传承与发展需要群众基础，但现在中医药文化的教育仅局限于高校教育，对于教师和学生来说，这是一个完全陌生的领域。通过两年来的工作，当教师们把第一批中药种子交给孩子们的时候，我们发现事情有了变化。中药不再是遥远而陌生的医术上听不懂的名字，而转化成了惊喜来到了孩子们和教师们的身边。老师们和学生一起看着种子一点点变成可以治病的良药、学习一个个能力拨千钧的小穴位、通过简单的一揉一按缓解自己身上微小的疼痛。这个时候，我们都发现中医药从来没有离我们这么近。

教师们立志推动中医药文化进校园的进程，让孩子们愿意接受中医药文化，通过他们感兴趣的方式，寓教于乐。中医药文化进校园在形式上可以不拘一格，最终目的是让孩子们感受到中医药文化的美和博大精深。同组老师们一起备教材，一起采集样本，一起按摩穴位，一起研究食疗，一起去参观博物馆和标本馆；教师们在班级组织主题活动，开阔孩子们的视野，增长他们的生活阅历；教师们在教学中设置独特的互动体验活动，让孩子们学有所得，活学活用，与生活紧密联系起来，希望通过多种方式能给孩子们呈现出不一样的中医药文化。

中医药文化进课堂，让孩子们了解到了伟大的中华优秀文化，从小就培养了对自己民族文化的自信心和满足感；孩子们在校园里谈论着穴位、药材、花茶……就好像看见中医药文化的花朵开遍整个校园，大家沉浸在各种课外文化活动中，感受着不一样的校园文化。在中医药文化中，还蕴含着很多德育和人文教育内容，名医们的传奇激励着孩子们健康、有道德地成长。

少年强则中国强。青少年的健康成长不仅是家庭的期盼，更是国家的希望。所以中医药文化进校园的初衷是让孩子们更加健康地成长，这也得到了社会各界广泛的认同。虽然工作室目前能做的事情还很有限，但工作室成员们将继续在这条路上探索，为更好地让中医药文化亲近儿童、走进校园做出自己最大的努力。

心乐园工作室

一、工作室简介

心乐园工作室成立于2017年9月。工作室的宗旨是运用心理学的理论和技巧，指导和帮助学生解决各种心理困扰，增强适应能力，提高心理素质，帮助学生在生理和心理两方面达到真正健康地成长。

（一）工作室成立原因

近年来，许多调查研究表明，青少年中存在不同程度、不同类型的心理健康问题，青少年心理健康问题的发生率随年龄增长呈上升趋势，这给学校教育带来了极大的困难和挑战。心理素质是学生素质结构的核心与基础，心理素质的发展“既是素质教育的出发点，又是全面素质教育的归宿”。现代社会竞争越来越激烈，这种竞争通过家庭、学校、社会最终都压在学生身上，学生承担着前所未有的压力。

（二）Loge及含义

工作室Logo

“心乐园”工作室标志的中心是一个“心”字，体现小学部工作室的工作主旨是为本校师生解开心灵的枷锁，为心灵提供温暖；上方的一颗红心，不仅代表心乐园工作室，更代表工作室的老师们为孩子们解决心理问题的赤诚之心。

“心”字的下方分别围绕着两枝橄榄枝，橄榄枝充满了生机，更象征着平和。这代表“心乐园工作室”期待为校园里的心灵带来更多的平和，也祝愿同学们能像充满生机的橄榄枝，在育才园中健康、平和、快乐地成长！

（三）主要职能

1. 逐步健全小学部心理咨询室软、硬件设施，为全体师生的咨询需求打好基础。

2. 加大心理咨询室和心理健康知识的宣传工作，通过多渠道增加师生的心理保健知识，提高师生的心理健康意识。

3. 加强与团委、各年级组、班主任的联系，使学生的心理健康教育工作渗透到学校的德育工作和班级日常管理工作中。

4. 加强个体咨询工作，对那些有心理困扰或心理障碍的学生进行科学、有效的心理咨询和辅导，使他们尽快摆脱障碍，提高心理健康水平，增强自我教育能力。

5. 针对不同年级学生的心理特点，面向全体师生和家长，有针对性地开展心理健康讲座和团体辅导活动，增强全体学生的心理素质，提高全体教师心理健康水平，使全体家长学习到更多与学生沟通的技巧，并使师、生、家长三方都掌握更多的心理自助方法和技巧。

6. 做好学校心理咨询室档案整理工作，让每一份档案都做到细致、真实、合理，建立一人一档制，编写档案目录，分类存放。

7. 做好来访者的保密工作，做到不泄密、不闲论、不乱评，尊重每一位来访者的人格，珍惜每一位来访者对咨询室的信任。

（四）成员介绍

心乐园工作室现有11位成员，包括国家二级心理咨询师9人，国家三级心理咨询师2人，沙盘游戏指导师1人。

心乐园工作室成员

1. 工作室主持人

李冉冉：国家二级心理咨询师，沙盘游戏治疗师。

教师寄语：用你希望别人对待你的方式去对待别人，想象别人会那样对你，慢慢地，你就会收到好的回馈。

2. 工作室成员

李韬、桑震宇、刘美丽、董晓娇、王琳、李芳、狄程、周家媛、张天月、刘鑫。

二、总体规划

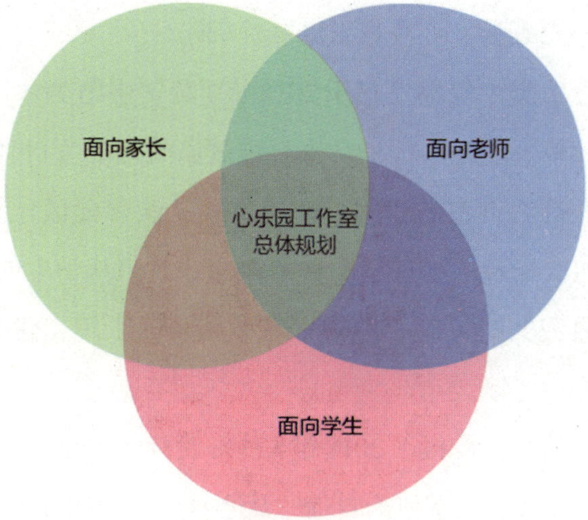

总体规划

三、探索足迹

（一）面向家长、师生，发行《心乐园》心理校报

精益求精，为让我校师生心理健康教育工作更上一层楼，备受瞩目的小学部校报增刊——心理健康报《心乐园》，面向学校全体师生和全体家长揭开了它的“神秘面纱”。该报纸主要包括：“心灵视窗”“心理学堂”“心海拾贝”“心灵氧吧”“心灵小贴士”“心理小测试”“轻松一笑”七大版块。《心乐园》在校园内一经发行，便因贴近学生的学习、生活实际，强大的可读性和借鉴性而受到师生和家长的追阅与好评。就目前的阅读反馈统计来看，心理报不但广泛地向在校师生普及心理健康教育知识，而且丰富了同学们的课余生活。最重要的是——为成长期的孩子，为每天辛勤育人

的老师，为在教育路上遇到瓶颈的家长提供科学的调节、学习策略，能有效地帮助大家放松心情，面对自我。我们有理由相信，“心”的教育，是“教书育人”和“茁壮成长”的基石，是面向未来强有力的后盾。

截至目前，《心乐园》心理校报已发行6期。

第一期《心乐园》校报发行于2018年1月，主题为“认识心理健康”。主要介绍了什么是心理健康；小学生心理健康的标准 ；我校心乐园工作室的成员；宣传心理咨询室的作用和使用方式；改善记忆、缓解疲劳的方法等。广大学生初次接触“心理学”这个概念，我们从学生的实际生活出发，让学生在寻找自我共鸣中对心理知识有了初步的了解，建立学生与《心乐园》之间的联系。

第二期《心乐园》校报于2018年4月份发行，主题为“自信”。报纸中以漫画的形式向读者介绍了何为自信，从心理学的角度诠释了自信给人带来的好处及不自信给自己带来的消极影响。师生在游戏和色彩阅读里发现自我，挖掘自我，正视自我。

第三期《心乐园》校报于2018年5月份发行，主题为“如何正确处理与他人的矛盾”。本期校报除介绍与自己、同学、父母长辈相处的方式方法外，还重点强调了如何通过改变自己的想法去获得感知幸福的能力。这一期心理校报的发行，引起了学生家长的关注，他们直言，校园教育的全方位化，将教育的影响更直接更深入地延伸到每一个孩子的家庭中去，家长也体会到了孩子的变化。

第四期《心乐园》校报于2018年6月份发行，主题为“高效的学习方法”。介绍如何利用心理学中“行为塑造法”克服惰性、训练大脑记忆力、高效学习的小建议、从心理学上分析记日记的一个新理由等。为此，学校还开展了一系列的学科活动，教师集体进行了团训，这些都充分展现了“心”知识对校园文化的影响。

第五期《心乐园》校报于2018年10月份发行，主题为“正确对待人生中遇到的挫折”。其中主要包括抗挫折能力测试、伟人看挫折、软糖实验等，针对目前学生中存在抗挫折能力弱问题展开科普教育。

第六期《心乐园》校报于2018年12月份发行，主题为“学会控制情绪”。本期报纸介绍：“情绪是什么?”“人类为什么会产生情绪?”和“情绪的力量”。通过具体的事例，让读者了解：情绪不但会影响健康，还会影响学业、事业、人际关系。并且为读者提供4种有效的情绪控制方法，其中3种方法可以让自己在短时间内控制住情绪，1种方法长期使用，可以改变自己看待事情的方式，由消极变积极，获得心理上的幸福感。我们坚信，教育应该是贯穿头脑与心灵的，我们做的教育，是影响学生终生的，也是为学生终身负责的教育。

情绪管理的方法——摘自《心乐园校报》第六期

一、注意转移法

1. 改变注意焦点

小体验：握拳数数法。

紧握拳头，开始从1数到60。当你数到40之后，每数一声就更用力握紧拳头，即使你的手已经握得很痛了，甚至愈来愈痛，你还是要将拳头愈握愈紧，直到数到60为止。然后慢慢地让紧握的拳头松开，放松时注意心里快乐的感觉，想象你的消极情绪在这时候完全消失。

2. 做自己感兴趣的事

3. 改变环境

二、适当宣泄

1. 在适当的场合哭一场

2. 向他人倾诉

3. 运动宣泄

4. 放声歌唱

5. 纸面宣泄

一天，美国前陆军部长斯坦顿来到林肯那里，气呼呼地说一位少将用侮辱的话指责他偏袒一些人。林肯建议斯坦顿写一封内容尖刻的信回敬那家伙。斯坦顿立刻写了一封措辞强烈的信，然后拿给总统看。“对了，对了。”林肯高声叫好，“要的就是这个！好好训他一顿，真写绝了，斯坦顿。”

但是当斯坦顿把信叠好装进信封里时，林肯却叫住他，问道：“你干什么?”“寄出去呀。”斯坦顿有些摸不着头脑了。

“不要胡闹。”林肯大声说，“这封信不能发，快把它扔到炉子里去。凡是生气时写的信，我都是这么处理的。这封信写得好，写的时候你已经解了气，现在感觉好多了吧，那么就请你把它烧掉，再写第二封信吧。”

三、放松调节术

呼吸调节、意念调节、肌肉放松等。

小体验：腹式呼吸法。

闭上双眼，用鼻子慢慢地、深深地吸气。仔细感觉空气进入时的摩擦感。保持肩膀不动，感到腹部向外鼓出。同时，将空气深吸入肺内。保持吸气3～5秒钟，直到肺部已经充满空气。1，2，3……

缓慢地用嘴呼气，仔细体会气流从嘴唇流出的感觉。呼气3—5秒钟。在呼气的同时，腹部回收。

四、理智控制法

1. 自我安慰

自我安慰即面对我们无法改变的现实，学会安慰自己，追求精神胜利。这种方法，对于帮助人们在大的挫折面前接受现实、保护自己、避免精神崩溃是很有益处的。比如，同样是面对诸葛亮，周瑜心中抱持“既生瑜，何生亮”的怨恨，终于怀恨而死。司马懿一句“诸葛亮真神人也”，表示了“吾不如”的自谦，顶着敬贤的光环而心安理得。

因此，当人们遇到情绪问题时，经常用“胜败乃兵家常事”“塞翁失马，焉知非福”等词语来进行自我安慰，可以摆脱烦恼，消除抑郁，达到自我安慰、自我激励的目的，从而带来情绪上的安宁和稳定。

2. 自我暗示

自我暗示分为消极自我暗示与积极自我暗示两种。消极自我暗示，在不知不觉之中对自己的意志、心理以至生理状态产生消极影响；积极的自我暗示令我们保持好的心情、乐观的情绪、自信心等。如不断地对自己默语：“我一定能行”“不要紧张”“不许发怒”等。

3. 心理换位

在古老的西藏，有一个叫爱巴的人，每次和人生气起争执的时候，就以很快的速度跑回家，绕着自己的房子和土地跑三圈，然后坐在田边喘气。爱巴工作非常勤奋努力，他的房子越来越大，土地也越来越广。但不管房和地有多么广大，只要与人起争执而生气的时候，他就会绕着房子和土地跑三圈。

“爱巴为什么每次生气都绕着房子和土地跑三圈呢?”所有熟悉他的人心里都想不明白，但不管怎么问他，爱巴都不愿意明说。

直到有一天，爱巴很老了，他的房地也已经太广大了，他生了气，拄着拐杖艰难地绕着土地和房子转，等他好不容易走完三圈，太阳已经下了山，爱巴独自坐在田边喘气。

他的孙子在旁边恳求他：“阿公，你已经这么大年纪了，这四周地区也没有其他人的土地比你的更广大，你不能再像从前，一生气就绕着土地跑三圈了。还有，你可不可以告诉我你一生气就绕着房子和土地跑三圈的秘密?”

爱巴终于说出了隐藏在心里多年的秘密，他说：“年轻的时候，我一和

《心乐园》校报第四期　1、4版

《心乐园》校报第四期　2、3版

人吵架、争论、生气，就绕着房屋跑三圈，边跑边想自己房子这么小，土地这么少，哪有时间去和别人吵架呢！想到这里气就消了，把所有的时间都用来努力工作了。

孙子问道："阿公！你年老了，又变成最富有的人，为什么还要绕着房子和土地跑呢？"爱巴笑着说："我现在还是会生气，生气时绕着房子和土地跑三圈，边跑边想，自己房子这么大，土地这么多，又何必和人计较呢？一想到这里，气就消了！"

（二）关注学校教师心理健康

联合国著名心理学专家曾表示："没有任何一种灾难能像心理危机那样给人们持续而深刻的痛苦。"教师，应该是一个充满幸福感的职业，只有教师发自内心的幸福，才会为学生带来幸福感。学校教育的关键在于教师，教师的心理健康水平直接影响着学生的身心健康和成长。教师是一种特殊的职业，是一种用生命感动生命、用心灵浇灌心灵的职业，所以教师的心理健康就更为重要了。

为了能更好地开展心理健康教育，小学部有计划地逐步建立起一支以班主任为骨干、全体教师共同参与的心理健康教育师资队伍。为了实现这个计划，我们有机会就开展一些心理知识的讲座与培训，并把心理健康教育的培训列入学校师资培训计划当中。

1. 全体班主任体验团体沙盘游戏魅力

2017年9月7日，在小学部周全而精心的安排下，学校的57位班主任老师们相聚在一起，由校领导带领走进了"心动力"沙盘游戏室，体验团体沙盘游戏的魅力！

"心动力"沙盘游戏的指导老师结合"24个积极人格品质"的理论基础，将老师们分为8组，并要求每个团队为自己命名。主持人郑越老师以

“积极心理学”为切入点，与班主任们分享了关于“教师如何拥有自己的幸福人生”的心理学看法，老师们由此敞开心扉，畅所欲言，快乐分享！在“触沙放松”环节让每一位老师充分放松身体里的每一个细胞后，8位资深的沙盘指导师陪伴引领班主任老师们投入到选沙具、摆沙盘的活动中。老师们相互配合，相互信任，从未知到投入。渐渐地，和谐的氛围弥漫在心动力沙盘游戏室里，每一个沙具的摆放，触动了大家的内心，“爱”“家”成为了主情调！一轮一轮的选择，一次一次的内心交流，让老师探寻到真正的自己，展现同事之间的默契，更让大家明确了共同的目标！面对自己，开放自己；倾听他人，关注他人；共情理解，尊重接纳。

2. 全体教师聆听“教师心理健康”讲座

2018年9月份，齐大威教授亲临小学部，在小学部中楼二楼报告厅，为全体老师奉献了无比精彩的“教师心理健康”讲座。

齐教授以幽默风趣的语言，生动真实的事例，向老师们讲解了心理健康的定义，分析了大部分老师出现职业倦怠的原因及主要表现，并给出了正确调整自己的方法，如：积极的自我意象；增强自信；正面的自我暗示；良好的情绪状态；恰当、合理地宣泄；避免期待性焦虑；适当的运动、娱乐和幽默；抑怒，训练自己不生气等。老师们听得津津有味，如痴如醉，真正感受到来自内心的呼唤与声音，感受到了理解的力量，也有了排解自己职业烦恼的渠道。

不仅是工作，齐教授还为教师讲解了如何与家人相处，改善亲子、夫妻关系，帮助我们从另一个角度去看待工作、看待生活。

（三）关注学生心理健康

1. 建立心理咨询室

小学部心理咨询室于2017年4月底建成，是一处温馨静谧的“心乐园”。

学校心理咨询室的选址要求安静隔音、明亮舒适、便于来访但出入不明显。特别对于小学高年级的学生来说，他们对心理辅导的认识还不深入，对他人的看法非常敏感，害怕别人的议论和误解，不太愿意让老师、同学看到自己出入心理咨询室。因此，我校的心理咨询室选在了比较安静的中楼二楼无教学班的一侧，位于雅读书屋旁边，共有35平方米。室内明亮舒适，窗外视野开阔，此处便于来访而且出入不明显，减轻了来访学生的压力。

心理咨询是全方位的信息交流。除了直接的言语和肢体语言交流之外，房间的布置、家具的颜色、阳光的投射等，都在传达着无声的信息。因此，我们在建立心理咨询室时，非常认真地设计咨询室的结构、布局及风格。作为一个帮助来访者重新认识自己、走出困境的地方，我们尽最大努力创造着一种让来访者感到安全、放松、祥和、舒适而充满生机的环境。室内光线柔和，以淡黄、淡绿为主，地板、窗帘、桌椅、沙发、装饰品整体上协调又不失典雅，使人赏心悦目，心情愉快；适当地点缀了一些绿色植物，让房间立刻充满勃勃生机；墙壁贴上《心理教师工作制度》《心理教师工作守则》等内容，增强了来访者的信任感。我们所有的设计都满含着对每一个小来访者的期待与爱！我们渴望着被需要和信任！

咨询室内设有个体咨询室、团体辅导室、沙盘游戏室、心语信箱等。

沙盘游戏室

个体咨询室承担一对一的个别咨询辅导或者一对多的咨询。个体咨询室是与来访者进行面对面交流的场所。房间光线比较柔和，色彩温和，很温馨，来访者的情绪能够迅速平静、放松下来。咨询师和来访者所坐椅子摆放为45°角，避免了来访者与咨询师直接面对面。安静温馨的个体咨询室给来访者一定的安全感，使他们能够在心理咨询师面前真实地表达自己。

团体辅导室是开展团体心理咨询、集体活动、心理健康课、拓展训练的场所，场地较为宽阔。团体辅导室有各种彩色桌凳、心理视听资料（音乐放松CD、心理电影)、团体心理游戏工具箱等。

沙盘游戏作为一种系统的心理分析专业技术，符合学生喜欢游戏的年龄特点，能够帮助来访者克服语言表达不完善的困难，使得他们自主、轻松地在愉悦的环境中获得教育的意义，尤其适合那些自闭、性格孤僻，对人际交流有抵触情绪的来访者。沙盘游戏将来访者的潜意识以有形的方式呈现出来，这个过程本身就是一种自我治愈。同时沙盘游戏还是一种艺术表现，是培养和激发来访者创造力和积极心理教育的有效工具。

心语信箱为有困惑但又难于启齿的孩子提供方便，深受欢迎。“理解、悦纳、尊重”是我校心理咨询室的主题词。

2. **广泛宣传**

教育事业的任何一面都是由狭窄走向广阔的，积极有效的宣传，对于学校心理健康工作自然是必不可少的。为此，小学部校领导给予了心理工作室强有力的支持，成了“心理学”在我校成长的强大后盾。如今，校阅览室和图书馆增加了适合小学生的心理类书籍和报纸杂志，学生可以在课余时间接触到“心理学”带来的“心”天地。工作室成员们更是献计献策，定期制作海报，张贴在校宣传栏，随时吸引爱好“心理学”的师生的注意力。校园广播也被充分利用，每周二中午都会有不同主题的心理专题讲座，内容更是贴近孩子们的校园生活，如孩子们最感兴趣的与人交往方式、高效学习方法、调节情绪方法等。全员参与，热情高涨。学生在工作室老师的指导下制作心理专栏和心理小报，我们欣喜地看到，各项专题均由学生凭自己的兴趣制订，心理教师辅助他们学习相应的知识，通过消化吸收，学生通过这一份份独一无二的心理小报展现了他们自身独特的思想。这一活动，贴近学生们生活成长需要，易于学生接受，产生共鸣；另一方面，主创人员在编排过程中必须认真学习，努力消化吸收，有了深刻的理解才能设计出好的方案；这是一个教学相长的过程，更是一个拉近师生之间关系的过程。每一位心理学老师都坦言，这样的自我创造，既增长了心理知识，又锻炼了各方面能力，让我们从实际工作中提高自身心理素质。

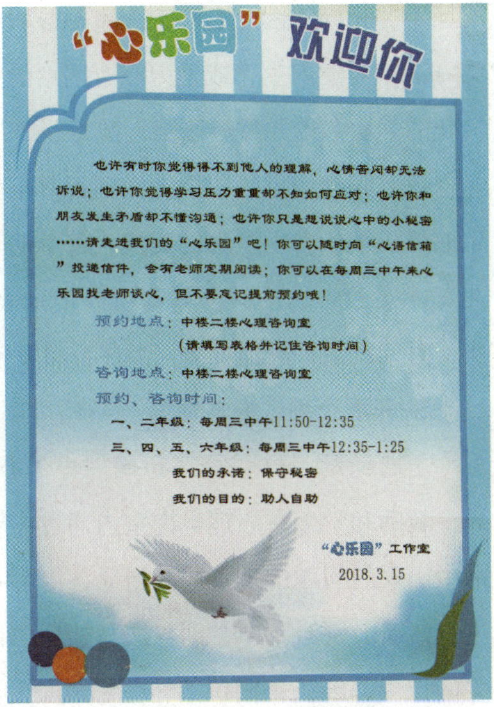

《心乐园》咨询室宣传海报

3. **开展心理健康班会**

每双周周三第七节课为心理健康班会。经工作室成员讨论决定，成员自主编写适合的班会内容，由班主任老师配合进行班会的开展和辅助教育工作。班主任老师在教学的过程中根据学生的特点，随机应变，采取恰当的教学手段，使心理健康班会更贴近学生，使心理健康班会成为一个轻松愉悦的相互交流的平台。拉近班级同学和老师之间的关系，更是交换彼此心声的契机。

4. **联合班主任关注学生心理**

子曰：“有教无类。”素质教育更是要面向全体学生的。但学生的实际情况又不尽相同，因此心理工作室指导教师会根据不同学生的情况，采取相应的方法，对学困生，或是内心有困惑的同学更加关注。我们制定出需要辅导转化的学生名单并分析原因，撰写计划，设计可实施的转化措施。

我们联合班主任积极地做到每月至少与每位学生谈心一次，尤其抓住学生取得成绩或发生过失的契机；每学期至少与学生家长沟通一次；做好《东北育才实验学校小学部教师帮教记录表》的填写。这样时刻了解，时刻解决，时刻积累，时刻进步，都是我们服务学生、服务教育的体现。

5. 开展个别咨询与辅导

子曰："因材施教。"每周三中午心乐园工作室成员对学生进行个别辅导。教师和学生在心理咨询室内通过一对一的沟通方式，对学生在学习和生活中出现的问题给予直接的指导，排解心理困扰，并对有关的心理行为问题进行诊断、矫治。在个别咨询与辅导中，心理辅导老师们都会仔细地做好相关的记录，给孩子们留下转变和成长的痕迹。通过长期记录研究之后发现，学生们在生活和学习上主要存在以下方面的问题：

（1）学习问题，包括学习困难、成绩落后、考试焦虑、上课注意力不集中等。学生的主要任务是学习，因此学习问题是大多数学生感到困扰的。

（2）人际交往问题，包括人际关系问题、异性交往问题和家庭关系。

有些来访者由于自身的某些原因，性格上或是没有掌握好人际交往技巧，和同学之间相处不和谐，要么关系冷淡，要么关系紧张，剑拔弩张。造成这种现象的主要原因有：独生子女从小养成的自我为中心的心理，别人都要围着自己转；没有学习和别人交往的技巧，容易和人发生冲突或交往不当。"异性交往"似乎是青春期阶段学生和教师的永恒话题，现在更是受学生关注。在家庭中孩子和父母的关系也越来越多地困扰着学生们，孩子们认为父母不了解自己，过多干涉自己。从一系列的由于父母监管过严导致孩子伤害父母的事件也应引起我们足够的重视，更多地探讨家庭教育可能存在的弊端。

（3）自信心、自制力、情绪控制等问题，这些应该算是一些常见问题，是学生们成长的一部分，反映出他们更多地关注自己，感受自己，渴望提高自己的身心素质的真实内心想法和需求。

造成小学生不良心理的原因有社会、学校、家庭等多方面，我们心乐园工作室经大量工作，详细调查了解，掌握学生的学习，生活，个性，兴趣，甚至父母亲教育程度、工作及家庭关系等情况，做到心中有数，健康教育工作才会有的放矢，因材施教。

6. 积极回复学生信件

写信是“慢时光”里一件美好的事情，信息时代的快节奏里，信件的往来自然而然地被电子通信逐步取代。然而，书信仍是一种含蓄的、令人心安的沟通方式。

学校建立了对所有师生开放的心理咨询室。可实际上，鼓起勇气将隐藏起来的那一部分自己直接裸露给他人，即使是能给自己带来安慰的心理老师，也简直是“难于上青天”。考虑到这一点，我们开发了心语信箱：漂亮的小信箱，挂在心理咨询室门前，让羞涩的孩子们也有一个心灵疏通的避风港。心语信箱每周一打开，负责老师根据来信情况将信件分类、登记、建立信箱档案，然后拍照并轮流派发给心乐园成员。成员们拿到信后，根据信件内容给孩子写回信，如果效果良好，也可以在征求学生的同意后进行面对面的约谈；回信电子版或图片回传给负责老师，约谈也会做好简单记录。最后将孩子信件原件和处理方法一起存档。

孩子们书写的信往往令人动容，当他们愿意向我们吐露心声，我们更感谢他们给我们张开双手拥抱他们的机会，我们倍感珍惜。心乐园工作室成员一定会肩负起孩子们的信任，努力争取让每封有价值的信都有回音。感谢李韬、李芳、王琳、狄程、刘美丽、桑震宇、董晓娇、周家媛、刘鑫、李冉冉老师对孩子信件的回复，孩子们能遇见一位位“知心人”真的非常幸运！

四、教师成长总结

心乐园工作室从成立至今，虽然只有短短一年半的时间，但工作室11位教师在这期间收获了无数的感动和欣喜。我们被孩子们的求助信震撼过，为帮助他们解决烦恼而快乐过，更为孩子因为我们而变化骄傲和感动过。每天听着天使般的孩子们内心的声音，跟他们一起经历欢笑、迷惘甚至痛苦，我们很荣幸，感谢孩子们允许我们与他们一起成长。

作为心乐园工作室的成员，我们还需要不断提升自己的专业思想、知识和理论，通过反思与实践，在专业化的道路上不断完善自我、发展自我。

（一）强化职业道德素养

教师的职业道德素养体现在对待事业、对待学生、对待集体和对待自己这四个方面。心乐园的每个成员都爱岗敬业，热爱学生，团结协作，严于律己。

（二）加强学习、实践，促进专业成长

与学生交流过程中，我们深刻地体会到了学习、实践对自我成长的巨大作用，作为一名心理工作者，必须有深厚的教育理论基础。为此，工作室成员如饥似渴地学习，一年多来，大家一起阅读了《一沙一世界》《心理画外音》《心灵面具》等心理学专业书籍。阅读后大家展开讨论，不断更新知识，努力提高自己的专业水平。

（三）反思使工作室成员不断成长

每次心理咨询，都会有详细的咨询记录。咨询室成员会定期聚在一起，

讨论反思最近遇到的案例。反思的价值在于诉诸实践，对实践进行改造和提高，更能加快成员专业成长速度。

五、工作室展望

未来，心乐园工作室成员将以更加饱满积极的热情投身于为校园师生服务的工作中，踏实做好日常工作并开展各种有意义的活动，为师生们的心理健康保驾护航。心乐园工作室工作设想如下：

（一）继续出版《心乐园》心理报

在原有基础上，让内容更有针对性、趣味性，使学生读有所得。目前小学生常见困惑有学习压力问题、人际交往问题、情绪控制问题等。心理报每期一个专题，力求以一种和风细雨的方式为孩子讲解出现困惑的原因、克服困难的方法，成为孩子们的朋友。报纸形式上会更加活泼，更符合小学生读者的审美。

（二）继续开展心理知识讲座

工作室每学期都将邀请资深心理咨询师到校讲座，听众除老师学生外，有机会还会邀请家长参加。开阔眼界，提高师生和家长的认识。

（三）充分利用心语信箱

除让每个孩子信件得到回复外，让教师更加专业化。每个老师负责回复和钻研一个专题，如学习问题、人际交往问题、自信心、自制力、情绪控制等，实现教师辅导回信的专业化。

（四）完善心理咨询室硬件设备

目前我校心理咨询室有老师办公室、个体咨询室、团体辅导室、沙盘游戏室，还将建成宣泄室、放松室等。

六、附

心语信箱回信

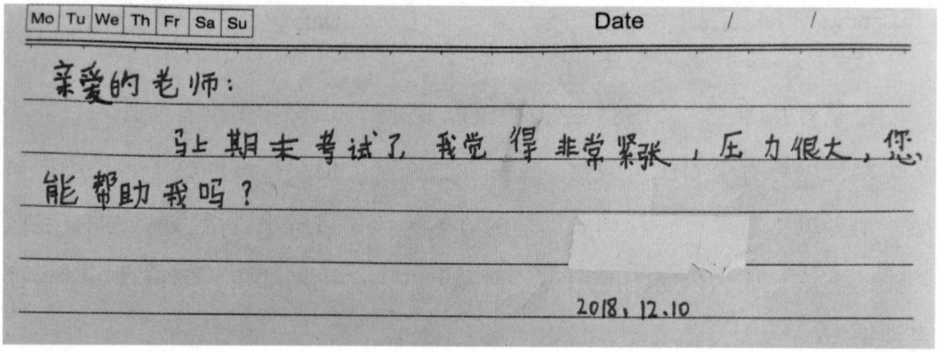
Mo Tu We Th Fr Sa Su　Date　/　/

亲爱的老师：

马上期末考试了，我觉得非常紧张，压力很大，您能帮助我吗？

2018，12.10

信件1

孩子：

你好，很高兴能够收到你的来信。信上说你觉得学习压力太重，老师大胆猜测你的学习压力可能来源于两个方面：一是你最近的作业特别多；二是你最近的学习状态可能不太好。临近期末，相信所有小朋友都会面对许多的作业。你要知道，作业是巩固学习最好的保证，有了作业才能够将我们所学的知识牢记在心。学习状态不好老师猜测可能是内心烦躁或者是遇到了一些不开心的事情。无论是哪种情况，老师建议你可以去找班主任老师或者来心理咨询室找我倾诉。我相信任何老师都愿意成为你的听众，分担你的痛苦并希望通过老师的引导，你能将这些不开心的情绪完全抛开，找回开心自信的自己。

桑震宇老师

2018.12.13

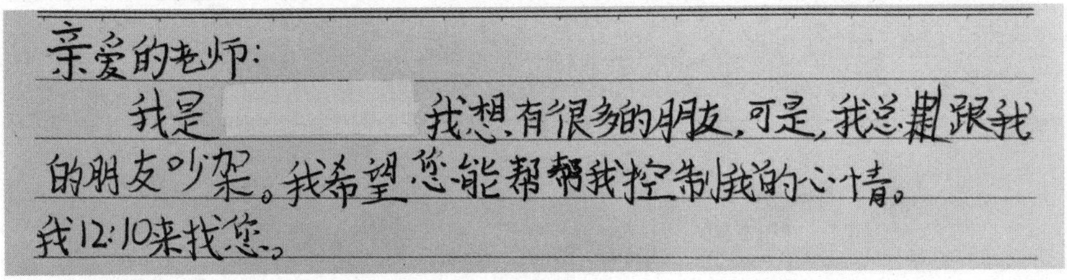

亲爱的老师：

我是 我想有很多的朋友，可是，我总是跟我的朋友吵架。我希望您能帮帮我控制我的心情。

我12:10来找您。

信件2

亲爱的同学：

你好！首先感谢你对老师的信任，把你的心里话告诉我。

我们每个人都希望获得真正的友情，拥有亲密的朋友，但是在交朋友、在和朋友相处的过程中，我们需要注意几个方面：

1. 真诚待人。对待朋友尤其要发自内心的真诚。

2. 己所不欲勿施于人。和朋友相处要换位思考。

3. 尊重对方的思想个性和习惯。人都是有个性的，有自己的思想和处事方法、生活习惯等，在交往中，就要尊重他人的思想和习惯。

4. 对待朋友真心付出。当朋友遇到困难，需要你的帮助时，一定要及时送上关心、问候和帮助，让朋友感受到你的温暖。

老师相信，只要你怀着一颗真诚的心对待周围的老师和同学，你一定会交到越来越多的朋友的。

董晓娇老师

2018.10.18

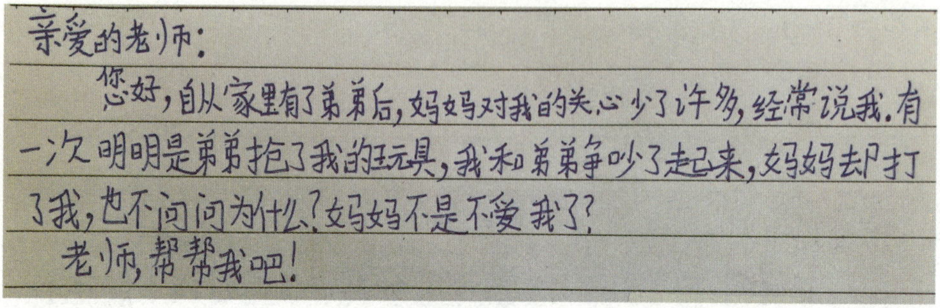
亲爱的老师：
您好，自从家里有了弟弟后，妈妈对我的关心少了许多，经常说我。有一次明明是弟弟抢了我的玩具，我和弟弟争吵了起来，妈妈却打了我，也不问问为什么？妈妈不是不爱我了？
老师，帮帮我吧！

信件3

亲爱的孩子：

收到你的信老师很感动，谢谢你对老师的信任，能把心里话跟老师说。老师好想抱抱你！

老师能够理解你，好像觉得妈妈不那么爱你了。可是老师要告诉你，妈妈仍然是非常爱你的。弟弟还小，还不像你那么懂事，所以他需要更多的照顾。其实你像弟弟那么大的时候妈妈对你的关心也是无微不至的。你可能觉得妈妈对你的要求更严格，因为你已经是小学生了，还要上学学习知识，在学校里过更有意义的生活。

无论妈妈说弟弟还是说你，其实都是爱你们的表现。都希望你们能更加健康地成长！也许妈妈有时会很凶，会有些不耐烦。但是你应该学会去理解妈妈啊！照顾你们两个孩子妈妈一定会很辛苦，她把所有的心血都花费在你们身上。相信随着你一点点长大一定会慢慢懂得妈妈的苦心！你是小学生了，也有自己独立的思考，这很好。老师觉得你也可以把自己的想法跟妈妈谈一谈，沟通能让你们增进了解，你也会更加了解妈妈的想法。

还有一件事老师要告诉你，老师也是家里的老大。我有一个小三岁的妹妹，从小妹妹就一直黏着我，而且家人也会更关心妹妹。我也曾经像你这样苦恼，但是随着我们一点点长大，我发现有个妹妹真好。孤单的时候有人陪伴，烦心的时候有人倾诉……改变自己的看法，你会觉得有一个小弟弟好幸福，好幸运！

很抱歉不能及时地跟你见面谈心！希望老师的信会帮到你！也期待我们的见面哦。

期待帮到你的李芳老师

2018年11月5日

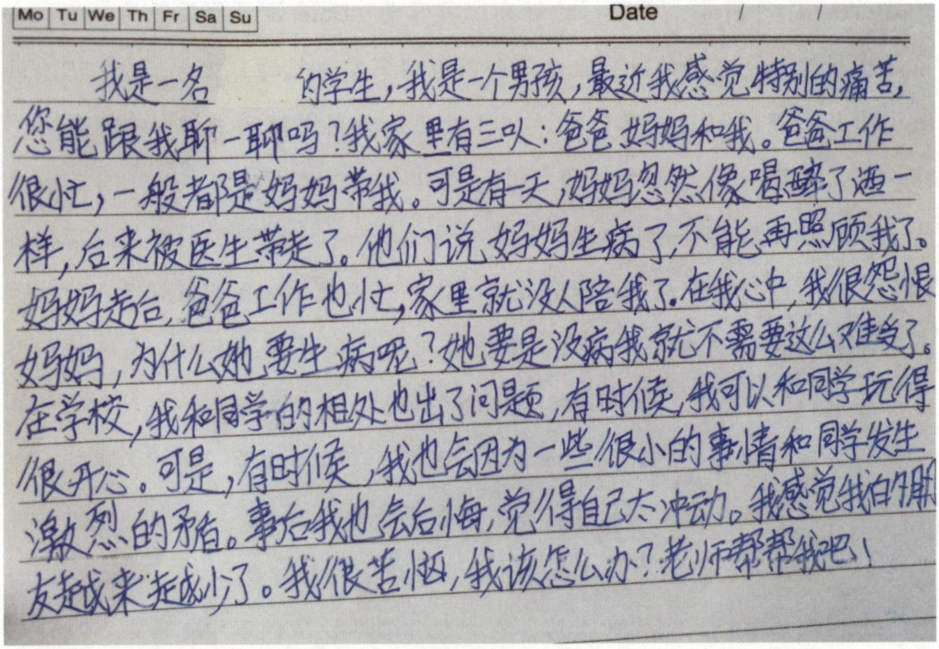
Mo Tu We Th Fr Sa Su　Date　/　/

我是一名　　的学生，我是一个男孩，最近我感觉特别的痛苦，您能跟我聊一聊吗？我家里有三口：爸爸妈妈和我。爸爸工作很忙，一般都是妈妈带我。可是有一天，妈妈忽然像喝醉了酒一样，后来被医生带走了。他们说妈妈生病了，不能再照顾我了。妈妈走后，爸爸工作也忙，家里就没人陪我了。在我心中，我很怨恨妈妈，为什么她要生病呢？她要是没病我就不需要这么难受了。在学校，我和同学的相处也出了问题，有时候，我可以和同学玩得很开心。可是，有时候，我也会因为一些很小的事情和同学发生激烈的矛盾。事后我也会后悔，觉得自己太冲动。我感觉我的朋友越来越少了。我很苦恼，我该怎么办？老师帮帮我吧！

信件4

亲爱的同学你好：

收到你的来信，意识到你真的遇到了困难，老师很愿意陪你聊一聊。读完你的来信，我意识到你是一个内心充满爱的孩子，正是因为你对妈妈的爱，你才会不愿意让她离开，才会心里难受。正是因为你对同学的爱，才会让你在与同学发生矛盾后感觉后悔。希望你一直做一个有爱的孩子，这样很好，也希望你放下自己的心理压力，让自己开心起来。

关于你的妈妈，我能感觉到你是爱你的妈妈的，也相信你的妈妈一定是爱你的。每个孩子都会渴望妈妈的爱与陪伴，但是事实却是，有时，生活并不能完全如我们所愿。你有多不愿妈妈生病，妈妈就多希望陪在你身边。关于妈妈，希望你能理解。期待你能做好自己该做的事情，能让自己开心，也能让妈妈放心。你要知道，再灿烂的阳光也不能消除阴影，再完美的人生也不能没有瑕疵，希望你学会与痛苦同行，去追寻快乐！

关于你的同学，我觉得你近期比较容易生气应该跟你最近的心境有关系。在我们心情不好的时候，总是会因为琐事发脾气的。但是，我们不应该因为自己心情不好迁怒其他人，这样对自己和周围的朋友都会有不好的影响。下次再遇到情绪要失控的时候，可以深呼吸几次，尝试控制自己的情绪，并且在心里思考一下自己到底是为什么生气，或者眼前的事情是否值得你生气，或许你慢慢就可以学会放缓心情平静下来，如果你做到了，相信你会为自己骄傲，为自己开心的。感性给人激情和力量，理性给人冷静和思索，感性和理性的结合，如同水与火的交融，狂热而柔静。一个人只有凭着这样的态度管理人生，离成功、幸福也就不远了。希望你能将你的感性和理性结合起来。另外，建议你可以多培养自己其他的爱好，打球、跑步、下棋都可以。让自己的生活丰富起来，你会收获更多的好心情。

老师很荣幸能收到你的来信，也希望你能尽快从低谷中走出来。期待你的再次来信。

周家媛老师

2018.5.11

结 语

这是一本记录东北育才实验学校小学部十年发展之书，
这是一本见证东北育才实验学校小学人十年奋斗之书。

携手共进，相约成长，一群志同道合之人，
用十载青春，实践梦想；

聚焦专业，开创多元，一群教育逐梦之人，
用执着汗水，撰写华章。

值此东北育才教育集团建校70周年之际，
东北育才实验学校小学部将继续依托特色教师工作室，
向着一个又一个坚实的目标迈进，
勇创辉煌！

东北育才实验学校小学部

2019年2月